TRABAJA DURO
TRABAJA CON ASTUCIA

TRABAJA DURO
TRABAJA CON ASTUCIA

CURTIS
"50 CENT"
JACKSON

OCEANO

TRABAJA DURO, TRABAJA CON ASTUCIA

Título original: HUSTLE HARDER, HUSTLE SMARTER

Publicado según acuerdo con Amistad, un sello de HarperCollins

Traducción: Wendolín Perla

Fotografías de portada: © Mark Seliger

Guillermo Barroso 17-5, Col. Industrial Las Armas
Tlalnepantla de Baz, 54080, Estado de México
info@oceano.com.mx

Primera edición: 2021

ISBN: 978-607-557-331-1

Impreso en México / Printed in Mexico

Este libro está dedicado a la memoria de mi madre,
Sabrina Jackson, y de mi Nana, Beulah Jackson.
Quizás hayan dejado su forma física, pero su amor,
apoyo y dirección continúan inspirándome día con día.

ÍNDICE

INTRODUCCIÓN

Durante años, mucha gente ha intentado animarme a escribir un libro de autoayuda. Algunos me tentaron incluso con un par de cheques de tamaño considerable.

Siempre me negué.

No es que no hubiera estado cerca de hacerlo algunas veces. De hecho, soy coautor de uno (*La Ley 50*), junto al increíble Robert Greene, pero nunca me sentí del todo cómodo escribiendo un libro propio.

No me gustaba la idea de presentarme como un experto de vida.

Parecerá extraño viniendo de alguien que nunca ha tenido problemas en decir cuánto dinero tiene, cuántos discos ha vendido ni cuántos programas de televisión ha producido.

Sí, me siento cómodo compartiendo mis éxitos en público, pero en privado estoy consciente de que esos logros no han hecho que mi vida sea perfecta. Hay muchas cosas que he echado a perder: finanzas, relaciones, oportunidades, amistades… lo que se te ocurra.

Sin duda alguna, he fracasado tantas veces como he triunfado.

Y ésa, en última instancia, es la razón por la que decidí escribir un libro.

Pocas personas han vivido el nivel de éxito que he alcanzado. Dentro de ese grupo de élite, son muchos menos los que han tenido que escalar desde el fondo, como lo tuve que hacer yo.

Es una historia que he contado muchas veces ya, pero vale la pena repetirla aquí: mi madre me tuvo apenas a los quince años. Al ser madre soltera, se vio obligada a vender drogas para sobrevivir. Durante años prosperó en las calles, pero, como suele pasarles a casi todos, esas mismas calles le pasaron factura. La mataron cuando yo tenía ocho años, y entonces tuve que mudarme con mis abuelos, quienes de por sí estaban criando a nueve hijos propios. Para cuando cumplí diez años, ya vendía drogas en las mismas calles que me arrebataron a mi madre.

Ése es el tipo de circunstancias que derrumbarían a cualquiera y lo dejarían tumbado en el piso. Pero yo nunca dejé de empujar. Entré al mundo del hip-hop, hice un poco de ruido y luego me dieron nueve balazos por una pelea de barrio. Ése podría haber sido el final del camino para muchos, pero yo apenas estaba empezando. Me recuperé, seguí trabajando en mi música y terminé por lanzar uno de los álbumes debut más exitosos de la historia. Para cuando cumplí treinta años, había vendido decenas de millones de discos, producido y protagonizado una película basada en mi vida, y me había convertido en uno de los primeros artistas de hip-hop en volverse una marca *mainstream*.

Creí que había dejado la lucha atrás de una vez por todas, pero estaba equivocado. Durante los siguientes años, mi manager y mentor, Chris Lighty, murió en circunstancias trágicas, me convertí en blanco de varias demandas, y el dinero de la industria musical se esfumó cuando los MP3 reemplazaron los CD.

Durante el auge de mi éxito sin precedentes, la gente no se hartaba de mí. Aun si las cosas se volvían complicadas, mi popularidad seguía en aumento, pero por las razones equivocadas. Las fuerzas que me habían forjado ahora se deleitaban con mi posible caída. Nunca toqué fondo de verdad —muy pocos fondos tienen papel tapiz de Gucci y Lamborghinis en la cochera—, pero sentía como si mi vida estuviera yendo en la dirección equivocada.

Y, ¿qué hice entonces?

Reconsideré mi enfoque y me desprendí de personas y del exceso de equipaje, como las serpientes se desprenden de su vieja piel. Trabajé más fuerte y con más astucia. Y, al dedicarme a construir una relación con mi hijo menor, Sire, quiero creer que me convertí en una mejor persona.

En el transcurso de unos cuantos años, realicé una serie de jugadas que me permitieron tener algunos de los éxitos más grandes de mi carrera. Creé y produje una exitosa serie para Starz, *Power*. Pronto estuve por encima de otras series en los ratings como alguna vez estuve por encima de otros raperos en las listas de popularidad. Pero *Power* era sólo el inicio de mi plan maestro. El octubre pasado, mi compañía, G-Unit Film and Television Inc, firmó un contrato de cuatro años con Starz/Lionsgate que dicen que podría ser el contrato más jugoso en la historia de la televisión por cable. Y ése es sólo uno de varios proyectos que tengo entre manos.

Los más exitosos y afortunados triunfan una vez; yo logré llegar a la cima *dos veces*. De cierto modo, estoy más orgulloso de mi segunda escalada a la cumbre que de la primera.

Mucha gente me dio por perdido. Dijeron que estaba acabado. Decían incluso —citando una frase extraída de uno de mis álbumes— que me había autodestruido. Vi todos los titulares. Oí todos los rumores. Me enteré de todas las celebraciones de mis fracasos.

Eso ha hecho que mis triunfos en el campo de la televisión sean aún más dulces. Y es parte de lo que me impulsó a escribir este libro. Necesito que la gente entienda que no existe eso de "lograrlo"; que no importa cuánto dinero acumules, cuánta fama obtengas ni cuánto éxito saborees, el futuro traerá consigo más dificultades. Más drama con el cual lidiar. Más obstáculos en el camino.

La meta no es sólo ser exitoso, sino que también se trata de aprender a conservar ese éxito.

Ésa fue una habilidad que aprendí por las malas. Y es una habilidad que te voy a enseñar en este libro.

Hoy tengo cuarenta y cuatro años, una edad que nunca creí siquiera estar cerca de alcanzar. Carajo, en algún momento me pareció que llegar a los veintiún años era demasiado pedir. Pero aquí estoy, en mi cuarta década de vida, con destellos plateados en la barba y arrugas que comienzan a surcarme el rostro (pero todavía tengo un abdomen de acero y todo mi cabello, eso sí). Pero estoy cómodo en el lugar en el que estoy. Es una edad de mayor madurez, que me permite ver la vida y evaluar con precisión lo que me convirtió en el hombre que soy. Y, cuando intento resumir mi capacidad para encontrar formas de mantenerme en la cima, puedo ver que todo se reduce a dos características:

Tengo el corazón de un buscavidas.

Y soy temerario.

Mi principal objetivo con este libro es ayudarte a desarrollar esas mismas características. Pero antes de adentrarnos en cómo hacerlo, quiero hablar sobre esas dos palabras: "buscavidas" y "temerario". Viniendo de mí, es probable que esas palabras te hagan pensar en 50 Cent, el Pandillero; el tipo que alardeaba en público de haber sido narcotraficante; al que le dieron nueve balazos y no pareció importarle mucho; el que entabló guerras con algunos de los hombres más temidos, tanto en las calles como en el hip-hop, y que nunca retrocedió ni un centímetro.

Todas esas gestas fueron obra de 50 Cent, una personalidad que adopté para poder lidiar con el caos y la locura que veía a mi alrededor mientras iba creciendo. Pero este libro no está diseñado para convertirte en el próximo 50 Cent.

No te confundas: 50 Cent era, y sigue siendo, una parte real de quien soy. Pero si esa parte de mí fuera todo lo que soy, nunca habría logrado mantener el éxito que he conseguido.

Por eso, en este libro, te compartiré tanto el pensamiento de 50 Cent *como* el de Curtis Jackson.

No me hice llamar 50 Cent sino hasta que fui mayor, pero, desde que era niño, siempre sentí que había dos partes de mí, dos identidades con las que debía sentirme cómodo: el lado que me permitía existir en casa de mi abuela, donde no se toleraban las groserías y los domingos eran para ir a la iglesia, y el lado que me permitía sobrevivir en las calles. Necesitaba ambas partes para salir adelante.

Hubo ocasiones en las que llegué a preguntarme si había algo malo en mí. ¿Tenía todo el mundo esa dualidad dentro de sí? ¿O estaba yo un poco mal de la cabeza?

Hoy puedo ver que no tenía nada raro; por el contrario. Mi capacidad para sacarle partido a mis dos personalidades ha sido una de mis fortalezas más grandes. 50 Cent me llevó a la cima; Curtis Jackson es el hombre que ha logrado mantenerme ahí.

En este punto, llevo más tiempo moviéndome en el mundo corporativo del que estuve afanándome en la calle. Sólo hice dinero sucio entre los doce y los veinticuatro años. He hecho mi fortuna de forma legal y corporativa entre los veinticinco y los cuarenta y cuatro años. Es el doble de tiempo que pasé en las calles.

No es de sorprender que, en este momento, las calles y el mundo de los negocios no me parezcan tan distintos. En ninguno de los dos se juega limpio. Los dos son ultracompetitivos. Los dos son despiadados. Y tú puedes dominarlos si sigues estos principios básicos:

Sé temerario. La mayoría de la gente huye de lo que le da miedo. Yo corro hacia ello. Eso no significa que crea que soy a prueba de balas (aprendí por las malas que no lo soy) o que no estoy consciente del peligro. Siento tanto miedo como cualquier otra persona.

Sin embargo, uno de los peores errores que comete la gente es aprender a sentirse cómoda con sus miedos. Sea lo que sea que me esté preocupando, lo enfrento y me involucro hasta que la situación se resuelve. Negarme a sentirme cómodo con mis miedos me da una ventaja en casi cualquier circunstancia.

Cultiva el corazón de un buscavidas. Afanarse, o ser un buscavidas, puede asociarse con el tráfico y la venta de drogas, pero en realidad es un rasgo que comparten los triunfadores en casi todas las profesiones. Steve Jobs era tan buscavidas en Apple como lo era yo en las calles.

La clave para desarrollar ese rasgo en tu propia personalidad es aceptar que nunca estás dirigiéndote hacia una meta particular. Esforzarse es un motor que tiene que estar encendido dentro de ti todos los días. La pasión es su combustible. Si puedes mantener ese motor encendido, te llevará a donde quieras llegar en la vida.

Forma una banda sólida. Tú serás tan fuerte como la persona más débil de tu grupo. Por eso debes ser sumamente consciente de quiénes te rodean. La traición nunca está tan lejos como quisiéramos.

Por eso es imperativo encontrar el equilibrio entre generar confianza y disciplina entre las personas con quienes trabajas y darles la libertad para que sean ellas mismas. Si logras alcanzar ese equilibrio, estarás en la posición ideal para obtener lo mejor de tu equipo.

Debes saber cuál es tu valor. Uno de los pilares de mi éxito perdurable es que nunca me apresuro a cerrar un trato. Aun cuando mi nombre es sinónimo de "cobrar lo tuyo", nunca persigo el dinero. Evalúo cada proyecto basado en su potencial a largo plazo, no según qué tan grande podría ser el primer cheque.

La razón por la que hago eso es porque tengo una confianza suprema en mi valor y mis capacidades. Estoy seguro de que, siempre y cuando apueste por mí, voy a ganar.

Evoluciona o muere. Si hubiera sido incapaz o no hubiera estado dispuesto a evolucionar como persona, hoy estaría muerto o en la cárcel. Una de las claves de mi éxito es que en cada etapa de mi vida he estado dispuesto a evaluar la situación en la que estoy y hacer los ajustes necesarios.

Si bien siempre he tomado cosas de las lecciones que aprendí en la calle, nunca me he limitado a ellas. En cambio, siempre estoy buscando absorber nueva información de tantas fuentes como sea posible. No me importa de dónde vengas ni cómo te veas; si has generado algún tipo de éxito, quiero aprender de ti.

Moldea la percepción. Todo lo que compartas con el mundo —tus palabras, tu energía y hasta lo que escuchas— cuenta una historia. Debes asegurarte de que tu narrativa siempre te presente como quieres ser visto, incluso si la realidad cuenta una historia un tanto distinta.

Uno de los secretos para obtener lo que quieres en la vida es generar la percepción de que no necesitas nada. Quizá sea una energía difícil de proyectar, sobre todo si no la estás pasando muy bien que digamos. Pero comprometerte con esa percepción te hará más atractivo en lo profesional, en lo personal y hasta en lo romántico.

No temas competir. A algunas personas les gusta pintarme como un *troll*, pero eso no es lo que soy. Mi primer instinto siempre es construir relaciones positivas y mutuamente beneficiosas con la gente. Pero si a alguien no le interesa ser mi amigo, yo no tengo ningún inconveniente con que seamos enemigos.

Creo que la competencia es saludable para todas las partes involucradas. Ya sea enfrentándome a raperos bien establecidos o a programas de televisión exitosos, siempre he alcanzado mis mayores éxitos cuando me he enfrentado a mis rivales de forma directa y sin vacilar.

Aprende de tus derrotas. A pesar de los muchos triunfos que he tenido a lo largo de los años, las derrotas han sido mucho más numerosas. Eso no me convierte en una excepción entre la gente exitosa; me hace parte de la regla. No conozco a un solo rapero, magnate, ejecutivo o empresario cuyas derrotas no superen a sus victorias.

Lo que distingue a esas personas del resto es que, en vez de quejarse o esconderse detrás de sus derrotas, buscan aprender de ellas de forma activa.

Evita subirte al ladrillo. A mí nadie me dio nada. He tenido que luchar por todo lo que he conseguido. Por eso, la idea de subirme a un ladrillo y creer que lo merezco todo nunca se filtró en mi mentalidad. Aun así, sin importar a donde mire —ya sean las calles o las salas de juntas—, veo mucha gente que cree que se merece todo.

Nunca lograrás un éxito duradero si no te haces responsable de todo lo que ocurra en tu vida. Nadie te debe nada, así como tú no le debes nada a nadie. Una vez que aceptes esa verdad fundamental y que tú tienes el control de tu destino, tantas puertas que parecían cerradas se abrirán ante ti.

En mi infancia, leer solía ser considerado una tarea que había que soportar y no una herramienta que podía ayudarte a mejorar tu vida.

Por culpa de esa mentalidad, no importa cuántos secretos comparta en este libro sobre la felicidad, los negocios o cómo mejorar tu vida; habrá muchas personas en el barrio que no los van a encontrar. Y es que simple y sencillamente no se sientan a leer. Pueden pasar junto a un libro como éste miles de veces, hasta que esté cubierto de polvo, y jamás se les ocurrirá siquiera *pensar* en abrirlo.

Tampoco es del todo culpa suya. Muchos libros están escritos con un lenguaje que no es accesible para todo el mundo. En lo personal, no empecé a leer sino hasta que encontré a autores como Donald Goines y Iceberg Slim, quienes escribían en una voz que me resultaba familiar. Su estilo me hacía sentir cómodo y, una vez que tuve ese confort, adquirí también la confianza para comenzar a explorar a autores que venían de un contexto diferente al mío, como don Miguel Ruiz, Paulo Coelho y uno que incluso llegó a convertirse en buen amigo y colaborador, Robert Greene.

Incluso si no vienes de las calles (y, dado lo diversa que se ha vuelto mi audiencia, es probable que no sea el caso) diste un paso importante con el simple hecho de tomar este libro. Hoy en día, mucha gente ha reemplazado la lectura con los clics: le echan un ojo sólo a la superficie de un tema —tal vez ven un video corto o leen una página de Wikipedia— y piensan que hicieron el trabajo necesario.

Lo siento, pero un par de clics o una página de internet no son suficientes. Me he dado cuenta de que necesitas aprender de diversos ejemplos y leer sobre varias posibilidades antes de que algunos principios comiencen a grabarse en tu cerebro.

Cuando termines este libro quizá sólo te quedes con algunos de estos principios. Tal vez sea sólo uno. Está bien. Ése fue el caso cuando leí *Las 48 leyes del poder* de Robert. Si me preguntas de qué se trata el libro, lo único que podría decirte es: "Como alumno, nunca opaques al maestro".

Había otras cuarenta y siete leyes en ese libro, pero ésa fue la que se me quedó grabada en el cerebro. Y, ya que nunca la he olvidado, he podido ponerla en práctica muchas veces a lo largo de los años. Literalmente he hecho millones al recordar que debo seguir ese principio.

Mi esperanza es que al cerrar este libro te quedes al menos con un principio fundamental grabado en el cerebro. Tal vez sea ser temerario, tal vez sea controlar la perspectiva o tal vez sea la importancia de evolucionar.

Sea cual sea el principio que más te resuene, aférrate a él. Llévalo contigo hasta que se convierta en parte de tu vida.

Cuando llegas a la cima de lo que haces, cuando tienes todo el dinero del mundo, tu perspectiva cambia y empiezas a mirar hacia lo que en verdad importa: cómo ayudar a la gente.

No me siento cómodo durmiéndome en mis laureles. Si sigo aquí cuando tenga setenta años, quiero seguir contribuyendo y participando. Quizá necesite hacer menos, pero seguiré siendo parte de la cultura y seguiré ayudando a impulsarla. Quizá ya no me la pase saltando y corriendo por todas partes, pero seguiré ahí, intentando ayudar.

Tal vez no lo sepas ni hayas oído de qué forma ayudo a la gente. Pero estoy convencido de que este libro es una de las mejores maneras de hacerlo, gracias a su largo alcance.

Por cada tweet temerario o una letra osada de 50 Cent, ten por seguro que Curtis Jackson tenía una estrategia concreta para escribirlo. Tener una estrategia detrás de cada acción es un método probado y comprobado.

Ésta es mi oportunidad para compartirte esas estrategias para que puedas moverte por la vida con propósito y confianza.

Me emociona que me acompañes en este viaje.

1

ENCONTRAR AL TEMERARIO

No puedo hacer más que sentir desprecio por quien no siente miedo a veces. El miedo es el condimento que hace interesante seguir avanzando.

—DANIEL BOONE

Hace años contraté a un tipo francés llamado Corentin Villemeur para que se hiciera cargo de mi página web. Cuando no se encontraba trabajando conmigo, uno de los pasatiempos de Corentin era tomarse *selfies* en los entornos más espectaculares: parado peligrosamente en la orilla de un risco o sentado en el techo de un rascacielos con las piernas colgando del borde.

Cuando le enseñaba esas fotografías a la gente de la oficina, ellos meneaban la cabeza y se reían, diciendo: "Sólo un tipo blanco haría algo así". Para ellos era como hacer paracaidismo o intentar acariciar a un animal salvaje: un riesgo innecesario que sólo tomaría alguien que nunca ha experimentado un peligro real.

Yo lo veía de otra forma.

Lo veía como una posibilidad de libertad.

Por eso, un día llevé a Corentin al techo de mis antiguas oficinas en Times Square para que me tomara unas cuantas fotos. Sin embargo, en vez de sentarme en la orilla con las piernas colgando, decidí elevar la vara.

En el techo había una torre de agua, una estructura de madera en forma de barril que se elevaba varios metros por encima de nosotros. Sin dudarlo un segundo, subí por la desvencijada escalera de la torre y me senté en la orilla. Debo haber estado a unos ciento cuarenta metros por encima del suelo. Debajo de mí, las personas parecían hormigas en un picnic. Si me resbalaba, sería un viaje bastante largo hasta el suelo.

El riesgo era tan alto como donde estaba yo, pero no sentí miedo alguno. En cambio, absorbí la esplendorosa vista. El edificio de *The New York Times* se alzaba a mi izquierda, y el río Hudson centelleaba a mis espaldas. Me sentía increíblemente vivo. Ver mi ciudad desde esa perspectiva aérea me infundía la misma ambición que sentí cuando era más joven. Nueva York estaba a mis pies. La ciudad de los sueños. ¡Y yo seguiría esforzándome hasta cumplir cada uno de los míos!

Me incliné hacia atrás y Corentin tomó una foto espectacular para Instagram. Cuando volví a mi oficina, la publiqué con el pie de foto:

Vivo al límite. Soy libre sólo porque no tengo miedo.

Todo a lo que le temía ya me ha pasado.

A mucha gente le encantó la publicación. "Eso es real", escribió alguien. "Caray, qué poderosas palabras", añadió alguien más. Pero no todo el mundo lo apreció. Más o menos una semana después de publicar la fotografía, recibí una carta de mi aseguradora en la que me explicaban que, si volvía a arriesgar mi vida de manera consciente, cancelarían mi póliza de inmediato.

Pero a la compañía de seguros no debió haberle sorprendido. Si hay algo que me ha caracterizado desde niño es mi temeridad.

Mucha gente probablemente piensa que nací siendo temerario.

Podré proyectar esa energía, pero no es cierto.

Cuando era niño, le tenía miedo a la oscuridad, tanto como me aterraba que me mataran en las calles, o como me sentía cuando empecé a rapear. He experimentado ansiedades y angustias de todo tipo.

La diferencia es que me niego a sentirme cómodo con esos miedos. He aprendido que el confort es un asesino de sueños. Nos drena la ambición, nos ciega y promueve el conformismo.

La cosa número uno con la que las personas llegan a sentirse cómodas es el miedo. Aunque la mayoría no lo admitiría. Pregúntale a cualquiera si vive en un estado constante de miedo y lo más seguro es que te responda: "Por supuesto que no". Pero sólo es su orgullo quien habla. El miedo domina la vida de la mayoría de la gente: el miedo a la pérdida, al fracaso, a lo desconocido, a la soledad.

No creo que sentir miedo tenga nada de vergonzoso. Un poco de paranoia es, en realidad, bastante útil. Hay muchos peligros reales en el mundo y muchas personas con malas intenciones. Estar consciente de esas posibilidades hace más fácil evitarlas.

Lo que no puedes hacer es volverte conformista con esos miedos. Aunque le temas a la pérdida, no puedes pasar la vida entera evitando la intimidad o el amor (algo con lo que yo he batallado). Aunque le temas al fracaso, no puedes dejar de correr riesgos. Aunque le temas a lo desconocido, no puedes dejar de vivir experiencias nuevas. "No es a la muerte a lo que debe tenerle miedo el hombre", dijo el emperador y filósofo romano Marco Aurelio, "sino a nunca comenzar a vivir."

Ubico la raíz de mi propia temeridad en un evento específico: la muerte de mi madre. Ése es un miedo particular, uno que es difícil de describir. Más que haber recibido nueve disparos, perder a mi madre es lo más significativo que me ha pasado. A pesar de ser un hombre de mediana edad, sigo resintiendo su ausencia.

Sin embargo, con su muerte, mi madre me dio un regalo bastante inusual: la semilla de la temeridad.

Pasaría mucho tiempo antes de que esa semilla floreciera por completo en mi interior. Por desgracia, tendría que pasar todavía por muchos momentos difíciles y peligrosos antes de que se volviera parte de mi naturaleza.

En este capítulo te compartiré algunas de las experiencias y situaciones que me ayudaron a desarrollar esas agallas, y que me permitieron aceptar que lo que está del otro lado del miedo no es el peligro ni la muerte, sino la libertad.

Quiero demostrarte que ser temerario es una fortaleza que puedes desarrollar, un músculo que puedes entrenar, con suerte sin tener que pasar por el trauma que a mí me hizo desarrollarlo tanto. No necesitas perder a tu madre ni sobrevivir a un tiroteo para desarrollar la creencia de que eres capaz de superar cualquier cosa que te suceda. Lo único a lo que no puedes sobreponerte es a no correr riesgos nunca.

NO LE TEMAS A LOS GOLPES

Los deportes en equipo nunca fueron lo mío cuando era niño. No importaba qué estuviéramos jugando —futbol americano, basquetbol o beisbol—; si perdíamos, yo siempre era el primero en señalar culpables. "¡Hey! Perdimos porque tú no puedes defender una mierda", le decía a alguno de mis compañeros a quien habían quemado como defensa jugando basquetbol. "No dejaban de partirte el culo. ¡Perdimos por *tu* culpa, bro!"

No estaba intentando evadir la responsabilidad. Si hacía una mala jugada o no lograba defender a mi hombre, era el primero en admitirlo. Era más bien que no me gustaba pensar que mi triunfo estaba ligado a la capacidad o incapacidad de alguien más para hacer su trabajo. Es un sentimiento del que no he podido desprenderme hasta el día de hoy. Siempre digo que, si voy a apostarle a un caballo, quiero que ese caballo sea yo, ¡carajo!, porque sé que voy a correr con todas mis fuerzas.

Fui lo suficientemente sensato como para aceptar que no tenía la inteligencia emocional para dedicarme a los deportes de equipo. Necesitaba un deporte en el que, si perdía, fuera sólo mi culpa. Nadie a quien conocía practicaba deportes como el tenis o el golf. (Vivía a veinte minutos de Flushing, donde se juega el US Open, pero bien pudo haber sido un planeta distinto.) Y en mi barrio, si te veían corriendo, era porque alguien te venía persiguiendo.

Sin embargo, había cerca un gimnasio de box de la Liga Atlética de la Policía, manejado por un pugilista local llamado Allah Understanding. Venía de los Baisley Projects y creció en la época en la que saber tirar golpes era algo que la gente respetaba, algo a lo que aspiraba y algo que temía. Comencé a entrenar con Allah cuando tenía unos doce años, y supe casi enseguida que el box era para mí.

Un día, cuando estaba en el gimnasio, un tipo de las calles llamado Black Justice entró al lugar acompañado de uno de sus hombres. Blackie, como le llamábamos, era uno de los traficantes más respetados de Baisley, uno de los principales tenientes del Supreme Team, la pandilla más grande de drogas de Queens en aquel entonces. Su hombre era, en esencia, su guardaespaldas, una presencia constante que aseguraba que un rival se la pensaría dos veces antes de retarlo. No debía tener más de dieciocho o diecinueve años, pero todos en el barrio conocían su reputación. Era justo el tipo de pandillero joven con el que no querías tener *ningún* problema.

El gimnasio se quedó en silencio mientras todos veíamos a Blackie y a su muchacho caminar por ahí. Luego, sin decir una palabra, el hombre de Blackie se detuvo frente a uno de los sacos y comenzó a golpearlo.

¡Bam bam bam bam!

Al ser el más joven de todos los que estaban ahí, el sentido común indicaba que debía quedarme callado y sólo observar. Pero, quizá también porque era el más joven, me dejé llevar por el atrevimiento y mi bocota le ganó la partida a mi cerebro. En cuanto el tipo dejó de pegarle al saco, le grité.

—¡Hey! Te ves bien pegándole al saco —dije lo suficientemente fuerte como para que todos en el gimnasio lo oyeran—. Pero el saco no devuelve los golpes.

Blackie se dio vuelta de golpe.

—¿Qué dijiste, niño? ¿Me hablas a mí?

—Nah, tú eres un cabrón grandote —respondí de inmediato—. Le hablo a él —dije, asintiendo en dirección a su chico.

La mayoría de los tipos en su posición me habría dado una paliza —o algo peor— en ese mismo instante. Pero ellos entendieron qué había detrás de mi bravuconería. Blackie tenía un espíritu generoso, libre de la codicia que había contagiado a muchos de sus pares. En vez de ofenderse, los dos respetaron mi valor desproporcionado.

—Sí, este chico me cae bien —dijo Blackie, señalándome—. De este gimnasio van a salir varios campeones. Estos cabroncitos están locos —el reconocimiento por sí solo me habría hecho el día, pero Blackie añadió una cereza al pastel—: Este gimnasio necesita algunas mejoras si les vamos a sacar jugo a los peleadores —dijo, mirando el destartalado gimnasio a su alrededor—. ¿Qué cosas necesitan? Escríbanlas todas.

Dos semanas después, el gimnasio quedó renovado por completo. Blackie nos había comprado botas nuevas, cuerdas, peras y un nuevo juego de pesas para reemplazar el antiguo y oxidado juego que seguro estaba ahí desde los años sesenta. A partir de ese momento, Blackie se hizo cargo de nosotros. Aunque en teoría el edificio era propiedad del Departamento de Parques y Actividades, el gimnasio se volvió de Blackie.

No abrí la boca sólo para que me dieran de comer, pero eso fue lo que terminó sucediendo. Fue una lección importante. Necesitas dominar tus miedos para convertirlos en momentos de acción ante cualquier oportunidad; los temerarios no sólo suelen reconocer a quienes son como ellos, sino que también los recompensan.

Entré al gimnasio de Allah siendo un niño regordete de doce años, y los casi setenta kilos que llevaba encima me hacían ver mayor de lo que era. ¿Alguna vez has escuchado la expresión "pelear por encima de tu categoría"? Pues en ese gimnasio yo tuve que pelear por encima de mi categoría de peso *y* de edad desde el primer día. No había otros chicos de mi edad en el programa, así que Allah Understanding me ponía a pelear con cualquiera que estuviera en mi peso, que por lo regular eran oponentes cuatro o cinco años mayores que yo. Podrá no parecer mucho, pero hay una diferencia enorme entre un chico de doce años y uno de diecisiete. Esos tipos de diecisiete años eran casi hombres, y yo seguía esperando a que me bajaran las pelotas. Podría haber estado en la misma categoría de peso que ellos, pero no tenía ni su fuerza ni su madurez. Subirme al ring con ellos era más que intimidante.

Nunca cedí ante mi miedo y la principal razón era porque Allah Understanding no me lo permitía. Una de las mejores cosas que él y los otros entrenadores hicieron fue negarse a mimarme. Si un chico mayor me pegaba en el rostro mientras entrenábamos, no paraban el encuentro para preguntarme si estaba bien. Me enseñaban a seguir peleando sin importar qué tan asustado o lastimado estuviera.

Con esas palizas aprendí una doble lección.

Primero, aprendí que podía sobrevivir a ellas. Sin duda, es desagradable que te golpeen en la cara. Te deja desorientado. Duele. Incluso puede sacarte lágrimas. Pero los golpes no me mataron. ¡Carajo, ni siquiera me noquearon! Una vez que entendí que podía amortiguar los golpes y seguir adelante, la mayor parte del miedo que llegué a sentir se evaporó.

En segundo lugar —y siempre estaré en deuda con Allah Understanding por enseñármelo—, aprendí que, si no te gusta que te peguen, tienes que *hacer algo* al respeto. "¡Levanta las malditas manos!", me gritaba si bajaba la guardia y mi oponente conectaba. Si mi contrincante comenzaba a golpearme el cuerpo después de atraparme en una esquina, Allah aullaba: "¡Regresa al centro del ring!". Allah Understanding me enseñó que no debía aceptar el castigo con los brazos cruzados; siempre podía hacer algo al respecto.

Sabían que tenía una desventaja de tamaño y, por lo general, de todo lo demás, pero se negaban a mimarme o protegerme. ¿Has visto a un niño caerse y rasparse la rodilla? Su reacción depende en gran medida de la actitud de sus padres. Si ellos se echan a correr y le preguntan angustiados: "¿Estás bien, nene?", lo más probable es que el niño se ponga a llorar. Pero si su papá o mamá evalúan la situación, concluyen que el niño está bien y no le preguntan cómo se siente, el niño se sacudirá la tierra de la rodilla y seguirá jugando como si nada. Ése fue el tipo de padre que Allah Understanding fue para mí; me enseñó a sacudirme los golpes y a seguir con lo que estaba haciendo.

Él no estaba siendo desalmado; estaba preparándome para que me sacudiera los inevitables golpes que la vida me iba a propinar y seguir adelante hacia donde quería ir y no hacia donde la vida intentaba empujarme.

Una vez que aprendí a no temerle a los golpes, mejoré mucho como boxeador. En vez de estar todo el tiempo sobre los talones, preocupado por lo que mi contrincante iba a hacerme, comencé a darle pelea al rival. Aprendí a dictar los términos del encuentro. Si perdía, no era porque me hubieran arrinconado y apaleado; era porque había buscado ganar y simplemente me enfrenté a alguien con más capacidad que yo.

Hace mucho que no recibo un puñetazo en la cara dentro del ring, pero he intentado mantener la misma actitud en todo lo que hago. Me niego a tener miedo a los golpes; sé que vendrán y sé que algunos me harán tambalear, pero podré soportarlos.

Muchos de ustedes son como el niño que se cayó de la bicicleta y esperó a que su mamita fuera a preguntarle si estaba bien. Yo no. Si me caigo, no espero palabras de aliento ni que nadie se preocupe por mí. Me levanto y sigo mi camino.

He aceptado que la vida me va a tirar golpes y que algunos van a conectar. Pero siempre sobreviviré y seguiré luchado por las cosas que quiero. Y tu actitud también tiene que ser ésa.

ENCARAR EL MIEDO

Como ya dije, la muerte de mi madre fue lo que me obligó a desarrollar inmunidad al miedo. Y aprender a recibir golpes en el rostro no hizo más que fortalecer esa insensibilidad. Durante un tiempo, parecía que el miedo era una sensación con la que no tendría que volver a lidiar.

Pero no sería el caso. Sin duda alguna, que me dispararan reavivó esa sensación dentro de mí.

En primer lugar, durante las semanas posteriores al incidente, les tuve mucho miedo a las personas que me dispararon. Sabía que seguían allá afuera, no muy lejos de ahí, y que ansiaban terminar lo que habían empezado.

Además de la ansiedad emocional, el dolor físico de haber recibido nueve balazos me familiarizó otra vez con el miedo. No fue en el momento en el que ocurrió —pues la adrenalina evita que sientas mucho en ese instante—, sino en los meses siguientes.

Una vez que la adrenalina se desvanece y el doctor te dice que vas a sobrevivir, entonces empiezas a *sentir* los efectos de las balas que te desgarran los músculos y pulverizan los huesos. Sentía dolor en todas partes, donde entró el plomo en mi pulgar y mi mejilla. Durante meses sentí como si tuviera jaquecas en todo el cuerpo: pulsaciones incesantes y profundas que no sabía que se podían sentir en una pierna o una mano.

Cada vez que iba a fisioterapia y debía poner peso sobre la pierna o desgarrar el tejido cicatricial en el pulgar, me dolía a morir. Me di cuenta de que me daba miedo tener que pasar por ese proceso otra vez, quizá más que el que me daba morir.

Sin embargo, conforme fue avanzando la rehabilitación, fui entendiendo otra verdad importante: no me sentía cómodo sintiendo miedo. Podrá parecer una obviedad, pero creo que en realidad es algo que me hace único. La mayoría de la gente está muy cómoda con sus miedos. ¿Miedo a volar? Evita los aviones. ¿Miedo a los tiburones? No te metas al mar durante tus vacaciones en el Caribe. ¿Miedo el fracaso? Ni siquiera lo intentes, es mejor. Muchas personas viven su vida entera así.

Yo no. *Odiaba* sentir miedo. Odiaba vivir mirando por encima del hombro. No soportaba la idea de quedarme cerca de casa hasta que las cosas se tranquilizaran. Para mí, esconderme habría sido casi peor que haber sido baleado.

De cierta forma, el dolor físico que experimenté fue mi amigo. Me empujó a ir más lejos de lo que mucha gente está dispuesta a llegar. Créeme, cuando sufres tanto dolor físico, ocurre un cambio. *Quieres* acercarte al problema en vez de huir de él. Y eso es justo lo que hice.

Tras varias semanas de rehabilitación, volví a la casa de mi abuela en Queens. Literalmente regresé a la escena del crimen. Eso en sí mismo fue un gran paso para mí en términos psicológicos. Lo más fácil —y, carajo, lo más sensato también— habría sido irme muy lejos, a un lugar donde nadie, salvo mis amigos más cercanos, pudiera encontrarme. Ni siquiera necesitaba estar a demasiados kilómetros de distancia. Pude haberme mudado al Bronx o a Staten Island y habría sido como si me hubiera ido a otro país. Estaba decidido a no ceder ni un milímetro ante mis miedos; volvería a donde quería estar, que era la casa de mi abuela.

Cuando salí de rehabilitación, los doctores me dijeron que necesitaba empezar a trotar para recuperar mi condición física y la fuerza en las piernas. Estaba comprometido con el plan, pero casi de inmediato enfrenté el primer obstáculo. Una mañana, me asomé por la ventana de mi abuela y vi frente a la casa a alguien a quien no reconocí. A mi parecer, se estaba esforzando demasiado por pasar inadvertido y no llamar la atención. Es cierto que yo estaba bastante paranoico en ese momento, así que pudo no haber sido nada. Pero la paranoia agudiza tus sentidos de la misma forma que el olfato de un antílope puede identificar a un león a cientos de metros de distancia. Quizás estaba percibiendo a mi depredador.

Cancelé la salida a correr que había planeado para ese día. Y volví a hacerlo al día siguiente cuando vi al mismo tipo merodeando por la calle. Para ese entonces, experimentaba mucha confusión. ¿Estaban mis sentidos agudizados alertándome de un peligro invisible? ¿O imaginaba una amenaza que en realidad no estaba ahí? Lo único que sabía a ciencia cierta era que el miedo comenzaba a consumirme.

Decidí que, si me quedaba en la casa y no seguía adelante con el plan de rehabilitación, saldría perdiendo. Cuando el miedo interrumpe tu rutina o te obliga a replantearla de alguna manera significa que te tiene enganchado y te frenará por siempre. "Los cobardes mueren varias veces antes de expirar", escribió Shakespeare. "Los valientes saborean la muerte sólo una sola vez." Mi intención no era quedar como un cobarde.

La mejor manera de superar un miedo que te está deteniendo es, primero, reconocerlo y, después, hacer un plan para vencerlo. Así que eso hice. Para empezar, reconocí que estaba asustado. Luego, reuní a mis amigos de más confianza en la sala de mi abuela y les expliqué que necesitaba que me acompañaran a correr a la mañana siguiente. "Por supuesto", dijeron todos. "Volvemos mañana." Cuando llegó el día siguiente, sin embargo, sólo uno de ellos apareció: mi amigo Halim. No creo que a los demás les hubiera dado miedo la amenaza latente, pues ya habían demostrado su valentía varias veces. Creo que les daba mucho más miedo pensar en hacer cardio en la mañana. *Eso* era algo con lo que no se sentían cómodos.

Decidí salir sólo con Halim, a pesar de que no era el candidato ideal: estaba en peor forma que yo. Y, sobre todo, tenía serias dudas sobre cómo reaccionaría Halim si la amenaza se materializaba. A pesar de ser parte de una banda llena de tipos que buscan cualquier excusa para comenzar a disparar, la naturaleza de Halim lo llevaba siempre a intentar evitar las confrontaciones.

Halim estaba tan fuera de forma que le di una bicicleta para que pudiera seguirme el paso. Y, con respecto a mi otra preocupación, la resolví —literalmente— con mis propias manos.

Encontré una pistola pequeña, me la puse en la mano buena y la envolví con vendas. Todo el mundo sabía que yo era boxeador, por lo que, para el observador casual, parecía que me había lastimado en el ring. Me ponía tantas vendas que el arma se disimulaba dentro del "vendaje" casi por completo; sólo el cañón se asomaba por debajo. Le dije a Halim que pedaleara a mi lado y se mantuviera atento en busca de cualquiera que pareciera como que fuera a salir de entre los arbustos y dispararme. Sólo tenía que dar la alarma y yo me haría cargo del resto.

Halim y yo seguíamos la misma rutina todas las mañanas. Estaba decidido a recuperar la fuerza y la condición física, y no iba a permitir que una amenaza —ya fuera real o imaginaria— se interpusiera entre mis objetivos y yo. ¿Estaba en realidad asustado cuando salía a correr? Al principio sí, pero me reconfortaba saber que cada vez que salía había tomado todas las precauciones necesarias. Tenía un vigía y un arma, que ya era mucho más que cuando me dispararon.

Era una extensión de lo que Allah Understanding me había enseñado: en vez de tenerle miedo a los golpes y rendirte, haz las cosas que te convertirán en un blanco difícil de golpear. En el ring, eso significaba no dejar de mover los pies y el cuerpo, y mantener la guardia arriba. En las calles, significaba trotar con un guardaespaldas y una pistola bajo la manga.

Al final nadie me enfrentó y logré recuperar la forma física con esas salidas. Pero, al recordar esos días, me doy cuenta de que no necesitaba ser tan agresivo al confrontar mis miedos. No *tenía* que correr en las mismas calles en las que me habían disparado; bien podría haber ido a un gimnasio local o puesto una caminadora en el sótano de mi abuela.

Estaba tan incómodo que cualquier cosa que no fuera correr en las calles, con la vista puesta en el barrio entero, la habría sentido como una concesión frente al miedo, una concesión que no estaba dispuesto a hacer.

Hoy en día soy menos propenso a confrontar las cosas con tanta agresividad. De hecho, para ser honesto, hay miedos que no he enfrentado aún.

A LO QUE AÚN LE TENGO MIEDO

Podemos pasar la vida entera —como lo hacen muchas personas— intentando ignorar algo que en realidad cargamos a diario. Pero no puedes esconderte de aquello que nunca sueltas.

Por poner un ejemplo: cuando me miro al espejo y evalúo con honestidad dónde estoy en la vida, mi mayor temor tiene que ver con la familia.

Es un miedo que no he querido admitir abiertamente, pues sé que para la mayoría de la gente la familia es una increíble fuente de confort y seguridad que brinda una sensación de bienestar y conexión.

Yo nunca he sentido eso. La noción de familia me pone muy incómodo. No me hace sentir seguro; me hace sentir en extremo vulnerable.

Dada mi historia, no debería causar sorpresa. El principal miedo de cualquier niño, sin importar dónde viva o en qué circunstancias, es perder a su padre o madre. Está inscrito en nuestro ADN. No es necesario descargar esa app; la traes instalada de fábrica. Los psicólogos dicen que el miedo a perder a un padre es particularmente agudo entre los cuatro y ocho años de edad. Todos los niños en ese rango de edad comienzan a preocuparse si su papá o mamá tarda en volver de la tienda o si sale de viaje un par de días. Por lo regular, el padre vuelve, y el niño deja de obsesionarse con la posibilidad de que no lo haga. Pero mi madre nunca volvió. Así que, cuando el peor miedo de cualquier niño se hizo realidad en mi caso, se volvió sumamente difícil abrirme al tipo de amor que sentía por mi mamá con alguien más.

Como seguramente habrás deducido, las cosas no se volvieron más sencillas en casa de mis abuelos. Su amor era incuestionable, pero el ambiente era caótico, por decir lo menos. Nunca hubo dinero, atención ni estabilidad suficientes. Pero sí había bastante abuso en el consumo de drogas y alcohol. Y mucha disfunción. La casa de mis abuelos no era el lugar ideal para guardarle luto a mi madre.

Sin embargo, ellos eran la única familia que tenía. Nunca conocí a mi padre; ni siquiera sé quién es. Muchas personas que crecieron sin padre ansían reconectarse con él cuando son mayores, pero yo nunca lo sentí. De hecho, me alegra que nunca haya aparecido en mi vida. Todo aquello con lo que me pudo haber ayudado —y las enseñanzas que me pudo haber dejado— ha quedado atrás. No creo que haya algo positivo que pudiera sumarle a mi vida ahora.

Como muchas otras personas, al principio continué con el ciclo de disfunción que empezó con la muerte de mi madre. Cuando nació mi hijo Marquise, justo al mismo tiempo que mi carrera en el rap comenzaba a despegar, creí que había pasado la página. Recuerdo haberle dicho a un reportero: "Cuando mi hijo llegó a mi vida, mis prioridades cambiaron. Quería tener la relación con él que no tuve con mi padre".

Ésa era mi intención, pero no fue lo que sucedió. En cambio, la madre de Marquise, Shaniqua, y yo nos enfrascamos en una relación sumamente disfuncional, pero hablaré de mis frustraciones con Shaniqua y Marquise más adelante. Por ahora, debo admitir que muchas de las críticas que he recibido por la forma en que lidié con esa situación están justificadas.

Soy una persona muy honesta y transparente; las cosas que he dicho en público sobre mi hijo mayor son el mismo tipo de cosas que muchos padres que están atrapados en relaciones poco saludables también sienten y piensan. Pero ellos no las externan. Eso no significa que esté bien, pero podría hacerlo más comprensible.

Si algo he hecho bien con respecto a la familia es que he intentado romper ese ciclo de disfunción con mi hijo menor, Sire. Su madre y yo no estamos juntos, pero he tratado de estar muy presente en su vida. Él vive con su mamá, así que voy a verlo siempre que tengo la oportunidad. Pasamos el rato en la piscina, jugamos videojuegos y vemos deportes. Cosas normales para padres e hijos. Lo más importante es que no hay tensión cuando lo veo. Su madre y yo estamos en la misma frecuencia y hemos aprendido a sobrellevar la crianza compartida. Así que, cuando Sire ve que me acerco para abrazarlo, sabe que ahí no hay más que amor.

Me hace feliz saber que siempre seré parte importante de su vida y que estaré con él para ayudarlo a transitar los inevitables picos y valles de la vida. Quiero asegurarme de que Sire no cometa los mismos errores que yo. Es lo mismo que quería para Marquise, pero ni su madre ni yo teníamos la madurez emocional como para darle las bases para que así fuera. La verdad es que tenía miedo de formar una familia; quizás ella también. Y nuestro hijo sufrió las consecuencias de ello. Hoy en día, mi relación con Marquise no es más que un reflejo de la energía negativa que hubo entre su madre y yo.

La relación con Marquise es el área de mi vida que más trabajo necesita. Ha habido momentos, incluso en últimas fechas, en los que he considerado desechar esa relación por completo. No quiero hacerlo, pero, a veces, cuando te han lastimado demasiado —y tú has lastimado bastante también—, parecería que lo mejor es simplemente alejarse.

Estuve a punto de hacerlo no hace mucho, después de un encuentro inesperado con él en el local de mi joyero en Manhattan. Yo no sabía que estaba en la ciudad, por lo que me sorprendió verlo. Intenté entablar una conversación, pero Marquise de inmediato me acusó de estarlo siguiendo. Le dije que eso era una locura, pero todo se derrumbó en ese momento.

La energía entre nosotros era terrible. Incluso dijo: "¿Qué? ¿Se supone que debo tenerte miedo?". Fue como una patada en la entrepierna. A pesar de ser mi hijo, de ser sangre de mi sangre, no podíamos hablar, mucho menos abrazarnos y sonreírnos tras un encuentro inesperado. Entonces, sin decir una palabra, huyó de la tienda, y yo me quedé estupefacto.

Un par de mis muchachos salió a la calle para intentar alcanzarlo y decirle: "¿Qué te pasa? Es tu padre. Entra y habla con él", pero Marquise ya había desaparecido. No quería que lo encontraran. Ni siquiera pude seguirlos; tenía la mente brumosa y no podía pensar bien. Tardé varios minutos en recobrar la compostura.

Hay muy pocas cosas que me afectan de esa manera tan terrible, y sé que si pasa algo así es porque siempre hay un asunto familiar de por medio. Si me topo con un rapero que me insultó o con un empresario con quien tuve una tensa negociación, sé que voy a estar bien. De hecho, estaré de maravilla. Esos momentos no me afectan; de hecho, vivo y respiro con tal de pasar por ellos. Sólo las cosas familiares parecen desconcertarme.

Y no es sólo mi relación con Marquise. Ni siquiera me gusta ir a casa en las fiestas, pues ver a mi familia me tensa. Visito la vieja casa de mi abuela días antes de navidad para pasar un rato con mi abuelo, pero no regreso para las celebraciones. Incluso si llevo sólo vibras positivas a la casa, alguien siempre usará su negatividad en mi contra. Una tía o un primo dirán: "Estoy harto de que todos le besen los pies sólo porque es 50 Cent. Carajo, ni que fuera *tan* especial". En vez de celebración, la noche entera se vuelve una discusión sobre qué hice por una persona y no por todos los demás. Ese tipo de energía me pone muy incómodo.

Sé que mi miedo a la familia no es saludable y estoy trabajando en ello. Podría tomarme años, pero estoy comprometido con lograrlo. Así que, para cuando tenga la edad de mi abuelo, con algo de suerte tendré una relación sólida con mis hijos y quizá con sus hijos también.

¡LEVANTA LA MANO!

Sé que tengo la reputación de ser un hombre de mecha corta, pero, en realidad —sin importar en qué avión privado esté volando o en qué sala de juntas esté sentado— siempre estoy relajado, siempre soy la persona que opera con la *menor* cantidad de miedo. Estoy seguro de que nada que se diga, se amenace o se prometa en esas conversaciones me hará daño. Sí, me encantaría cerrar tratos de distribución de 30 millones de dólares o conseguir el mejor papel de mi carrera, pero no me da miedo que esas cosas se esfumen. ¿Por qué me daría miedo? Ya he pasado por algunas de las cosas más aterradoras que la vida puede ponerte en el camino.

¿Cómo se logra entonces alcanzar el nivel de confianza que yo tengo en mí mismo? ¿Cómo se logra mantener la calma en situaciones en las que otros estarían bañados en sudor? No es física cuántica: la única forma de alcanzar ese nivel de confianza es hacer el trabajo necesario. Punto.

¿En serio te has dedicado a aprender todo lo posible de tu campo? ¿Das cien por ciento cada vez que entras a la oficina, te sientas en el salón de clases o subes al escenario a hacer una audición? Si la respuesta es sí, ¿a qué podrías tenerle miedo? Ya hiciste todo lo que podías hacer; ahora sólo necesitas asegurarte de que el mundo lo reconozca.

Eso puede representar un enorme reto, sobre todo si no te educaron desde pequeño para pensar que perteneces a esos espacios. Si no eres blanco o no fuiste a la escuela "correcta", es posible que tengas que esforzarte aún más para recibir el crédito que mereces. No debería ser así, pero así es... por ahora.

Tendrás que proyectar una confianza que indique que perteneces ahí, que tienes las respuestas, aun si las personas con quienes estás hablando no lo reconocen. Todo tu arduo trabajo no servirá para un carajo si no estás listo —es más, si no estás decidido— para compartirlo con el mundo.

Te pondré un ejemplo: un tipo en la industria musical, a quien tengo años de conocer, no ha logrado traducir todo su trabajo arduo y talento en el éxito que se merece. No mencionaré su nombre porque es un gran tipo y no quiero dañar su confianza. (¿Ves? Estoy madurando.)

Comenzó en las calles, pero, gracias a su carisma, inteligencia y ética laboral logró abrirse paso en la industria musical. Se acercó a varios magnates que de verdad confiábamos en su juicio y gustos. Ganó buen dinero y era respetado en la industria, pero nunca fue capaz de alcanzar el mismo nivel de opulencia. Y sé que le resultaba muy frustrante.

Me pedía consejos, pero yo no lograba descifrar qué era lo que lo detenía. Entonces, un día fuimos a una reunión con algunos ejecutivos importantes de una disquera, tipos con trajes elegantes y costosos cortes de cabello que les infundían una enorme confianza en sí mismos.

Tenían confianza, sí, pero en realidad no entendían el proyecto que íbamos a discutir. Mi muchacho sí. De pies a cabeza, al derecho y al revés. Habíamos pasado horas hablando de ello, y él lo entendía en el papel y en las entrañas. Por eso lo llevé conmigo; él podía articular mejor que yo lo que se necesitaba hacer.

Esperaba que los impresionara, pero, cuando los ejecutivos comenzaron a hacer preguntas y presentar ideas, se quedó cruzado de brazos. No dijo ni pío. Cualquiera habría pensado que era sólo un amigo que había ido para acompañarme y no que en realidad era el único experto en el tema de la reunión.

En un principio no logré descifrar qué estaba haciendo (o, más bien, no haciendo). Luego lo entendí: tenía miedo. Tenía miedo de levantar la mano porque no quería dar una respuesta equivocada. Había hecho todo el trabajo, pero, frente a la confianza de esos ejecutivos, perdió toda la fe en sí mismo. Y eso significó que los ejecutivos nunca lo notaran; no hicieron una nota mental para ponerle atención; nunca le ofrecieron la plataforma que buscaba y que merecía.

En vez de eso, se quedó atascado en el mismo lugar. Era un buen lugar al que a mucha gente le habría gustado llegar, pero no era el lugar al que él aspiraba. Estaba atorado en un nivel que no cuadraba con sus habilidades.

Cuando el dinero de la industria musical comenzó a dejar de fluir, él se quedó en una posición muy vulnerable. Si hubiera alcanzado el nivel de magnate, habría estado bien; tendría guardado un fondo de emergencias. Pero la emergencia llegó y él no estaba preparado. Fue uno de los primeros en perder su trabajo. (Es genial ser un ejecutivo muy bien pagado, pero, cuando las cosas se ponen feas, son las primeras cabezas que ruedan. A veces es mejor ganar un poco menos.) Hoy en día intenta ganarse la vida como consultor, pero está fuera de toda la acción y se está haciendo viejo en un espacio que privilegia a la juventud.

No cometas el mismo error. Si hiciste el trabajo y sabes de lo que hablas, ¡levanta la puta mano! ¡Siempre! No hay nada peor que ser el que ha pasado horas —incluso de su tiempo libre en casa— estudiando los reportes de la compañía y, cuando tu jefe pregunta por esa información, dejes que alguien más se la dé.

Es muy probable que esa persona no se haya esforzado tanto como tú, pero también que no tenga miedo a equivocarse. Por eso, cuando tu jefe ve a esa persona, ve a alguien activo, alguien que participa, alguien que parece apasionado. Cuando te ve a ti, no sabe qué pensar. Tal vez no piense en nada.

No es justo, pero esa persona que sí levantó la mano conseguirá un ascenso antes que tú; conseguirá una oficina propia antes que tú; usará esa oportunidad para negociar un mejor trabajo con la competencia antes de que tú siquiera consigas un aumento de sueldo. Tú estabas mejor capacitado y más preparado. ¡Pero no se lo demostraste al mundo porque te daba miedo! Ese miedo evitará que obtengas el verdadero valor de tu trabajo. No permitas que eso ocurra.

En la otra cara de esa moneda está la persona que levanta la mano *demasiado* rápido. Lo hace porque teme que alguien más reciba el reconocimiento antes que él o ella. Así que, aunque no sepa la respuesta, dirá algo.

También conocí a alguien así. Entrábamos a una reunión y se lanzaba a gritar soluciones antes de que alguien hubiera siquiera identificado el problema. Sólo quería que lo escucharan. Siempre que empezaba a hacerlo, yo sólo movía la cabeza y pensaba: "Carajo, ¿qué te pasa?". Llegó un punto en el que tuve que decirle a Chris Lighty, mi manager en ese entonces, que dejara de llevarlo a las reuniones. Fue una lástima, pues era inteligente y talentoso. Pero estaba esforzándose demasiado. Tenía tanto miedo de que alguien más recibiera los reflectores que su actitud terminó por costarle oportunidades.

Ser temeroso te hará tropezar de varias formas, tanto en la vida profesional como en la personal. Por eso es esencial que identifiques las cosas que te dan miedo y hagas el trabajo necesario para superarlo. En la vida personal, liberarte de ese peso será un alivio enorme. No sabrás qué tan grande era la carga que llevaste encima todos esos años hasta que la sueltes de una vez por todas. En cuanto lo hagas, no sentirás nada más que libertad.

2

CORAZÓN DE BUSCAVIDAS

> A los que esperan pacientemente podrán llegarles cosas, pero sólo serán las sobras que dejan los que avanzan.
>
> —Anónimo

En 1978, una joven brasileña llamada Maria das Graças Silva obtuvo una pasantía en Petrobras, la petrolera y gasera más grande de su país. No le pagaban, pero esa pasantía representaba un logro enorme para Graças Silva. Había nacido en una de las infames favelas de Río, los barrios brasileños asediados por la pobreza extrema que hacen que el Southside de Queens parezca Beverly Hills. Pasó su infancia recolectando trapos y chatarra para ayudarle a su familia a pagar su educación. La pasantía representaba un camino para escapar de los barrios bajos y llegar a un mundo mejor. Estaba decidida a dar todo de sí.

Graças Silva (después conocida como Graças Foster) terminó pasando más de treinta años en Petrobras. No le fue fácil ascender por la escalera corporativa; Brasil tiene una notoria cultura machista en la que las mujeres con frecuencia enfrentan acoso y discriminación. Pero ella no dejó que nada de eso la detuviera. Había vivido cosas peores en la favela y estaba decidida a trabajar más que todos los hombres contra quienes competía. Su determinación era tal que se ganó el apodo de "Caveirão", el término que los brasileños usan para referirse a los vehículos blindados que la policía usa para dispersar criminales en las favelas. En otras palabras, Maria era como un tanque: constante, firme y fuerte. Era una trabajadora incansable que seguía adelante sin importar qué obstáculos encontrara en el camino.

Cuando Graças Silva comenzó a trabajar en Petrobras no gozó de ninguna ventaja. Venía de las favelas, no de uno de los barrios elegantes del país. Nunca entraría a formar parte del club de Toby de los ejecutivos de Petrobras. Tenía todo en su contra. Y todo eso lo superó trabajando más fuerte que la competencia. Le tomó más de treinta años, pero su ética laboral la llevó a la cima de su industria.

En 2012, la nombraron CEO de Petrobras y se convirtió en la primera mujer del mundo en encabezar una de las principales petroleras del mundo. *Forbes* la nombraría la decimosexta mujer más poderosa del mundo, mientras que la revista *Time* la incluyó en su lista de las cien personas más influyentes. Después de una infancia recogiendo basura, logró convertirse en una de las personas más poderosas del mundo.

Cuando le preguntan cómo superó tantos obstáculos, siempre dice que la respuesta es sencilla: "Ha sido una larguísima historia de trabajo arduo y sacrificio personal".

Decir que el trabajo arduo es el ingrediente principal del éxito parece un cliché, pero es una verdad fundamental que necesitamos repetir una y otra vez. Si no estás afanándote con todo lo que tienes, nunca alcanzarás todo tu potencial en la vida.

Ninguna de las estrategias contenidas en este libro que tienen que ver con trabajar de forma más astuta —construir un grupo sólido, aceptar la evolución, saber cuál es tu valor o controlar la percepción— puede implementarse de modo adecuado si no empiezas a afanarte tan tenazmente como te sea posible.

La ética laboral intachable es el único rasgo que *todas* las personas exitosas comparten. Nunca he conocido a nadie que esté en la cima de su industria que no tenga un compromiso total con su trabajo y que no esté dispuesto a dar nada menos que el máximo.

Sí, hay personas que triunfan gracias a su talento, a la suerte, a las circunstancias o a una herencia. Pero esas personas nunca logran aferrarse al éxito.

Es posible que veas una foto de mi auto nuevo o una vista desde mi apartamento en Instagram con el hashtag #workhardplayharder (#trabajaduro juegamasduro). Los autos y la vista son reales, pero el hashtag es falso. La verdad es que me esfuerzo más por trabajar que por divertirme. Y es porque disfruto más trabajar. Mi actitud con respecto a mi carrera es "silba mientras trabajas". Todas las jornadas de dieciocho horas en un set son divertidas para mí. Cada sesión nocturna en el estudio es una dicha. Cada llamado a las 4:30 a.m. es una bendición y una señal de que tengo una oportunidad más para hacer lo que amo.

Me aburro con facilidad cuando no estoy trabajando. Hay lugares a los que me gusta ir de vacaciones —Montego Bay, Miami y Dubái, por ejemplo—, pero lo primero que empaco no es el traje de baño, sino mi computadora. Sé que después del primer día de andar en jet skis o de pasar el rato en el spa, estaré listo para volver a trabajar. Descifrar cuál será el siguiente negocio, trabajar en el próximo libreto o planear el siguiente disco me resulta más emocionante que cualquier playa u hotel de cinco estrellas.

Mi ética laboral puede resultarles complicada a quienes me rodean. En más de una ocasión, después de un largo día en la oficina seguido de una noche en el estudio, mi chofer me ha dejado en casa a las 3 a.m. Sea como sea, siempre le digo: "Hey, hermano, regresa por mí para ir al gimnasio a las 5 a.m.". Sé que eso significa que él sólo podrá tomar una breve siesta en el auto, pero, si quieres estar a mi lado, tienes que estar preparado para noches así. No conozco otra velocidad que no sea la máxima. Por eso mucha gente que ha trabajado conmigo me compara con un robot o una máquina. Soy de carne y hueso como cualquier otro; simplemente quiero las cosas más que los demás. Lo que en verdad me separa del resto es que estoy dispuesto a trabajar más duro y hacer más sacrificios que el noventa y nueve por ciento de la población.

Piénsalo bien: tengo buen oído y un estilo pegadizo, pero debo admitir que no soy el rapero más talentoso del mundo. Nunca seré tan lírico como Nas ni tan gracioso como Biggie. Y, aunque me precio de siempre estar en forma, sé que tampoco soy el artista mejor parecido en la industria.

A pesar de que estoy orgulloso de *Power*, sé que me falta mucho para llegar a estar en el mismo nivel que algunos productores de televisión legendarios.

Entonces, a pesar de no ser el más talentoso, el más guapo ni el más experimentado, ¿cómo es que sigo alcanzando el éxito en tantas áreas? Me esfuerzo tanto como puedo, todos los días, todo el día.

Mucha gente podrá rapear mejor que yo, actuar mejor que yo o ser más inteligente que yo, pero nadie *—nadie—* trabajará más arduamente que yo.

COMPROMETERSE CON UN ESTILO DE VIDA LIMPIO

No basta con decir que *quieres* trabajar duro. Tienes que comprometerte a tomar decisiones relacionadas con tu estilo de vida que te permitan tener la energía, la concentración y la resistencia para *hacer* el trabajo. Mucha gente valora su estilo de vida por encima del trabajo y después se pregunta por qué no logra salir adelante.

Hay una razón por la que soy capaz de levantarme e ir al gimnasio después de haber dormido sólo dos horas, o por la que tengo la fuerza suficiente para trabajar jornadas consecutivas de dieciocho horas: una de mis prioridades es tener un estilo de vida limpio.

Contrario a la mayoría de mis colegas, suelo abstenerme de beber alcohol. Tomo un trago de vez en cuando, pero eso es todo. Nunca he faltado a una sesión de entrenamiento, a una reunión ni a un vuelo matutino porque bebí demasiado la noche anterior.

Eso no me impide salir de fiesta; sigo yendo al club a bailar. Simplemente no necesito alcohol para divertirme. Si estoy en un evento promocionando coñac Branson o champaña Le Chemin du Roi o alguna otra marca de licor, sigo siempre la misma rutina: les sirvo tragos de una botella de champaña a todos los que están en el área VIP conmigo. Cuando la botella se vacía, se la doy a uno de mis muchachos para que, de forma discreta, la llene de ginger ale. Paso el resto de la noche con esa botella en la mano. Le doy un trago cada tanto sólo para mantener el ánimo, pero lo que estoy bebiendo es Canada Dry.

Mi energía es la misma que la de todo el mundo. Sonrío, me río e incluso me muevo un poco con la música. También estoy al pendiente de todo lo que ocurre a mi alrededor, mientras hago cientos de microcálculos mentales.

Muchos artistas quieren alejarse del club cuando se hacen famosos. Ese mundo comienza a parecerles demasiado caótico, demasiado peligroso. Prefieren quedarse en casa que estar en un espacio caliente y sudoroso en el que la energía está a tope, donde algo malo siempre podría desatarse. Ése nunca ha sido un problema para mí. Siempre tengo la cabeza bien puesta y no se me nubla el juicio. Puedo ver los problemas a kilómetros y estar bien lejos antes de que cualquier situación se torne riesgosa.

La verdadera ventaja es pasar el rato con la gente. El club siempre ha sido y siempre será la incubadora de las tendencias futuras en el hip-hop. Es muy difícil mantenerte vigente y conectado con la cultura si te da miedo salir y absorber la música que está sonando en el club.

Mantenerte sobrio en un ambiente en el que todos los demás están bebiendo puede abrirte todo tipo de puertas. Digamos que tu jefe invita a todos en la oficina unos tragos un viernes por la noche. En condiciones normales, podrías sacar el máximo provecho de la tarjeta de crédito de la empresa y emborracharte. Es comprensible; trabajaste muy duro toda la semana y quieres desahogarte un poco. Hacerlo con el dinero de la compañía lo vuelve mucho más atractivo.

Sin embargo, la próxima vez que recibas esa invitación, por tentador que sea que tu jefe te compre una cerveza o un vodka con jugo de arándano, pide agua mineral. Ni siquiera necesitas anunciar lo que estás haciendo. Ponle una rebanada de limón y parecerá que estás disfrutando un gin tonic.

Conforme la noche avance, es probable que comiences a darte cuenta de lo descuidados que empiezan a volverse los demás, cómo comienzan a dejar las fachadas que tanto se habían esforzado por mantener en la oficina. Si buscabas información sobre tus compañeros —e incluso sobre tu jefe—, ése es el momento para conseguirla. Tus colegas, por lo general callados y discretos, estarán más que felices de contarte en qué proyectos están trabajando y qué oyeron al jefe decir sobre el futuro de la compañía. Con un par de tragos encima, la mayoría de la gente te dirá casi todo sin necesidad de torcerle el brazo.

Más allá de la ventaja competitiva que trae consigo no beber, también estoy extremadamente consciente del daño que puede provocar el abuso en el consumo de alcohol. Lo he visto de primera mano. Cuando me mudé a la casa de mi abuela después de que muriera mi madre, varios de mis tíos y tías ya eran alcohólicos.

Tenía un tío en particular que era un buen tipo la mayor parte del tiempo, pero con dos copas encima de pronto se convertía en Marvin Hagler. Cualquier comentario, sin importar qué tan inocente fuera, lo tomaba como un insulto y empezaba a lanzar golpes, aunque fuera con un niño de nueve años.

Mi reacción fue mantenerme lejos de su camino tanto como pudiera, pero aun a la distancia veía con claridad cómo el alcohol sacaba a la luz sus debilidades y le daba un carácter inestable. Y no era sólo él; sin importar a donde mirara, parecía que todas las personas de mi familia inmediata eran propensas al alcoholismo.

Hay mucha evidencia que sugiere que el alcoholismo es hereditario. Si sospechas que lo traes en los genes, tomar sólo ginger ale no sólo te permite sacar ventaja en los negocios, sino también evitar una vida entera de disfunción y adicción.

Otra ventaja que tengo frente a la competencia, sobre todo en el hip-hop, es que no toco las drogas.

Según algunos raperos, las drogas abren caminos hacia la creatividad y juran que hacen su mejor trabajo cuando las consumen. Quizá se sientan así, pero, en mi experiencia, las drogas terminan por convertirse en una muleta, algo en lo que los raperos se apoyan cuando se sienten inseguros o les falta concentración. Quizá sea útil cuando vas empezando, pero nunca llegarás muy lejos si necesitas una muleta para avanzar.

Lo veo a diario en el estudio. Conozco a demasiados raperos que en verdad no se creen capaces de hacer buena música sin estar drogados. No conciben entrar a la cabina si no hay alcohol para tomar o hierba para fumar. Les aterra que, sin esa ayuda, no podrán hacer lo suyo ni conectar con la música que están intentando hacer.

Lo que yo siempre he pensado es: "Supón que esa muleta no está a la mano". ¿Y si estás en el estudio y de pronto recibes una llamada en la que te avisan que Dr. Dre está en camino y quiere que grabes unos versos para él? ¿O que Just Blaze, Timbaland o Mustard van a caer de visita? ¿Le dirás a uno de esos monstruos que no puedes grabar nada hasta que alguien salga a comprarte una botella o hasta que tu *dealer* traiga tu hierba? Para cuando tu muchacho regrese con tus estupefacientes, la oportunidad se habrá esfumado.

Si eres un verdadero creador, tienes que poder practicar tu oficio en cualquier situación. Es imperativo que seas capaz de crear tu propia zona de confort sin depender de ninguna sustancia. Sí, quizá creas que la marihuana te hace mejor escritor o que el licor te ayuda a ser tú mismo, pero también necesitas la confianza para saber que puedes lograrlo sin ellos. De otro modo, nunca tendrás el control absoluto de la situación.

Sin importar en qué circunstancia o contexto te encuentres, no querrás depender de nada —ni de nadie— para sentirte cómodo y bajo control. Esa seguridad siempre debe venir de adentro y no de una fuente externa.

Quiero ser muy claro: no juzgo a quien le gusta fumar o beber. De hecho, con gusto te venderé una botella de Le Chemin du Roi para ayudarte a celebrar la próxima vez que salgas de fiesta. Lo único que pido es que seas honesto al evaluar el papel que desempeñan las drogas o el alcohol en tu vida. Hay personas que genuinamente son bebedores o fumadores "sociales"; disfrutan hacerlo en algunos contextos, pero no tienen ningún problema con no hacerlo. Pueden tener una botella de alcohol en la cocina o una bolsa de hierba en el clóset, y nunca sentir la necesidad de consumirlas.

Yo puedo tener cajas de Branson o de Le Chemin de Roi en mi oficina y no pensar en ellas hasta que organizamos un evento. Otros podrían sentirse tentados a abrir una botella cada vez que pasen por ahí o beberse una botella entera cuando nadie los ve.

Si el alcohol o las drogas tienen ese tipo de poder sobre ti, es importante que lo confrontes. Requerirá mucha disciplina y concentración, pero es posible forjar un estilo de vida en el que no necesites alcohol ni drogas como combustible para hacer las cosas.

Entiendo también que puede ser abrumador ser el único de tu círculo social que no fuma ni bebe. Sí, puede ser difícil, pero yo he sido esa persona durante años y siempre he logrado abstenerme, así que sí es posible.

Dudo que haya alguien en la historia de la humanidad que haya rechazado más porros y tragos que yo. He pasado horas en los "cafés" de Ámsterdam, con todos los miembros de G-Unit fumando junto a mí porros tan gruesos como el brazo de un bebé. Quizá me haya mareado con el humo de segunda mano, pero nunca la fumo. Snoop Dogg, B-Real, Redman, Method Man, Whiz Khalifa... he estado con todos ellos y más. La pasamos muy bien, pero siempre elijo no fumar con ellos. Y no vayas a pensar: "Bueno, te dejan en paz porque eres 50 Cent". Nada más alejado de la realidad. Todos quieren ser el primero en hacerme fumar. Soy como la chica bonita que no sale con nadie, así que todos me invitan, pero yo sigo diciendo que no.

Por ejemplo, hace poco hice mi fiesta Tycoon en Nueva York, y Snoop fue uno de mis invitados especiales. Así que, cuando intentó hacerme llegar uno de sus porros, todos los que estaban a nuestro alrededor comenzaron a gritar y aplaudir para incitarme a fumar. No queriendo arruinar el ambiente, le di un buen jalón... pero guardé el humo en la boca antes de sacarlo. Hasta ahí llegó. Estoy seguro de que Bill Clinton ha inhalado más humo de marihuana que yo.

A todo el mundo le emocionó que hubiera fumado, pero no estaba dispuesto a inhalar en realidad ese humo, mucho menos algo tan fuerte como lo que fuma Snoop. Las pocas veces que he fumado hierba me ha puesto sumamente paranoico. ¿Por qué, entonces, querría estar drogado y rodeado de mil personas apretujadas en un evento del que yo estaba a cargo? De haber inhalado, no habría disfrutado la música; habría perdido la cabeza por todas las cosas que podrían salir mal en mi evento. Siempre estoy más cómodo cuando todo en el ambiente está bajo mi control. Y eso es muy difícil de lograr si estás drogado.

Para poder estar genuinamente en una posición que te permita afanarte con todas tus energías a diario, no basta con evitar (o reducir) el consumo de alcohol o hierba. También es necesario hacer un esfuerzo consciente por cuidar el cuerpo, sobre todo cuando empiezas a envejecer. La mejor manera de hacerlo es comiendo bien y haciendo ejercicio.

Mi dieta es bastante sencilla: evito los carbohidratos y la comida procesada, y me concentro en elegir tanta comida orgánica y verduras como sea posible. No soy muy aficionado al desayuno, así que un licuado o malteada de proteínas me basta en las mañanas. Para la comida, por lo general elijo una ensalada. Si salgo a cenar, algo que me es muy difícil evitar, pido algo como un wrap de pollo y lechuga o un filete con espárragos. Quizá no sea la dieta más emocionante, pero es lo suficientemente sencilla como para conseguir una versión de ella casi a diario y contiene ingredientes que están en la mayoría de los menús en Europa y Estados Unidos. La constancia y la disponibilidad son importantes cuando pasas mucho tiempo fuera de casa y te enfrentas a la tentación constante de desviarte de tu régimen.

Si bien puedo desviarme de mi dieta de vez en cuando, mi disciplina para con el ejercicio es religiosa. Sin importar hasta qué tan tarde me haya quedado en el estudio o en el club la noche anterior, siempre iré al gimnasio en la mañana. A veces cambio de gimnasio (de hecho, soy miembro de dos diferentes cerca de mi departamento) sólo para que las cosas no se vuelvan repetitivas o se sientan monótonas. Si salgo de gira, voy al gimnasio del hotel o rento un estudio privado. No importa si tengo jet-lag y problemas para ajustarme al horario, o si no he dormido bien porque extraño mi cama. No hay pretextos; siempre hago ejercicio.

Casi a diario tengo una sesión con mi entrenador personal que puede incluir ejercicio sin peso, como lagartijas, barras, saltar cuerda, golpear con el mazo y pegarle a un saco de boxeo. Luego, cuando termina esa sesión, me quedo en el gimnasio y hago pesas por mi cuenta.

Mi rutina habitual implica levantar pesas con descansos muy breves entre series. Eso me permite tonificar el cuerpo y hacer cardio al mismo tiempo. Si me estoy preparando para un papel en el que debo verme muy marcado, entonces trabajo con más peso para aumentar la masa muscular.

Si estoy intentando perder peso para un papel o para una sesión de fotos, correr se vuelve parte de la rutina también. Por lo general, procuro recorrer entre cinco y seis kilómetros por sesión. Si estoy en casa, suelo correr en una caminadora en el gimnasio. De lo contrario, con frecuencia troto en las calles alrededor de mi hotel. Es una buena forma de salir sin llamar demasiado la atención. Ha habido ocasiones en las que los fans abarrotan la entrada del hotel, esperando verme, y yo he pasado trotando junto a ellos sin que me reconozcan. Todos esperan verme llegar en una limusina, no que corra junto a ellos en pants y sudadera.

Contrario a mucha gente, no busco energía adicional en la cafeína. El café nunca ha sido lo mío, y no me verás vaciando botellas de Coca-Cola Zero durante el día (aunque sí disfruto beber un ginger ale con mi ensalada). Obtengo la energía del ejercicio, y esa hora o dos horas en la mañana son suficientes para mantenerme bien durante el resto del día.

En mi caso, el ejercicio no sólo es bueno para la salud, sino que también es una herramienta de negocios esencial. En pocos lugares me vienen a la mente ideas tan lúcidas como en el gimnasio. No estoy mirando el teléfono ni me distraen las llamadas ni debo atender a alguien que entra a mi despacho para preguntarme algo. El tiempo en el gimnasio me da la oportunidad de pensar en lo que tengo por delante ese día. En vez de ir a la oficina tallándome los ojos para despertar y sintiéndome desorientado, cuando llego ya siento que tengo control de todo, estoy lleno de energía y me siento mentalmente preparado. Si quieres lograr algo, sólo se vale llegar a trabajar en esas condiciones.

Un aspecto de mi estilo de vida que sé que debo mejorar es dormir tanto como sea posible. Cuando me enfoco en un proyecto, me convierto en robot. Soy capaz de trabajar dieciocho horas seguidas sin siquiera sentirme cansado. Me encanta saber que estoy trabajando más que la competencia, pero también sé que debo lograr que el sueño sea una prioridad. Como tantos otros fans de Nas, me voló la cabeza el verso "never sleep, 'cause sleep is the cousin of death" (Nunca duermo, porque el sueño es primo de la muerte). Sonaba tan profundo y misterioso que mucha gente comenzó a asociar el pasar la noche entera en vela y andar siempre con el tanque vacío con el estilo de vida de un buscavidas.

Contribuí a esa falsa idea durante muchos años. Solía decir cosas como "dormir es para los pobres" y "no me gusta dormir porque podría perderme la oportunidad de convertir un sueño en realidad". La motivación básica detrás de esos mensajes era correcta: si quieres ganar, tienes que estar dispuesto a esforzarte más que la competencia. Pero no debí haber asociado la idea de afanarse con la de dormir menos. En años recientes, he aprendido que algunas de las personas más exitosas del mundo son grandes defensoras del sueño. Jeff Bezos dice que dormir ocho horas es una de sus prioridades, pues le permite pensar de forma mucho más clara. La directora de operaciones de Facebook, Sheryl Sandberg, también prioriza dormir siempre lo suficiente, pues dice que, si bien pasar toda la noche despierta puede ayudarle a hacer más cosas en el momento, a la larga resulta ser una estrategia "contraproducente" que hace que la gente se sienta "ansiosa, irritable y confundida". Es un concepto del que el CEO de Google, Eric Schmidt, también hace eco cuando dice: "El verdadero secreto es que la gente más exitosa está consciente de lo que su cuerpo necesita y duerme siempre que es necesario".

Estoy intentando aprender de esos líderes y ajustar mi enfoque. Tal vez podía seguir funcionando con pocas horas de sueño cuando era más joven, sobre todo porque no bebo ni fumo, pero ahora entiendo que es un atajo que ya no puedo seguir tomando.

Una forma en la que he mejorado ese enfoque es yéndome a la cama alrededor de la medianoche todos los sábados. Luego, me permito dormir hasta tarde el domingo —las nueve o diez—, pues es el único día en que no tengo nada agendado en las mañanas. Mi meta a futuro es extender esas nueve horas de sueño a dos o tres veces por semana. Estoy seguro de que, si logro dormir esas horas adicionales, seré aún más productivo cuando esté despierto. ¡Buena suerte a toda la competencia que trata de seguirme el paso!

Muchos de los pasos que recomiendo en este capítulo —sobriedad, ejercicio, alimentación y dormir lo suficiente— pueden parecer intimidantes si no son parte de tu estilo de vida todavía.

No dejes que eso te desanime. Soy un firme creyente de que no importa qué tan enormes parezcan, hay muy pocos hábitos negativos que no puedan romperse en treinta días. Siempre que intento mejorar algún aspecto de mi vida, la meta que me pongo es de treinta días. Y siempre he logrado cumplir el objetivo en ese plazo.

La clave está en cómo te enfrentas a la idea de ajustar el hábito. Digamos que estás intentando mejorar tu dieta, reducir tu consumo de alcohol o pasar menos tiempo en redes sociales. Hacer grandes declaraciones como: "Hoy dejo de fumar hierba" o "Voy a volverme vegano" no es productivo. Ese tipo de pronunciamientos pueden sonar bien en el momento, pero también resultan tan ambiciosos que te das por vencido antes de que la transformación comience en realidad.

En vez de decir "Ya no voy a fumar hierba", puedes decir "No voy a fumar este mes". Luego, concéntrate en la *semana* que tienes por delante. Si ves que en tu calendario hay una fiesta en la que sabes que todos van a fumar, decide no asistir. En vez de ir, haz algo con tus amigos no fumadores.

Después, echa un vistazo a lo que tienes planeado para la semana siguiente. ¿Fumar antes de ir al club es uno de tus rituales? Planea entonces una semana en la que tengas otras cosas que hacer durante la tarde. O quédate en casa a ver televisión si crees que estar con fumadores será demasiado tentador. Ponte al corriente con las series que has querido ver. Mejor aún, ve al gimnasio en las noches. En un parpadeo estarás a la mitad del camino hacia la meta.

Si logras tener esa confianza en tu compromiso, para la tercera semana será pan comido. Tu evolución llevará cierto empuje. En vez de estar diciendo: "Caray, quiero encender un porro" todo el tiempo, serás capaz de evaluar adecuadamente cómo es tu vida sin estar drogado. Quizá se sienta tan natural que estarás listo para hacer un cambio permanente en tu estilo de vida. O quizá digas: "Tal vez no necesito dejar la hierba por completo. Sólo tengo que poner límites a cómo y cuándo la consumo".

Esa conversación será mucho más productiva en el día treinta que en el día uno. Sea lo que sea que quieras mejorar o corregir, comprométete con ello durante treinta días y evalúa cómo cambia tu perspectiva. Date la oportunidad de identificarte con algo distinto. Verás que algunas de las cosas "sin las cuales no puedes vivir" en realidad eran un obstáculo entre tú y una mejor versión de tu vida. Cuando rompas esos hábitos, te sorprenderá todo lo que puedes lograr al liberar tu enfoque y dedicarle todo tu esfuerzo a tu trabajo.

ENCONTRAR TU ENFOQUE

El trabajo arduo y la dedicación son dos de las características que comparten los verdaderos buscavidas. La otra es la concentración: si no logras enfocarte y encauzar tu trabajo arduo, no importa cuánto te afanes, porque no lo estarás haciendo de forma inteligente.

Uno de mis ejemplos favoritos de alguien que fue capaz de combinar el trabajo duro con la concentración es un caballero de nombre Isaac Wright Jr. A principios de los noventa, a Isaac lo sentenciaron a cadena perpetua por supuestamente ser un capo de la droga. De hecho, fue una de las primeras personas en Nueva Jersey en ser sentenciadas bajo ese nuevo estatuto. El único problema era que Isaac en realidad era inocente.

Isaac se negó a aceptar su sentencia y comenzó a buscar formas de anularla. A pesar de que no tenía formación legal, se dispuso a aprender derecho en la biblioteca de la prisión. Aprendió tanto que comenzó a trabajar como asistente legal en los casos de otros convictos, ayudando a que se revirtieran las sentencias de varios de ellos.

Llegó a solucionar su propio caso, pero aún había otros cargos que amenazaban con mantenerlo tras las rejas setenta años más. Isaac siguió sin darse por vencido. Logró al fin encontrar a un oficial de policía que había testificado en su contra que estuvo dispuesto a admitir que había actuado de forma incorrecta y había ocultado evidencia. Nadie es capaz de lograr que un policía se delate, pero Isaac lo hizo. Fue una victoria increíble —sin precedentes, a decir verdad— y, después de nueve años tras las rejas y el suicidio de uno de los fiscales involucrados en su caso, Isaac obtuvo su libertad. Hoy ejerce como abogado en Nueva Jersey, el mismo estado que lo sentenció de forma injusta. Su historia me parece tan poderosa que desarrollé junto con ABC un libreto para una serie basada en su historia, el cual titulé *For Life*.

Hay demasiadas personas encarceladas de manera injusta que nunca han estado cerca de luchar como lo hizo Isaac. La única esperanza para la mayoría de las personas en esa situación es encontrar una organización de defensa de los derechos de los presidiarios o un despacho legal que tome su caso *pro bono*. Isaac no estaba dispuesto a esperar a que alguien más decidiera si valía la pena luchar por su vida. Tomó su destino en sus propias manos.

¿Qué le permitió a Isaac lograr lo que tantos otros convictos no pudieron? La combinación de trabajo arduo y enfoque. Cuando lo encerraron, Isaac no perdió el tiempo discutiendo con los demás prisioneros quién era el mejor rapero, ni escribiéndole cartas a su ex en su celda, ni pasando el rato en el patio. Pasó cada segundo libre que tuvo aprendiendo sobre leyes. Se negó a que cualquier distracción se interpusiera entre él y su objetivo. No tenía la menor duda de qué era lo que debía hacer: si no estaba comiendo, durmiendo o trabajando, tenía la nariz metida en esos libros.

En un principio fue difícil. Los libros de derecho no están escritos para aficionados; no cualquiera puede entenderlos sin tener educación previa. Pero, con el tiempo, el lenguaje de los textos comenzó a fluir con más facilidad. Conforme Isaac empezó a trabajar con los abogados y ver cómo ayudaban a los otros presos, se fue emocionando. Eso generó un aliento que lo impulsó a estudiar con más ahínco aún. Terminó cursando los cuatro años de la carrera de derecho en tan sólo dos gracias a su enfoque inamovible. Una vez que tuvo toda la información a la mano, pudo poner en marcha el proceso que derivaría en su liberación.

Nada de eso habría ocurrido si Isaac se hubiera permitido sentirse derrotado. Si en algún punto del proceso hubiera sentido confusión respecto a lo que intentaba hacer, no habría podido forjar su propia llave para marcharse. Todo sucedió gracias a su determinación para salir de la cárcel. La historia detrás del viaje de Isaac era perfecta para la televisión. Cuando hicimos una proyección de muestra del piloto, recibió una de las reacciones más positivas en la historia de la cadena. No me sorprende; la forma en que Isaac se esforzó para recuperar su vida es inspiradora.

No olvides que Isaac no se estaba afanando por joyas, autos o casas. Estaba esforzándose en busca de la meta más importante del mundo: su libertad. Y, gracias a su enfoque, fue capaz de conseguirla a pesar del sistema corrupto que puso todo en su contra. Sí, Isaac era un buscavidas, un capo incluso, pero no de la forma en la que el gobierno quiso retratarlo. Estaba luchando por su libertad.

La historia de Isaac debe obligarte a hacerte esta pregunta: ¿qué podría lograr yo con ese mismo nivel de concentración? ¿Y si paso siete u ocho horas al día trabajando en algo sin distracciones? ¿Sin guardias ordenándome que apague las luces a las 10 p.m.? ¿Sin retortijones por la horrenda comida de la cárcel ni dolores de espalda causados por los raídos colchones? ¿Sin alguien en la celda de al lado que me mantenga despierto todas las noches mientras lucha contra sus demonios internos? ¿O haciendo un escándalo cuando se masturba con la asquerosa mayonesa de la cocina? ¿Qué podría lograr sin *esas* distracciones?

Considera después las distracciones que están evitando que te afanes tan duro como puedes. Ahora mismo. ¿Perder el tiempo en redes sociales? ¿Discutir con tu novio? ¿Sentir ansias de forjar un porro? ¿Dormir hasta tarde porque estuviste bebiendo la noche anterior?

Si pudieras usar sólo una fracción de la concentración y el enfoque que tuvo Isaac, después de apenas un mes comenzarás a sentir el mismo empuje que él. Esa ola puede levantarte y llevarte hasta tus metas.

LA PASIÓN CONDUCE A LA PERFECCIÓN

Algo que siempre intento evaluar en mis nuevos socios es lo que llamo la "actitud de pasión"; es decir, qué tanto les apasiona que las cosas se hagan. Alguien con una actitud de pasión débil sin duda se dejará vencer en cuanto enfrente una ligera resistencia. No me interesa en lo más mínimo rodearme de gente con ese tipo de energía.

Alguien con una actitud de pasión fuerte, por el contrario, se meterá de lleno. Plantará los pies y cuadrará los hombros. No importará qué tanta resistencia oponga el mundo, ni cuánta negatividad le arrojen; no va a retroceder un centímetro. *Ésa* es la energía con la que quiero trabajar. *Ésas* son las personas en quienes quiero invertir mi dinero. Una actitud de pasión fuerte es lo que separa a los buscavidas de las personas que parecen estar estancadas siempre en el mismo lugar.

La pasión fue lo que me permitió perder más de veinte kilos para representar a un jugador de futbol americano que estaba muriendo de cáncer en la película *All Things Fall Apart.* En nueve semanas pasé de 97 a 72 kilos, con ayuda de una dieta líquida y corriendo en la caminadora tres horas al día. Ahora bien, eso quizá fue más fácil para mí de lo que habría sido para una persona promedio —ya que me sentía más cómodo con las dietas líquidas porque tuve que seguir una después de que me dispararan—, pero no dejaron de ser un par de meses sumamente complicados. Empecé a bajar de peso como loco, pero todos los días, cuando me miraba en el espejo, lo único que pensaba era: "Necesito bajar más". Me apasionaba hacer mi papel a la perfección.

Una parte de mi motivación era personal. La historia estaba basada en la vida de un amigo cercano, y yo necesitaba hacerle justicia. Pero la otra parte era profesional. Nunca había recibido el reconocimiento como actor que sí me había ganado en el mundo de la música. Por ende, no tenía la misma confianza como actor que tenía como rapero o empresario.

Sin embargo, mi pasión por la actuación es tan grande como lo es mi pasión por la música o los negocios. Hay algo en ese arte que siempre me ha fascinado y que cautiva mi imaginación. Como a tantas otras personas de mi generación, actores como Robert De Niro y Al Pacino, en sus papeles de gángsters, fueron una enorme inspiración para mí. Me encantaba ver cómo lograban transmitir cierta agresión con su lenguaje corporal. Yo quería llevar esa misma energía a la pantalla.

Sabía que no tenía —y probablemente nunca tendré— el mismo talento para actuar que Robert De Niro. Pero eso no me impediría hacer todo el trabajo necesario. Había leído sobre cómo De Niro subió más de veinte kilos para el papel que le valió un Oscar en *Toro salvaje,* así que, cuando vi que mi papel en *All Things Fall Apart* requería que perdiera peso al pasar por la quimioterapia, decidí comprometerme de forma física con el papel de la misma forma que De Niro lo hizo en *Toro salvaje.*

No gané un Oscar —ni ningún otro premio— por *All Things Fall Apart.* Pero no me importó. Me demostré a mí mismo que la actuación me apasionaba lo suficiente como para hacer todo lo que el papel requiriera. Algunos intentaron burlarse de mí —"Ese cabrón se cree De Niro o algo así"— por esforzarme tanto para una película que terminó por no estrenarse en cines. Pero esas burlas no me dan ni un segundo de pausa. Me queda muy claro que no soy Robert De Niro. Aun así, voy a seguir trabajando para llegar a ese nivel. Y, aun si nunca me otorgan un Oscar, mis películas han ganado más de 500 millones de dólares en taquilla, un número que puedo afirmar sin temor a equivocarme que a cualquier actor le gustaría ver junto a su nombre.

De Niro fue, de hecho, una de las personas que me enseñó lo importante que es la pasión para la actuación. En 2008, se suponía que protagonizaría con él una película llamada *Calles sangrientas*. Me invitó a reunirme con él en su departamento y me preguntó sin preámbulos si me estaba tomando en serio la película. Quería saber si lo estaba haciendo sólo por dinero o por fama. Le aseguré que me lo estaba tomando en serio; si quisiera dinero, habría ganado más haciendo una gira de dos meses que estando en un set. Aproveché la oportunidad para expresarle cuánto admiraba su trabajo y lo mucho que me honraba la posibilidad de trabajar con él.

De Niro terminó por no participar en la película por un conflicto en su calendario (lo reemplazó Val Kilmer, otro actor a quien respeto mucho), pero nos hicimos amigos después de aquella visita. Al fin pudimos trabajar juntos en la película *Un crimen inesperado*, en la que también participó Forest Whitaker.

Sin embargo, esa visita a De Niro me dejó marcado. Él es una de las figuras más grandes en la historia del cine, y *Calles sangrientas* habría sido una película menor para él, pero de cualquier forma se tomó el tiempo para llamarme y asegurarse de que me apasionara el proyecto que teníamos por delante. Ésa es una de las razones por las que él es uno de los más grandes; De Niro entiende que la película no tendrá éxito si hay un solo miembro del elenco que únicamente piense en cobrar su cheque. Todo el mundo en el set debe sentir la misma pasión por el proyecto.

La música es otra área en la que la pasión es fundamental. Piensa en Tupac. No quiero faltarle al respeto, pero, si lo juzgamos sólo por sus habilidades, podríamos decir que no fue uno de los MC más grandes de todos los tiempos. No podía expresar con claridad la vida en las calles como Nas, ni tenía la elegancia de Jay-Z, ni era tan gracioso como Biggie. Tampoco podía soltar rimas con la fuerza y velocidad de Eminem. Lo que sí tenía, y prácticamente desbordaba, era pasión. Cuando rimaba, exudaba pasión. Aun si en realidad era un estudiante de arte haciéndose pasar por pandillero, expresaba sus versos con tanta intensidad que cada palabra que decía te llegaba al alma. *Eso* lo convirtió en uno de los más grandes de todos los tiempos.

Muchos raperos han intentado convertirse en estrellas fingiendo ser tipos rudos de la calle —Ja Rule, por ejemplo—, pero no tenían el mismo compromiso que 'Pac. Sí, Ja gruñía mucho y se hacía llamar "asesino", pero no era verosímil. No tenía la misma hambre que 'Pac.

'Pac se comprometió con su pasión de la misma forma en que De Niro lo hizo con sus papeles en *Casino* y *Goodfellas*. Podría decirse que el compromiso de 'Pac era tal que terminó costándole la vida.

Yo busco esa misma pasión en las personas con quienes trabajo. Tal vez no quiero que pongas tu vida en riesgo, pero sí que al menos lo consideres. Podrá sonar dramático, pero ese nivel de compromiso es el que se necesita.

¿PARA QUÉ TE ESTÁS AFANANDO?

Hace poco, tras una frenética mañana llena de reuniones, negociaciones de contratos y una sesión fotográfica, salí de mi oficina en Manhattan para dirigirme a un estudio de filmación del otro lado del río, en Queens. Mientras mi auto iba a paso de tortuga por el tráfico en FDR Drive, vi a un hombre solitario jugado handball en una cancha cerca de la autopista. El tipo no hacía más que golpear la pelota contra la pared, una y otra vez, mientras la ciudad zumbaba desenfrenadamente a su alrededor. La escena me pareció tan impactante que tomé mi teléfono y publiqué lo siguiente en Instagram: "Hey. Acabo de ver a un hombre adulto oyendo música y jugando handball en pleno día. Yo he estado trabajando en el teléfono. Su vida debe de ser mejor que la mía".

Por supuesto, internet me acusó de ser un *troll*, como suele hacer. ¿Cómo podría 50 Cent —en su vehículo de lujo, con aire acondicionado y chofer— estar celoso de un tipo jugando handball?

Entiendo por qué algunas personas lo habrán tomado así, pero juro que no estaba troleando. Cuando miré a ese tipo, vi a alguien haciendo ejercicio, escuchando la música que le gusta, tomando aire fresco y disfrutando, todo sin gastar un centavo.

¿Quién sabe? El tipo podría haber estado ahí porque su esposa lo echó de la casa y no tenía a donde ir. O quizás acababa de perder su trabajo y estaba golpeando la pelota sin parar para despejar la mente.

Lo único que sé es que, en el breve instante en el que lo vi a través de mi ventana polarizada, la única energía que exudaba era de satisfacción. En serio me hizo preguntarme: "Mierda, ¿en verdad este tipo me está ganando en la vida?".

Sentí una mezcla de envidia y competitividad porque parecía tener lo que yo más ansío en la vida: *libertad*.

La libertad para hacer lo que quiera, cuando quiera y como quiera.

A pesar de las joyas, los relojes, los autos y las mansiones que se ven en mis videos o en mi Instagram... ése nunca ha sido mi objetivo.

Por lo que me he esforzado siempre y por lo que sigo afanándome hoy en día es la libertad.

Para ser un gran buscavidas, debes ser capaz de identificar lo que quieres. No tiene que ser un gran concepto como la libertad. Puede que haya algo mucho más específico que tengas en la mira. Tu meta puede ser convertirte en la primera persona de tu familia que termina la universidad, abrir tu propio restaurante o ahorrar para viajar por el mundo.

Tengo un amigo que vive con su familia en un departamento en Brooklyn, y su meta es ganar lo suficiente como para comprarles una casa con jardín. Nada descabellado, sólo el espacio adecuado para que un perro pueda correr y para sentarse afuera con una taza de café cuando haya buen clima. Cuando trabaja hasta tarde o durante el fin de semana, siempre tiene en mente la imagen de ese jardín, la cual lo impulsa cuando está cansado o cuando las cosas parecen no salirle bien. Cuando siente que está perdido en el mar de su carrera, la imagen de ese pequeño jardín es la estrella del norte que lo guía de vuelta.

Necesitas fijarte una meta. Pregúntate: ¿qué es lo que quiero? Sé honesto. Puede ser algo que ayude a mucha gente o algo de lo más egoísta. Puede ser una meta que parezca imposible o algo que esté casi a tu alcance. Un plan que estés orgulloso de compartir con el mundo o algo que no le contarás más que a un puñado de personas.

Cualquiera de esas opciones está bien, siempre y cuando *tú* tengas claro de qué se trata el camino. Sin esa visión clara, tu trabajo no te llevará a ningún lugar importante.

También es esencial que aceptes que tu visión puede cambiar... es más, que *debe* cambiar. Cuando empecé a vender crack, mis metas eran sencillas. Primero, necesitaba buenos zapatos deportivos, no los KangaROOs que mi abuela me compraba, sino Adidas y FILA. Una vez que conseguí los zapatos deportivos y la ropa que quería, me concentré en la nave. En un principio sólo quería un auto para no tener que pagarle a un taxi para que me esperara cuando llevaba a una chica al cine. Un Honda básico era más que suficiente. Pero, al poco tiempo, necesité un medio de transporte más llamativo para anunciarle al barrio entero que yo era un tipo de cuidado. Así que seguí trabajando en las calles hasta que logré andar en un Mercedes 400 SE. (He comprado unos mil autos desde entonces, pero a ese Benz lo sigo extrañando.)

Una vez que reuní los típicos símbolos de estatus de un narcotraficante, puse la mira en firmar un contrato con una disquera. Cuando lo conseguí, lo siguiente era tener un álbum exitoso. Ése era mi deseo; y se hizo realidad, a lo grande.

De cualquier modo, no podía conformarme. Incluso con los Grammys y los discos de platino bajo el brazo, me enfoqué en hacer mi propia película. Y así seguí, hasta llegar al día de hoy, con mi trabajo en televisión.

Diría que mi mayor objetivo ahora es contribuir a la comunidad. Cuando alcanzas cierto nivel de ingresos, te vuelves más consiente de lo que está ocurriendo en la comunidad de donde saliste. En vez de preocuparte por lo que harás después, tu enfoque cambia y se centra en tu legado y en cómo te recordará la gente. ¿Voy a ser recordado por hacer canciones populares y vender agua de sabores? ¿O por tener un impacto positivo en el mundo? Espero que sea por lo segundo. Por eso, a nivel local, invierto mi dinero en proyectos para limpiar parques y promover estilos de vida saludables entre los jóvenes. A nivel mundial, he desarrollado proyectos que promueven el capitalismo consciente (ahondaré en esto después) y he apoyado el Programa Mundial de Alimentos de las Naciones Unidas, el cual proveerá una comida por cada bebida energética que se venda mediante nuestro programa.

Poder comprar un par de zapatos deportivos es una meta muy distinta a combatir el hambre en el mundo, pero en mi camino las dos han cobrado la misma importancia y han inspirado el mismo enfoque y trabajo arduo.

La falta de claridad respecto a lo que en verdad se quiere es algo que detiene a muchas personas. Ni siquiera saben cómo pedir lo que quieren cuando se presenta la oportunidad. No basta con decirle a alguien que "te eche una mano" o, peor aún, decir que tu objetivo es "ser famoso". Para sacarle el mayor provecho a tu impulso, tienes que ser capaz de definir con claridad cuál es el objetivo por el que estás trabajando.

Para ejemplos de cómo *no* hacerlo, puedes echar un vistazo a mi Instagram. No tienes que navegar mucho para encontrar docenas de personas que me suplican "¡Hey, Fif, fírmame con tu disquera!" o "Amigo, tienes que ponerme en *Power*. Sé actuar". Lo siento, pero esas peticiones absurdas no califican como esforzarse.

Es aun peor en persona. La gente me detiene en la calle o incluso se me acerca cuando estamos grabando un programa de televisión o un video. Creen que al acercarse a mí y pedirme que "le eche una mano a un hermano" están haciendo el trabajo o aprovechando una oportunidad. Sin embargo, en cuanto escucho una de esas peticiones no concretas, sé que estoy tratando con alguien en quien no vale la pena invertir. Si ni siquiera puedes articular qué es lo que quieres hacer, ¿por qué intentaría yo ayudarte?

Quizá parezca algo que yo no haría, pero soy creyente de que los murales de deseos son una herramienta poderosa para materializar lo que estás buscando. Cuando te obligas a articular tu visión con palabras, pones en marcha una poderosa energía. Le das una presencia real en el mundo a algo que era sólo una idea, o quizá sólo un sentimiento. Lo haces tangible.

Es fácil comenzar a hacerlo en tu computadora. Ve a Google Images y escribe todo lo que te gustaría tener en tu vida: "casa en la playa", "Range Rover", "cachorro de pitbull".

¿Y si tu sueño no es algo material? Si quieres conseguir un ascenso laboral, busca una imagen de una gran oficina. Si quieres diseñar tu propia línea de ropa urbana, busca una foto de Ronnie Feig o Virgil Abloh. Si quieres ir a la universidad, busca una imagen de una ceremonia de graduación de Harvard. Siempre debes aspirar a lo más alto en tus murales. Si quieres enamorarte, busca una imagen de tu pareja favorita en el cine, o puedes usar una foto de tus abuelos si llevan unos cincuenta años juntos.

Me parece que los murales de deseos son también una buena manera de que las parejas estén en sintonía. Haz tu mural y que tu pareja haga el suyo. Luego, compárenlos. Las cosas que aparezcan en el tuyo y no en el suyo serán las cosas que tu pareja tendrá que aprender a aceptar sobre ti. Y lo mismo en sentido contrario. Hacer murales juntos es una buena forma de lograr que salgan a la luz muchas cosas que no se habían dicho. Una vez le dije a un reportero de *GQ* que hiciera uno con su novia. Lo hicieron y luego él me escribió para decirme que el de ella "tenía más bebés que un orfanato". Aún no habían discutido el tema de tener hijos, pero ese mural puso en primer plano lo que ella quería.

Soy testigo de que los murales marcan una gran diferencia en la vida de la gente, y las estadísticas respaldan mis palabras. Un estudio de la Universidad Dominica en Canadá encontró que es cuarenta y dos veces más probable que alcances tus metas si las pones por escrito. Un estudio del *Psychological Bulletin* muestra que las personas son noventa por ciento más propensas a cumplir metas que sean específicas y desafiantes.

Esto no quiere decir que el universo te dejará una bolsa de diseñador en el regazo sólo porque dijiste que la querías. Tendrás que hacer el trabajo, y será mucho trabajo. Al identificar tu visión y nombrarla, estás dando un gran paso hacia tu objetivo.

Si sientes siquiera un poco de incertidumbre respecto a lo que quieres, tómate el tiempo para hacer un mural de deseos; su poder es real y muy accesible.

NO PIERDAS EL PASO

Como seguro ya lo sabes, *afanarse* también es sinónimo de comerciar drogas. Mi madre lo hacía en ese sentido. Yo también, al igual que muchos de mis amigos —y enemigos— en Queens.

Aquí no te voy a dar una introducción al narcotráfico. Ya hablé sobre esas cosas en mi primer libro, en mi película y en varias de mis canciones. Lo más probable es que ya hayas oído esas historias.

Lo que quiero tratar aquí es la *actitud* que necesitas desarrollar para tener éxito en la venta de drogas: la mentalidad de que, sin importar qué suceda en las calles, no vas a perder el paso. Digamos que compraste coca que creíste que era pura, pero en realidad estaba cortada con laxantes. En vez de lloriquear y quejarte, tienes que enfrentar la situación y decir: "Está bien. Recupero mi dinero a la próxima". Ésa debe de ser siempre tu actitud en las calles: "Lo recupero a la próxima".

En el que yo llamo el "mundo de los civiles", muchas veces, cuando la gente se encuentra con contratiempos, se queda atorada ahí. En vez de pasar "a la próxima", se detienen. Si un negocio en el que estaban trabajando no se concreta o si no reciben un ascenso que creían merecer, dejan que eso dañe su energía. Empiezan a autocompadecerse. Culpan a otros. Dicen que la balanza está inclinada en su contra, que su jefe tiene algo personal contra ellos o que la maestra era prejuiciosa. La lista de pretextos y racionalizaciones es infinita. Si se topan un pequeñísimo obstáculo en el camino de la vida, orillan el auto, dan vuelta en U y regresan a casa.

Las calles no te permiten darte el lujo de poner pretextos. Si algo sale mal y tu reacción es señalar a alguien más como culpable, no pasa nada... hasta que esa persona se entera y decide pegarte un tiro.

¿Quieres quejarte de que el sistema está en tu contra? Puedes gritar con todas tus fuerzas el tiempo que quieras, pero nadie en las calles te tendrá consideraciones por ello. ¡No me digas! ¡Claro que lo está! ¿De verdad no lo sabías? En vez de quejarte, ponte a trabajar para vencer a todos esos jueces y políticos que quisieran verte tras las rejas.

En la calle no hay tiempo para tener una mentalidad derrotista y victimista. Tu actitud *diaria* debe ser "Lo recupero a la próxima". De lo contrario, terminarás de una de tres maneras: muerto, pobre o en la cárcel.

Pasamos mucho tiempo hablando de privilegio y de cómo a algunas personas les regalan las cosas y las colocan en el lugar preciso para que ganen. Eso tiene mucho de cierto, pero no estamos viendo la otra cara de la moneda. Esos chicos y chicas que van a las mejores escuelas y universidades y después son llevados de la mano a las mejores empresas sin duda tienen muchas oportunidades. Lo que no tienen es *resiliencia*; nunca han sido puestos a prueba. Sí, han hecho pruebas en el sentido más literal; si no obtienen buenos resultados en sus exámenes no pueden asistir a la universidad que esperaban. Pero ¿cómo se compara eso con oír a tu madre preguntarse cómo va a pagar el recibo de la electricidad o a tu padre preocuparse por pagar la renta? Ése es *otro* nivel de dificultad. (Y, siendo justos, en otros países hay niveles que ni siquiera podemos imaginar. "Nos van a cortar la luz" no se compara con "Si el Estado islámico cruza esa montaña, van a matar a todos en la aldea".)

Si pasaste tu infancia preocupándote por recibos vencidos, familiares en prisión o balaceras en tu calle, y sigues en el mundo intentando lograr cosas, tienes resiliencia de verdad. Reconócelo y úsalo a tu favor.

Contrasta tu historia con la de tu compañero del trabajo que siempre ha tenido ventajas en la vida, lo sepa o no. Quizá consiguió el trabajo porque el papá de uno de sus compañeros de la escuela está a la cabeza del negocio.

Ese tipo se siente cómodo con el éxito; carajo, *espera* el éxito. Con lo que está mucho menos cómodo es con la adversidad, aunque sea sólo un poco. Si las cosas empiezan a salirle mal, no sabrá qué hacer. Podría empezar a beber demasiado o tirar todo su dinero en cocaína porque está confundido. La derrota no estaba en su radar. He visto a tipos de Wall Street e importantes abogados sufrir una derrota inesperada y estar listos para tirarse por la ventana de su oficina; un traspié, y están dispuestos a acabar con todo.

Al venir de donde vengo, jamás permitiría que una derrota o un tropezón tuviera ese efecto en mí. Y si tú provienes de un contexto similar tampoco deberías permitirlo. Si por alguna razón lo perdiera todo mañana, te prometo que no me afectaría.

Mientras escribo esto estoy sentado frente a mi escritorio en mi oficina. Al asomarme por la ventana alcanzo a ver a un hombre que vende cacahuates en la acera. Si mañana lo perdiera todo, no voy a lanzarme por *esta* ventana. No. Al día siguiente estaría en la otra esquina montando mi propio puesto de cacahuates. Digamos que se llama "Cacahuates a 50₵", porque... ya sabes. Tal vez, para que mi puesto sobresalga, ofrecería cacahuates cubiertos de chocolate y cerezas también. Ya que estaría ofreciendo más variedad que mi competencia, la voz comenzaría a correrse por la calle. Encontraría entonces la forma de llevar los "Cacahuates a 50₵" al Yankee Stadium y venderlos en las gradas. Después, abriría un restaurante en el área de comida del estadio. Luego, otro en Manhattan. Y, en un abrir y cerrar de ojos, tendría una cadena. Con eso: ¡estoy de vuelta en el ruedo, *baby*!

Con mi mentalidad de buscavidas, jamás me permitiría pensar: "Mierda, lo perdí todo. Mis enemigos se van a burlar. Mis críticos la van a pasar de lo lindo. No sé si puedo seguir con esto". ¡Jamás! Si todo se esfuma, estoy seguro de que recuperaría todo mi dinero y hasta más.

Esa mentalidad es la razón por la que personas como Jay-Z, Puffy, Nas, yo y varios otros hemos tenido tanto éxito en el mundo de los negocios. No dejamos de encontrar el éxito porque no nos dejamos derrotar por los inevitables contratiempos de la vida. Ya hemos vivido las experiencias que una supuesta derrota trae consigo; sabemos que no nos detendrán por siempre, así que mantenemos la potencia activa.

Mira a Puffy. La percepción popular es que lleva los últimos veinticinco años en la cima, pero en realidad ha tenido varios tropiezos a lo largo de su carrera. En 1991, nueve personas fueron pisoteadas a muerte en un concierto suyo en City College, Nueva York. Se suponía que eso mataría su carrera. No lo hizo. Luego lo despidieron de Uptown Records —donde había lanzado las carreras de artistas como Mary J. Blige y Jodeci— por su mal temperamento. Ése habría sido el capítulo final para muchas personas, pero no para Puffy. Comenzó Bad Boy Records y llevó su disquera a la cima. Entonces, asesinaron a Biggie, el artista alrededor del cual había construido todo un movimiento. Un golpe así habría detenido por completo a muchos tipos. Puffy no paró ni un segundo. Años después, involucró a Jennifer Lopez, una de las estrellas más grandes del mundo, en un caso de intento de homicidio; fue el mismo caso por el que Shyne, su mayor artista en ese entonces, fue a la cárcel por diez años. Ésa habría sido la gota que derramara el vaso de la mayoría, pero no para Puffy. Se tragó todas esas derrotas, probablemente acompañadas de un trago de Cîroc de toronja, y siguió adelante. Bad Boy ya no produce hits; la gente ya no usa ropa de Sean John y Cîroc está perdiendo su posición en el mercado, pero Puffy sigue mirando hacia el futuro. Ahora que sus hijos ya crecieron, está intentando encaminarlos. Cuando Puffy canta "Can't stop, won't stop" (No puedo parar; me niego a parar), el tipo lo dice en serio. Y yo respeto su dedicación.

Ése es el meollo del asunto: no importa si eres rapero, corredor de bolsa, científico, maestro o narcotraficante; vas a transitar por picos y valles. Incluso si piensas que lo has vivido todo, descubrirás que todavía falta mucha mierda que debes atravesar.

Una de las cosas más importantes que entendí al principio de mi carrera en los negocios fue que estoy corriendo en un túnel sin fin. A lo que me refiero es que comprendí que no existe eso de "...y vivieron felices para siempre". No importa cuántos disco venda, cuántas cajas de licor mueva, cuántas series exitosas produzca... nunca va a llegar un momento en el que diga: "Bien, éste es el final del camino. Por fin llegué", y quite el pie del acelerador. Sé que habrá otro reto a la vuelta de la esquina, y uno más después de ése.

A algunos, la idea del túnel sin fin podrá parecerles abrumadora o deprimente. Pasan la vida entera trabajando para poder llegar a "la luz al final del túnel", por lo que puede resultarles difícil aceptar que no existe. Pero la realidad es ésa: *no la hay*.

A mí, de hecho, me parece liberador saber que estaré jalando el resto de mi vida. Me hace feliz aceptar que voy a trabajar tan duro como lo hago hoy (aunque tal vez un poco más lento) a los setenta años. De cierta forma, saberlo me da la libertad que siempre he buscado.

Espero que entiendas esta actitud de buscavidas que desarrollé en las calles y logres incorporarla a tu vida. Espero que desarrolles esa resiliencia y mentalidad positiva sin tener que pasar por las mismas tragedias y el mismo dolor que yo. Espero que puedas moverte como el buscavidas que era 50 Cent, pero en los contextos en los que Curtis Jackson lo hace ahora.

CONFÍA EN TUS INSTINTOS

Otra ventaja que obtuve al haber estado activo en las calles fue aprender a confiar en mis instintos. ¿Alguien me iba a estafar? Tenía que escuchar a mi intuición. ¿La esquina en la que me iba a instalar sería un blanco de la policía? Tenía que seguir mi instinto. ¿Podía confiar en que alguien no hablaría si lo arrestaban? Tenía que escuchar mi instinto.

He notado que muchas personas que no crecieron en un ambiente callejero han perdido esa conexión con sus instintos. Van a la escuela de negocios y estudian cómo moverse en el mundo profesional. Quizás internalicen lo que los profesores les dicen para pasar los exámenes; luego, lo olvidan en un par de meses.

Incluso si llegan a retener lo que se les enseñó, siguen aprendiendo a confiar en la instrucción y no en la intuición. Un profesor de negocios puede tener buenos consejos para ti, pero nada que pueda enseñarte superará la capacidad de escuchar tus instintos.

El barrio te enseña a seguir siempre la ruta más instintiva. Es un poder invaluable. Si no tuviste la fortuna de desarrollar tus instintos en las calles, no te preocupes. Es una habilidad que aún puedes desarrollar.

Siempre que te sientas confundido respecto a una situación, es imperativo que encuentres la forma de bajar el volumen del mundo y te reconectes con lo que en verdad estás sintiendo. Hacer ejercicio sin duda me ayuda a acallar ese ruido. En algún punto del entrenamiento, el esfuerzo físico al que me someto parece desechar todas las estupideces de mi sistema. Siento cómo exhalo las distracciones y las expulso de mi mente. Cuando se van, lo único que queda son las buenas ideas, mis verdaderos instintos, los pensamientos que debo escuchar con más atención.

Es muy importante que tengas algo similar en tu arsenal. Algunas personas alcanzan ese estado paseando por el parque, haciendo jardinería o pintando. Sea lo que sea, tienes que incorporar a tu estilo de vida alguna actividad que te permita desconectarte del ruido del pasado y del presente, y reconectarte con lo que sientes por dentro.

Una última nota sobre ser buscavidas: que te esté animando a confiar en tus instintos no significa que no crea que la estrategia es esencial a la hora de esforzarte. Cuando la gente oye a los buscavidas decir cosas como "Haz que suceda" o "El dinero con miedo se queda en casa", creen que eso indica que en su mentalidad hay cierta imprudencia. Pero ése no es el caso.

Quizás incluso llegaste a pensarlo si escuchaste a 50 Cent el rapero. A la gente le encantó cuando solté estas rimas:

Have a baby by me, baby, be a millionaire
I'll write the check before the baby comes
Who the fuck cares
I'm stanky rich,
I'ma die trying to spend this shit
[Ten un bebé conmigo, nena, sé millonaria.
Te firmo un cheque antes de que nazca.
¿A quién carajos le importa?
Soy tan rico que apesto,
me voy a morir antes de gastármelo todo.]

Pareciera que estoy tirando el dinero al aire, ¿no? Pero esos versos simplemente crearon una *ilusión*. La *realidad* es que *Curtis Jackson* no es imprudente con su dinero, en absoluto. De hecho, sólo pongo mi dinero en cosas que *a*) me apasionan y *b*) he investigado a fondo. Aunque los buscavidas son siempre agresivos, no siempre están apostando. Un buscavidas talentoso siempre evalúa *todos* los riesgos y recompensas de forma estratégica antes de comprometerse con algo.

Si voy a firmar un cheque para apoyar algo, debo entenderlo por completo. Puedo pasar horas investigando la industria, rastreando su historia y averiguando quiénes son los jugadores más importantes. Luego llamo a alguna persona inteligente en quien confíe y que tenga experiencia en ese campo para intentar aprender de ella. ¿Crees que haya espacio para crecer o el mercado ya está lleno? ¿Qué oposición enfrentaré si hago una jugada? ¿Cómo sería esa oposición? ¿A quién necesito tener como aliado?

Una vez que tengo esas respuestas, leo todas las páginas de chismes, todos los blogs y cualquier fuente que me pueda informar sobre lo que no se reporta en la prensa tradicional.

Cuando tengo la información completa, si aún siento que puedo tener presencia e impacto en ese espacio, me meto de lleno. Para mí, eso no es apostar, sino ponerle dinero a algo seguro.

Al sentir esa mezcla de pasión y comprensión, opero con una confianza suprema. Tanto así que no me molesto en tener un plan B. ¿Para qué tendría un plan B si estoy seguro de que el plan A va a funcionar?

Las únicas circunstancias en las que me involucro en algo que no comprendo por completo es cuando el dinero no sale de mi bolsa. Si alguien me busca para que sea productor ejecutivo de un proyecto o para que ponga mi nombre a cambio de acciones, no tengo problemas si implica un riesgo mayor. Si ya hay un buen equipo y lo único que necesitan es un empujón mío para dar el brinco, estoy más dispuesto a dar un salto de fe.

Incluso en esas circunstancias, sólo me involucro si lo que voy a hacer me apasiona. No hago nada sólo por un cheque. Ésa es la forma más sencilla de diluir tu marca y perder dinero. Tus fans sabrán que no hay nada orgánico en lo que estás haciendo y no lo van a apoyar.

Y, si la idea no te apasiona, no estarás buscando que te mantengan al tanto, ni contactando a tus socios para saber si algo ha cambiado. Estás, por ponerlo de alguna forma, esperando poder hacer dinero y despertar con la noticia de que alguien dejó un cheque jugoso en tu regazo. Eso tampoco es apostar, es querer perder tu dinero.

La única vez que me acerqué al mundo de las apuestas fue cuando me juntaba con Floyd Mayweather. Él le apostaba a todo —doscientos cincuenta mil dólares a que alguien encestaría un tiro de media cancha en el medio tiempo de un partido de basquetbol, un millón de dólares en un partido de pretemporada— porque se alimentaba de esa adrenalina.

Cuando ganaba una de esas apuestas, se nutría de esa descarga de energía durante días: fiestas de toda la noche seguidas de visitas a una concesionaria de autos al día siguiente. Si perdía, era una historia muy distinta. Si su equipo perdía a las 8 p.m., él ya estaba en la cama antes de las nueve, incluso si tenía treinta invitados listos para una fiesta en su suite. La pérdida le drenaba la vida. La depresión desaparecía unos días después, y entonces volvía a apostar montañas de dinero en alguna otra locura.

Yo no estoy cortado con esa tijera. Hacía apuestas pequeñas —veinte mil dólares por aquí y por allá— para hacerle compañía, pero no tenía el temple para hacerlo como él. En primer lugar, apostar en cosas que no puedo investigar me provoca ansiedad. ¿Por qué me haría eso? En segundo lugar, los deportes de equipo nunca han sido muy importantes para mí. En realidad no me importa quién gane el Super Bowl. No me corto las venas por los Knicks. Nunca tuve una conexión emocional con esas apuestas.

La única excepción es el boxeo. Siempre me fue bien cuando aposté por Floyd. Pero luego perdí veinte mil dólares cuando aposté a que Adrien Broner vencería a Pacquiao en 2019. Con eso, se acabó mi vida de apostador.

A fin de cuentas, me gusta apostar en cosas seguras, y la única cosa segura con la que puedes contar siempre, todo el tiempo, eres tú mismo.

3

FORMAR TU BANDA

Si no tienes a la gente correcta a tu alrededor y te estás moviendo a un millón de kilómetros por hora, puedes perderte a ti mismo.

—Dave Chappelle

Pregúntale a cualquier empresario exitoso cuál es su mejor atributo. La respuesta podría sorprenderte.

No es su capacidad para negociar, su planeación estratégica ni su capacidad para entender las nuevas tecnologías.

No. Todos te van a contestar lo mismo: su mayor talento es saber evaluar el carácter de los demás.

Nadie, ni siquiera un rapero, alcanza el éxito por cuenta propia. Sí, estoy solo en la cabina cuando es momento de soltar mis rimas, pero afuera hay un pequeño ejército apoyándome. Managers, abogados, agentes, ingenieros, productores, equipos de giras, asistentes, estilistas, publicistas y amigos que sé que siempre me dirán la verdad (tal vez los miembros más valiosos de mi banda).

A la gente le gusta burlarse de los séquitos de los raperos. (Tengo que admitir que tener a alguien encargado de tu marihuana es ridículo. Yo no fumo, pero, si lo hiciera, ten por seguro que forjaría mis propios porros. ¿Por qué querría a alguien que tocara y lamiera algo que voy a meterme a la boca?) Sin embargo, necesitas rodearte de personas que puedan ayudarte a fortalecer, articular y hacer crecer tu visión.

Elige a las personas correctas y formarás un equipo que te lleve a la cima. Pero, si escoges a las personas equivocadas, tu visión podría descarrilarse incluso antes de ponerse en marcha.

Podrás recuperarte de perder un contrato lucrativo, de no notar un cambio en el mercado o de no haber optimizado tus operaciones. Desperdiciar ese tipo de oportunidades dolerá, pero te vas a recuperar… siempre y cuando tengas corazón de buscavidas.

Sin embargo, si eliges a la persona equivocada para un trabajo, sobre todo para un trabajo crítico, los resultados pueden ser catastróficos. Y eso ocurre en cualquier tipo de negocio.

Cuando vendía piedra, uno de los trabajos que había que asignar en cualquier banda era el de "pastor". Esa persona no maneja drogas ni dinero, sino que lleva a los clientes con alguien que tenga ambas cosas. Muchos traficantes no le dedican mucho tiempo o esfuerzo a considerar a quién contratarán para esa labor: es un trabajo de bajo nivel y cualquiera que se les acerca es un candidato viable. Si no eres policía: ¡felicidades, contratado! Hay cero consideraciones sobre el carácter o las referencias de esa persona.

Sin embargo, el pastoreo representa un riesgo extremo para la operación. Ya que los pastores son quienes tienen menos tiempo en el equipo, *también tienen el menor compromiso con la banda*. Eso significa que, si los atrapan, tienen pocas razones para no delatar a los demás con la policía.

Al entender esa vulnerabilidad, en vez de usar a cualquiera a quien me encontrara, intenté escoger personas que parecían tener un carácter recio, que proyectaran la capacidad de mantener la calma bajo presión y que tendrían la seguridad de que yo los iba a sacar del apuro (más adelante explicaré esto a detalle).

Muchos de mis pastores fueron arrestados, pero, como había evaluado su carácter antes de contratarlos, no me delataron. ¿Y los traficantes que contrataban a cualquier pastor sin pensarlo dos veces? No solían durar demasiado en las calles.

La capacidad para evaluar el carácter —o la ausencia del mismo— es igualmente importante a nivel corporativo. Digamos que eres el CEO de una empresa del Fortune 500 y contratas a alguien nuevo como director de finanzas. Todo puede salir bien durante años. Te comienzas a sentir cómodo con el tipo. Es bueno para los números, tal vez mejor que tú. Conoces a su familia y vas a las fiestas de cumpleaños de sus hijos. Es tan capaz que te permite alejarte un poco de los detalles financieros cotidianos y enfocarte en el panorama más amplio: fusiones y adquisiciones que te convertirán en leyenda y galas con celebridades que harán crecer tu marca.

Entonces, un día despiertas y descubres que tu director de finanzas vació las cuentas de la compañía y huyó a Dubái con su nueva novia. Es hora de despedirte de tu estatus de leyenda, y quizá de tu trabajo también. Sí, un verdadero buscavidas puede sobrevivir a un golpe así; encontrará la forma de hacer más dinero, pues está familiarizado con los espacios que hay entre los festines y las hambrunas. Pero alguien que sabe afanarse también preferiría poner a la persona correcta en esa posición para ahorrarse cualquier drama y no enfrentar traiciones.

La importancia de saber juzgar el carácter ajeno también es esencial en el matrimonio. Si miras a quienes siempre salen en la portada de *Fortune*, notarás que la columna que revela de dónde vinieron sus pérdidas más grandes dice siempre lo mismo: el divorcio.

Los billonarios no pierden el grueso de su dinero frente a la competencia o a nuevas tecnologías; lo pierden a manos de sus exesposas. Se reporta que el fundador de Amazon, Jeff Bezos, tuvo que pagarle a MacKenzie *38 mil millones* de dólares cuando se separaron. No importa qué ocurra con Amazon más adelante; es imposible que la compañía vaya a costarle tanto dinero.

La gente se divorcia por todo tipo de razones, pero muchos individuos adinerados se casan sin tener muy claras las intenciones de su pareja. Te puedo asegurar que *todos* los millonarios que han tenido que desembolsar enormes cantidades de dinero en sus divorcios quisieran haber tenido una mayor capacidad para evaluar el carácter de sus parejas antes de decir "Acepto".

PREFIERO QUE ME ROBEN

Yo nunca he tenido que litigar un divorcio, pero soy el primero en aceptar que mi vida personal está llena de problemas. Y en la cima de esa lista están mis problemas para confiar en mis parejas.

Hace unos años, conversé con una mujer que había tomado algunas clases de psicología en la universidad. Discutíamos sobre una situación en la que yo estaba convencido de que alguien cercano me iba a apuñalar por la espalda.

Cuando terminé de desahogarme, ella me miró y preguntó:

—¿Has oído la palabra "pistantrofobia"?

—No. ¿Qué es eso?

—Lo que tienes. Búscalo.

Lo escribí en mi teléfono y encontré la siguiente definición: "El miedo a confiar en la gente a causa de experiencias pasadas y relaciones fallidas".

No voy a mentir: me resonó de inmediato.

Pienso que todos sentimos al menos un poco de miedo a confiar demasiado en otros, pero mi caso es mucho más grave que el de la mayoría. A lo largo de mi vida me he sentido traicionado por gente de la que esperaba —y merecía— cosas mejores: gente a la que le había dado dinero, oportunidades, amor e incluso la vida. Por ello, durante mucho tiempo, lo único en lo que tenía confianza era en el dinero. Sólo podía confiar en el papel verde.

Ésa es una de las razones por las que el tema de la traición es tan importante en mi serie *Power*. Es un asunto que siempre tengo en mente, tanto así que la última temporada se llamó "La traición final".

Prefiero que me roben a punta de pistola a que me traicionen (no porque ansíe que lo primero ocurra). ¡Los asaltos al menos son emocionantes! Hay una innegable descarga de adrenalina cuando alguien saca su fusca y gruñe: "¡En el pinche piso!". Cuando termina (siempre y cuando no te hayan disparado), puedes volver a tu vida y contárselo a tus amigos: "¡Hey! ¡Me acaban de asaltar!". Tus bolsillos estarán vacíos, pero serás mucho más fuerte después de haber sobrevivido a aquella experiencia.

Que te traicionen es diferente. No sales de ahí con una gran anécdota. Nunca he sabido de alguien a quien le emocione decirles a sus amigos: "No me lo van a creer, pero mi amigo me apuñaló por la espalda". No te dan puntos ni recompensas por sobrevivir a esa mierda. Cuando te abres con alguien, ya sea en lo económico o en lo emocional, y esa persona te juega rudo, el dolor es distinto, mucho más dramático que si un ladrón te quita algo. Como dijo Malcolm X: "Para mí, lo único peor que la muerte es la traición. Verás, puedo concebir la muerte, pero no la traición".

Ya que la traición me resulta tan dolorosa, paso mucho tiempo reflexionando sobre las personas que me rodean. Como detallaré en este capítulo, cuando estaba comenzando, cometí el error de confundir la lealtad con la geografía. Es un error en el que muchas personas incurren: quieren creer que, sólo porque alguien viene de las mismas calles que tú, esa persona te va a respaldar siempre. Tuve que aprender por las malas que ése no siempre es el caso. Cierto, si tienes experiencias en común con alguien, es más probable que exista lealtad y comprensión, pero no está garantizado.

Para alcanzar un éxito duradero, necesitas buscar equilibrio al formar tu equipo. Si sólo te rodeas de personas de tu pasado, lo más probable es que te quedes estancado en ese pasado. Pero si abandonas a la gente que estuvo contigo en las trincheras en favor de gente a la que acabas de conocer —personas carismáticas, pero que nunca te han demostrado nada—, es probable que termines herido.

Si miras a mi equipo actual, encontrarás una mezcla de lo nuevo y lo viejo, soldados curtidos junto a personas impresionantes a quienes conocí desde que comencé a tener éxito. Si entras a la oficina de G-Unit Records encontrarás personas que estuvieron a mi lado en las calles de Southside, demostrando que podían mantener la calma cuando estábamos bajo fuego.

Algunas personas forman ese vínculo cuando van a la misma escuela o están en un equipo deportivo. El servicio militar sin duda lo provee. Cuando tu vida está en riesgo y las balas vuelan por todas partes, estableces una conexión muy profunda con las personas que te apoyan.

Por eso creo que puedes saber mejor de qué está hecho alguien en dos minutos en las calles que en veinte años en una oficina.

En los negocios, reconocer la verdadera naturaleza de alguien toma años. En vez de tener el privilegio de ver a alguien en acción, tendrás que confiar más en tus instintos. Pero, una vez que te sientas seguro de la lealtad y ética laboral de alguien, ese alguien será una persona importante en tu equipo. Es una combinación poco usual en el mundo de los negocios, pero es tan valiosa como escasa.

Por eso, además de los veteranos que han estado ahí desde el primer día, he intentado completar mi equipo con especialistas en negocios en quienes siento que puedo confiar, más allá de toda duda. Por ejemplo, mi abogado principal, Steve, quien se encarga de todos mis asuntos legales y de negocios; o Amanda, mi publicista, quien nunca pierde la cabeza cuando publico algo en redes sociales y siempre limpia mis desastres; o Marc, mi agente literario, quien me ayudó a concretar este proyecto. Ninguno de ellos ha estado en Southside, pero todos han sido fundamentales para la expansión de mi marca y para mantenerme en la dirección correcta.

Un buen ejemplo de alguien a quien apenas conocí en los últimos cinco años, pero que en verdad me ha ayudado a evolucionar, es Chris Albrecht, ex CEO de Starz Networks. Chris hizo de HBO lo que es hoy antes de comenzar en Starz. Me ha enseñado muchísimo sobre cómo funciona la televisión, a la vez que me ha dado la libertad para ser yo mismo. Además, es de Queens; nuestra relación parece predestinada.

El número de Chris nunca lo voy a borrar de mi teléfono. No importa a dónde vaya, siempre querré hacer negocios con él. Considero que la televisión es mi segunda carrera después de la música, y nunca habría llegado a donde estoy si no hubiera forjado esa relación con él. Sí, somos de distintas partes de Queens y venimos de contextos muy distintos, pero hicimos clic desde el primer momento y siempre nos hemos ayudado el uno al otro. Quizá Chris no haya sido uno de mis hermanos desde el principio, pero hemos enfrentado guerras juntos y sabemos que siempre nos apoyaremos.

Si no hubiera estado abierto a incluir en mi vida a gente nueva como Chris y todo el conocimiento que trae consigo, mi carrera no habría tenido un segundo acto, ni lo que vaya a venir después.

Si hubiera restringido mi círculo sólo a quienes estuvieron conmigo desde el principio, las cosas se habrían estancado. Sería un rapero más que desapareció después de un par de álbumes y nunca volvió a ser relevante. Quizás haría apariciones ocasionales en la televisión o en un podcast, quejándome de cómo los raperos de hoy no saben rimar. Tal vez haría un *reality show* o dos.

Pero he logrado evitar ese destino. La clave estuvo en encontrar el equilibrio entre lo nuevo y lo viejo, en no dejar de avanzar sin perder la base.

En este capítulo te enseñaré mis estrategias para conformar una banda dedicada, inventiva y confiable que te ayude a construir sobre lo que ya has hecho y crear nuevas oportunidades.

LLEVAR AL BARRIO CONTIGO

Al haber crecido en Southside, Queens, sabía que, una vez que lograra hacerla en grande, me llevaría a mi barrio conmigo. En las calles te enseñan desde pequeño que, cuanto más fuerte es tu banda, más fuerte eres *tú*. Las calles son una jungla, y quieres que te vean como parte de una manada formidable, no como una presa.

Por eso casi todos los grandes raperos de los noventa se empeñaban en defender a sus barrios. Nas salió y se llevó a Queensbridge consigo. Biggie firmó un contrato y se llevó a Bedford-Stuyvesant. En Los Ángeles, N.W.A. puso a Compton en el mapa y Snoop exaltó a Long Beach unos años después.

Yo estaba decidido a hacer lo mismo con Southside. Durante los primeros años de mi carrera como rapero, a dondequiera que iba, Southside iba conmigo. Tony Yayo y Lloyd Banks de G-Unit no eran tipos a los que conocí en una convención del gremio; crecieron a una cuadra de mí. Veías el barrio en mis videos y en mis conciertos y, sobre todo, lo oías en mi música. Quería tener esa energía siempre cerca de mí. Hoy llamo a esa energía el "complejo de chico de barrio": cuando sientes la necesidad de tener a tu gente y a tu barrio tan cerca como sea posible.

Mi "complejo del chico de barrio" fue la razón principal por la que compré la mansión de Mike Tyson en Connecticut. Cuando terminé mi primera gira con *Get Rich or Die Tryin'*, de pronto tuve 38 millones de dólares en la bolsa. Al mismo tiempo, hice una entrevista con un periodista quien por casualidad mencionó que Tyson estaba vendiendo su casa. "Ah, la voy a comprar", respondí.

Estaba bromeando, pero un par de semanas después estaba en Hartford, Connecticut. Considero que Hartford es una meca musical. Está cerca de Nueva York, pero lo suficientemente alejado como para tener su propia energía y gustos. Me he dado cuenta de que, si una canción de Nueva York hace ruido en Hartford, tiene posibilidades de estallar en todo el país. Por ello, intento pasar por ahí tanto como pueda y tomar el pulso de lo que están escuchando.

En ese viaje, me di cuenta de que no estaba muy lejos de la casa de Tyson, así que hice que alguien llamara al agente de bienes raíces y fuimos a visitar la propiedad. Cuando estuve ahí, la vibra y el tamaño del lugar me parecieron adecuados. El dinero no era problema. La compré de contado con una transferencia a la semana siguiente.

No tenía familia que viviera conmigo en ese entonces; no necesitaba una casa con dieciocho habitaciones y veinticinco baños (sin mencionar el cine, la alberca exterior y la interior, la cancha de basquetbol exterior y la interior, un club nocturno llamado TKO y diecisiete hectáreas de terreno). Pero la compré para que todo Southside estuviera bajo el mismo techo que yo.

Había noches, en medio de la campiña (la ciudad más cercana, Hartford, Connecticut, estaba a quince kilómetros), en las que, si cerrabas los ojos, podías jurar que estabas en una esquina en Sutphin Boulevard. La música sonaba, la gente bailaba y los dados rodaban. Las mismas personas con quienes crecí comiendo comida china en la acera ahora estaban siendo atendidas por meseros en *mi* comedor. Y, en vez de ver un DVD pirata en un sofá mugroso, podía presentar un estreno en mi propio cine. Hacer cosas así por la gente con la que crecí me daba más validación que vender millones de discos.

En aquel momento, me pareció una decisión necesaria. Hoy, he llegado a aceptar que fue algo que no debí haber hecho.

Para empezar, mantener esa casa costaba *demasiado*. Gastaba cerca de setenta mil dólares al mes sólo en mantenimiento. No importa qué tan rico seas; nunca estará bien pagar setenta mil *sólo* de servicios cada mes, sobre todo cuando la mayor parte del tiempo estás de gira. Hasta Bill Gates vería esa cuenta y diría: "¿Necesitamos tener el aire acondicionado encendido todo el tiempo?".

Fue increíble tener dieciocho recámaras a mi disposición, pero sólo podía dormir en una cada noche. Tuve que aceptar que no estaba usando la casa como debía.

En muchos sentidos, la propiedad se convirtió en una metáfora de mi relación con el barrio. Sí, me sirvió en un inicio; recibí mucho apoyo de mis raíces. Y les di a varias personas oportunidades que nunca habrían conseguido de otro modo.

Pero era momento de cortar el cordón umbilical.

No le cerré la llave a todo el mundo; el grupo central que ya mencioné sigue siendo una parte importante de mi vida y de mis negocios. Pero sí dejé ir a varios que tenían mucho tiempo a mi lado.

La mansión de dieciocho habitaciones se convirtió en un departamento (un departamento increíble, debo decir). Mi viaje de dos horas al trabajo se redujo a veinte minutos.

No sé por qué me tomó tanto tiempo tomar la decisión de hacerlo. En un principio, el dinero fue parte de ello. En algún momento alguien me convenció de valuar la casa en quince millones de dólares, un precio poco realista. Cuando alguien te pone un número en la cabeza, cada vez que te alejas de ese número, sientes que estás perdiendo dinero. Tu mente puede engañarse.

Podré no haber vendido la propiedad por la cantidad que quería, pero al final no me importó perder dinero (de cualquier modo, doné lo que obtuve a la beneficencia). Gané al seguir adelante con mi vida. Limpié el plato y me reenfoqué en el futuro en vez de quedarme anclado en una reliquia del pasado.

DE VUELTA AL BARRIL

Otro error que la gente comete una y otra vez es que, tras alcanzar el éxito, sigue sintiendo que tiene una deuda con el lugar del que salió. Esto es particularmente recurrente en la comunidad afroamericana. Cuando una persona negra del barrio alcanza cierto nivel de éxito, parece sentirse obligada a conservar sus raíces.

Es un fenómeno que no se ve tanto en otras comunidades. Si un inmigrante chino se parte el lomo durante años y crea una cadena de tiendas, lo más probable es que se mude a una casa grande en los suburbios en cuanto tenga la oportunidad. No sentirá que le debe nada a otros inmigrantes en el barrio chino de la ciudad. Hará lo que ellos harían si tuvieran el dinero también: mudarse a la casa más grande, en el vecindario más seguro y con las mejores escuelas que pudiera pagar.

Lo mismo ocurriría con una mujer mexicana del barrio. Si gracias a su forma de afanarse y buscarse la vida termina convirtiéndose en una magnate de los bienes raíces, lo más probable es que no se quede en su viejo barrio. No, se va a comprar una casota en un vecindario seguro. Y no se sentirá culpable por hacerlo.

Cuando los inmigrantes irlandeses, italianos y judíos comenzaron a ganar dinero, lo primero que hicieron fue escapar a los suburbios.

Parece que sólo los afroamericanos tenemos problemas para alejarnos de la lucha. Si no nos mantenemos vinculados a esa lucha, de algún modo perderemos eso que nos hizo exitosos.

Conozco esa sensación muy bien. Ese miedo a cortar el cordón umbilical con el barrio fue la razón por la que compré la casa de Mike Tyson. Pero al menos tuve la sensatez de llevar al barrio conmigo y no quedarme yo en el barrio. He conocido a mucha gente que ha cometido ese error, y algunos pagaron el precio por su renuencia a alejarse.

Un ejemplo trágico es mi amigo y mentor Jam Master Jay, quien era de Hollis, Queens. Como miembro de Run-DMC, Jay era la personificación de la cumbre del éxito en nuestro vecindario. Vendió millones de discos. Estuvo de gira por todo el mundo y tuvo éxito en escenarios de Europa a Asia. Como parte del primer grupo de hip-hop de fama internacional en la historia, fue una inspiración para millones de niños negros en Queens y el resto del mundo.

Una vez que la armaron en grande, los demás miembros de Run-DMC dejaron Queens y nunca miraron atrás: Rev Run y DMC se fueron a Nueva Jersey y Russell Simmons, su manager, se instaló en Manhattan. Pero Jay se quedó en Queens toda su vida. Abrió un estudio de grabación en el barrio de Jamaica, donde les enseñaba a aspirantes a raperos —entre los que me incluyo— sobre los puntos finos de cómo construir una canción.

Parece una gran historia: DJ local se vuelve famoso, recorre el mundo y vuelve a su lugar de origen para compartir su talento con la siguiente generación.

En la realidad, se convirtió en una sentencia de muerte.

Al quedarse en Queens, Jay nunca se separó de los elementos negativos que rodean al hip-hop, sobre todo en nuestro barrio. En Queens, los narcotraficantes fueron los primeros en ganar dinero de verdad. El hip-hop era un hobby, algo que hacías con tu banda en la acera o en el parque. El dinero de verdad se hacía vendiendo drogas. A la generación de Jay la inspiró lo que tenían los traficantes: buena ropa, autos imponentes y mujeres hermosas. Los abrigos y sombreros que Jay contribuyó a hacer famosos con Run-DMC no eran más que lo que había visto usar a los narcos. Lo mismo pasó con las cadenas de oro que Run-DMC y después LL Cool J ayudaron a popularizar. Ellos representaban la moda del narcotráfico antes de convertirla en la del hip-hop.

Hoy, la realidad es al revés: los raperos pueden ganar mucho más dinero que los traficantes, gracias en gran medida al camino que abrieron los primeros pioneros como Jam Master Jay. El error de Jay fue no seguir avanzando. Si hubiera seguido a Run, Russell y DMC a Jersey, Long Island o Manhattan, no tengo duda de que seguiría con vida.

En cambio, se quedó cerca de las personas equivocadas, personas que no sólo no tenían sus mejores intereses en mente, sino que estaban celosas de su fama y éxito. No celebraban que se hubiera quedado en el barrio para ser mentor de los jóvenes; lo odiaban por ello. Al quedarse cerca de gente así, fue inevitable que enfrentara un destino de mierda.

La situación de Nipsey Hussle fue similar. No conocí a Nipsey tan bien como a Jay, pero parecía un tipo de una sola pieza. Cuando acepté grabar el video de "Toot It and Boot It" de YG, en el que también aparecía Nipsey, le dije al tipo de la disquera: "Oye, asegúrate de traer al chico que se parece a Snoop". Así fue como nos conocimos en persona. Nipsey era un muy buen tipo que parecía enfocado en su comunidad y en su familia.

Por desgracia, la misma mierda que le ocurrió a Jay le pasó a Nipsey también. Cuando lo mataron, la gente empezó a señalar a todo el mundo *menos* a los hijos de puta que lo hicieron. Lo primero que veías en Twitter o Instagram era "¡El gobierno mató a Nipsey!". La lógica era que Nipsey estaba trabajando en un documental sobre el Dr. Sebi, el famoso herbolario hondureño que algunos creían que había sido encarcelado y luego asesinado por sus controversiales opiniones sobre la medicina occidental. Las enseñanzas del Dr. Sebi eran una amenaza para la industria farmacéutica, por lo que Nipsey también debía morir antes de que ayudara a divulgar esas enseñanzas.

Si escuchas a otras personas, Nipsey era una amenaza para el gobierno porque le estaba enseñando al barrio sobre el empoderamiento financiero y la justicia social. Si demasiados jóvenes pobres abrían los ojos gracias al trabajo de Nipsey, eso pondría en riesgo el *statu quo* en Los Ángeles. Por eso tenía que desaparecer.

No hay duda de que Nipsey estaba haciendo un gran trabajo en su barrio, sobre todo con Vector90, un espacio de *coworking* y centro de capacitación en ciencias e ingenierías. Y, aunque no tengo ninguna opinión concreta sobre el trabajo del Dr. Sebi, no me sorprendería que hubiera cosas que las farmacéuticas quisieran mantener ocultas.

Sin embargo, cuando la gente dice que el gobierno mató a Nipsey, no está siendo honesta ni realista. El gobierno no mató a Nipsey. Se dice que un pedazo de mierda llamado Shitty Cuz lo mató. Ésa es la deprimente verdad.

Cuz no mató a Nipsey porque Nip fuera una amenaza para el *statu quo*. Y nadie le pagó para que matara a Nipsey y con eso protegiera a Pfizer o a Johnson & Johnson. No, Shitty mató a Nipsey porque era un pedazo de mierda, ni más ni menos. Era una rata y, cuando Nipsey lo confrontó al respecto, Shitty reaccionó de forma violenta. No pudo soportar que alguien tan exitoso y querido como Nipsey no quisiera a alguien tan poco exitoso y tan poco confiable como él a su alrededor.

La mentalidad de cangrejo en el barril fue lo que mató a Nipsey, como también mató a Jay y a tantos otros individuos negros exitosos que se quedaron en sus comunidades después de alcanzar el éxito. Por eso, cuando comencé a ganar dinero legal, me fui del barrio y nunca miré atrás. Sí, lo visito de vez en cuando. Pero nunca me mudaría ahí de forma permanente. Si lo hubiera hecho, estoy seguro de que habría tenido un impacto negativo en mi vida.

Entender esa mentalidad es la razón por la que no tengo miramientos con respecto a haberme ido. ¿Les doy mucho dinero a esas calles por medio de mis beneficencias? Por supuesto. ¿Trabajo para asegurarme de que esos chicos tengan mejores oportunidades legales que yo? Sin duda. Pero no me engaño: en las calles no hay suficiente espacio para que convivan el éxito y los tontos. Cuanto más pronto entiendas eso, más rápido podrás sacarle todo el provecho posible a tu historia.

EXIGE DISCIPLINA

No estoy sugiriendo que botes a toda la gente que estuvo contigo desde el principio en cuanto saborees un poco de éxito. Ésas son las personas que mejor te conocen y, si son tus verdaderos amigos, siempre serán los más honestos contigo. Te dirán si tus nuevas rimas son una porquería o si esa camisa te hace ver viejo o si ese *influencer* que promete grandes cosas en realidad es un charlatán.

Ésas son algunas de las cualidades positivas que tus relaciones más antiguas pueden sumarle a tu equipo. Pero también pueden traer consigo algunas de las cualidades negativas del barrio: disputas, drama y batallas de egos. Para evitar que eso suceda, tienes que primero instaurar —y luego exigir— un sentido de la disciplina al interior de tu equipo.

Eso me quedó claro cuando empezaba mi carrera y se suponía que me presentaría con Nas en un concierto en Central Park. Poder compartir el escenario con él era algo muy importante para mí. Al ser una superestrella que salió de Queens, Nas era alguien a quien en verdad admiraba.

Cuando llegué al lugar, Nas ya estaba ahí y parecía que había llevado a todo Queensbridge con él. Debían haber sido más de veinte tipos de Bridge detrás del escenario, bebiendo, fumando y preparándose para el set de Nas. Noté que no sabían qué hacer con la energía que estaban creando. Era como si hubieran encendido una fogata que no podían contener. Como era de esperarse, comenzaron a pelear unos con otros. Queensbridge contra Queensbridge. Aunque su banda estaba haciendo implosión, Nas no se veía dispuesto o capaz de apagar el incendio. La policía no tardó en aparecer, y el concierto se canceló antes de que Nas pusiera un pie en el escenario.

A mi manera de verlo, Nas manejó mal la situación. Entendí por qué había llevado a tantos tipos de Queensbridge: Central Park es tierra de nadie y no hay forma de saber con quién se encontrarían ahí. Una banda de Brooklyn, algunos tipos del Bronx o una banda rival de otro barrio en Queens. Asegurarse de estar rodeado de su gente era una decisión inteligente.

Lo que no fue tan brillante fue su incapacidad de mantenerlos bajo control. Al no poder contener la energía que había llevado consigo, perdió la oportunidad de hacer su presentación. Seguramente también terminó costándole dinero. Cuando los promotores se enteran de que hubo un problema en una sede tan importante como Central Park, lo piensan dos veces antes de contratarte. Así que, aunque el impulso de llevar a Queensbridge al concierto fue comprensible, su presencia fue perjudicial para su crecimiento.

Tras ver a esos tipos de Queensbridge pelear entre ellos, me prometí que, cuando mi banda y yo saliéramos de gira, habría tolerancia *cero* para los conflictos internos. Sabía que, si no podía controlar a mi gente, el techo para mi marca sería muy bajo.

Además, comprendí que no hay peleas "menores" cuando estás en un camión de gira conviviendo con otras personas. Digamos que dos de tus muchachos se pelean por una chica. Uno de ellos abofetea al otro. Quien sea que haya recibido el golpe se sentirá humillado durante mucho tiempo, después de que el dolor físico pase. Cada vez que vea al otro tipo en el autobús, tras bambalinas, en el lobby del hotel, en el aeropuerto, va a querer recuperar su posición. Ese tipo de resentimiento puede burbujear bajo la superficie hasta estallar. Y las repercusiones de un estallido serio pueden descarrilar toda una gira.

Por eso, en cuanto G-Unit se embarcó en su primera gira, dejé muy clara mi política respecto a las peleas entre ellos. Les dije: "Nos vamos a encontrar con mucha gente que está celosa de nuestro éxito. Si tienen alguna frustración que ventilar o descargar, peléense con ellos. Yo los respaldo, pase lo que pase. Carajo, los respaldo si terminan pegándole a un desconocido en la cara. Pero, si pelean *entre ustedes*, se van a casa al día siguiente. ¡Punto!".

Durante un tiempo, todo el mundo obedeció. Sí, hubo momentos en los que pareció que algo iba a reventar, pero siempre me apresuré a recordarles a los posibles combatientes: "No estoy jugando. Lo tocas y te vas a casa".

Luego, en los momentos más tranquilos, me llevaba a los chicos a un lado y les explicaba mis razones. No estaba tratando de controlarlos, sólo quería ayudarlos. "Estamos intentando construir algo con G-Unit", les decía. "Esta gira y toda la atención que va a traernos son los cimientos de algo especial. Pero, si esos cimientos se mueven, lo que intentemos construir se vendrá abajo. Entonces vamos a tener que volver a la calle, en vez de estar comiendo langosta, durmiendo en buenos hoteles y conociendo mujeres en todas las ciudades".

Ese pequeño discurso por lo general resonaba con la gente, y no tuve que mandar a nadie a casa. Hasta que llegamos a Filadelfia.

El problema comenzó cuando Mitchell & Ness, la legendaria compañía de ropa deportiva con sede en Filadelfia, envió algunos jerseys vintage de regalo a nuestro hotel. Esto fue en la época en la que un jersey de Mitchell & Ness era casi el uniforme oficial del hip-hop. Todos querían salir a la calle con uno, y algunas ediciones especiales podían costar varios miles de dólares.

Aunque los jerseys eran para mí, el paquete terminó en manos de un tipo llamado Marcus, el manager de la gira. Él sabía que yo siempre compro mi propia ropa, así que decidió quedarse con un par. Sentía que, como manager, eran parte de los beneficios a los que tenía derecho.

Bang 'Em Smurf veía las cosas de forma distinta. Bang 'Em era alguien de Southside a quien estaba considerando sumar a G-Unit, así que lo llevé a la gira para que tuviera un poco de visibilidad pública. Bang 'Em tenía potencial, pero cometió el error de pensar que estar en la gira significaba que ya había llegado a la cima. Comenzó a creérsela antes de haber demostrado algo. No tenía un sencillo; no había hecho ruido en la escena. Las mujeres no lo veían y decían: "¿Quién es ese guapo?". Para el mundo, era sólo otro tipo que se paraba detrás de mí en el escenario y gritaba la última palabra de mis rimas. Esa experiencia le bastó como para crecerse y pensar que las reglas no aplicaban con él.

La mañana después del concierto en Filadelfia, teníamos programado subir al autobús a las 5 a.m. para ir a la siguiente ciudad. Pero, en vez de mi alarma, me despertó el ruido de una pelea afuera de mi ventana. Abrí las cortinas y me encontré con una escena inesperada: Marcus y Bang 'Em rodando por las calles, intercambiando golpes por un jersey de Mitchell & Ness. "¡Es mío!", oí a Bang 'Em gritar. "¡No, no es tuyo!", aullaba Marcus. "El tuyo tenía un chicle pegado. ¡Éste es mío!".

Al parecer, Bang 'Em había decidido que uno de los jerseys era suyo. Cuando Marcus no quiso dárselo, Bang 'Em perdió la cabeza. No era algo con lo que yo quería lidiar antes de que amaneciera. Salí y los separé de inmediato. Luego le pregunté a Bang 'Em en qué diablos estaba pensando.

—Nada, Fif —Bang 'Em comenzó a explicar—. Se quiere quedar con mi jersey. Tenía que ponerlo en su lugar.

A mí no me interesaban esas excusas.

—¡Les dije que no quería peleas en la gira! —luego miré a Marcus y le dije, señalando a Bang 'Em—: Cómprale un boleto de autobús a este idiota. Se va a casa.

No fue sino hasta ese momento que Bang 'Em entendió que no era un juego. Cuando dije "tolerancia cero", significaba *tolerancia cero.* Si vas a mantener a tu equipo bajo control, necesitas que la gente sea responsable de las consecuencias, aun si eso implica quebrantar tu relación con alguien.

Así que Bang 'Em se fue a casa en ese instante. Tendría tiempo de sobra para pensar en su éxito inexistente cuando estuviera de vuelta en Queens. Bang 'Em creyó que era más grande que la banda, pero resultó que no sabía cómo moverse por su cuenta. Comenzó a trabajar con otros raperos locales, y de vez en cuando me buscaba para que los apoyara, pero nada me llamó la atención. Sin mi apoyo, nadie quiso darle una oportunidad. En vez de estar de gira conmigo, ganando dinero legal y conociendo el mundo, se metió en problemas en Queens. Me pidió que pagara su fianza, pero le expliqué que ésa no era mi responsabilidad. Terminó por ser deportado a Trinidad, donde nació. Al día de hoy, me culpa por su situación.

Siempre que alcanzas el éxito en la vida, habrá personas que crean que una parte de tu éxito les pertenece. Bang 'Em era ese tipo de persona. Cuando los eliminas de tu vida, en vez de mirarse en el espejo, se molestan contigo.

Si le hubiera dado sólo una advertencia, habría perdido mi posición de autoridad. Todos los demás egos en la gira —y había bastantes— habrían comenzado a hervir. Pronto, no estarían peleando sólo por jerseys de Mitchell & Ness, se estarían peleando por mujeres, por quién tenía más tiempo en el escenario, por cuánto estaba ganando cada uno. Ese tipo de conflictos ha echado por tierra giras previas, e incluso futuras. Yo no estaba dispuesto a permitir que ese tipo de energía arruinara nuestro ímpetu.

Casi veinte años después, sigo haciendo giras mundiales. Me he presentado en incontables países frente a millones de personas. Hace poco, alguien me pagó varios millones de dólares para ir a dar un concierto al otro lado del mundo. Nada mal por un vuelo en un jet privado y un día de trabajo. Pero fue también el tipo de pago que sólo llega cuando ya te has establecido como alguien experimentado, redituable y *confiable*, que es justamente la reputación que estaba intentando construir en aquel entonces en Filadelfia.

Las decisiones que tomes no tienen que ser tan drásticas como comprarle a alguien un boleto de vuelta a casa. Si eres supervisor en una empresa, podría ser transferir a la persona a otro departamento. Si eres la gerente de una tienda departamental, podrías enviar a la persona a otra sucursal. Si tienes una pequeña empresa, lo más seguro es que signifique despedir a la persona. No puedes darte el lujo de cargar con alguien que te está dando menos que el máximo.

Sin importar en qué posición estés, cuando impones reglas para el bien común, tienes que hacerlas valer. No dejes que alguien que sólo piensa en sí mismo les arruine las cosas a los demás. Podrán ser reglas difíciles de seguir, pero hacerlo siempre traerá recompensas.

ENCÁRGATE DE LOS PROBLEMAS INTERNOS PRIMERO

No importa cuánto crezca tu imperio, nunca serás capaz de mantenerlo si tu casa no está en orden. Como le dije a Bang 'Em aquel día, si los cimientos no son sólidos, es cuestión de tiempo antes de que todo se derrumbe.

Un ejemplo clásico de esto fue lo que le ocurrió al rapero de Brooklyn Tekashi 6ix9ine. Tekashi es un rapero de Brooklyn, mitad mexicano y mitad puertorriqueño. Su cabello multicolor y energía desenfrenada le valieron millones de fans por todo el país, en particular entre los chicos blancos. Esos chicos no podían trenzarse el cabello como Migos, pero sí que podían tener todos los colores del arcoíris como Tekashi. Pasó de ser un rapero de SoundCloud casi desconocido a convertirse en una de las estrellas más grandes en el mundo en poco más de un año.

La imagen de Tekashi era la de un instigador rudo y temerario. En realidad, en el fondo, era un chico dulce. Era más bien un muchacho haciendo el papel de un tipo rudo que un verdadero pandillero. Para fortalecer su imagen, comenzó a rodearse de tipos de la calle.

Pero esos tipos no estaban actuando; eran pandilleros de verdad. Cuando se dieron cuenta de que Tekashi no lo era, comenzaron a verlo como una presa. Y *nunca* debes querer que tipos callejeros de verdad te vean como una presa.

Conforme su fama creció, Tekashi y yo comenzamos a forjar una amistad. Me gustaba que fuera insolente, que no tuviera miedo de vivir en el momento. Mucha gente llegó incluso a decir que Tekashi les recordaba a mí cuando era más joven.

Un día me llamó para preguntar si podía ir a mi oficina. Había tenido algunos problemas con la ley y los promotores comenzaban a ponerse nerviosos con respecto a contratarlo. Necesitaba un consejo.

Cuando llegó, no vi a un joven insolente ni a un rapero arrogante. Vi a un niño asustado.

Tras sentarse en una silla en mi oficina, Tekashi fue directo al grano: "¿Qué se supone que haga, 50?".

Tengo que darle crédito. Actuaba desenfrenado en público, pero frente a mí estaba dispuesto a ser vulnerable. Era lo suficientemente inteligente como para saber que estaba rebasado. Él y yo nunca habíamos tenido una conversación sobre lo que estaba ocurriendo, pero, como observador experimentado, tenía una idea de cuál era la raíz de sus problemas.

"Tu problema más grande es interno", le dije. "Tienes a demasiada gente a tu alrededor, y no te están apoyando. Se supone que son tu equipo, pero no están pensando en lo que es mejor para ti. Si no arreglas esa situación, se va a convertir en un problema."

Se lo dije porque había oído que estaba cambiando demasiado de bandas. Un mes tenía a un grupo de gente a su alrededor; al mes siguiente, los reemplazaba con otro grupo nuevo. Cambiaba de bandas como algunas personas cambian de auto. Lo conduces un rato; lo cambias por uno nuevo.

Tekashi seguro creyó que todo eso era parte de tomar decisiones, pero yo sabía que era un grave error. Cuando eres rapero y aceptas personas dentro de tu círculo, ellas llegarán con la expectativa de que les darás oportunidades, las ayudarás a que las vean como artistas o a establecerse como figuras importantes tras bambalinas. Esperan que los presentes con marcas de las que podrían obtener cheques.

Sólo tienes una cantidad limitada de tiempo para cumplir con esas expectativas. Si no lo haces, la confusión comienza a aflorar. Se hará incluso más grande si ven que comienzas a darles esas oportunidades a otras personas. Cuando eso ocurre, tu banda original comenzará a sentir que es desechable. No quieres que nadie a tu alrededor se sienta así.

Cuando alguien cree que lo consideras desechable, cualquier sentido de lealtad se esfuma. En vez de esperar por una oportunidad, irán tras de ti con agresividad, buscando lo que creen que les "debes". Intentarán cobrar esa supuesta deuda de cualquier forma.

Puesto que era un chico listo, Tekashi entendió el valor de mi consejo y aceptó que estaba en un lugar difícil. Comenzó incluso a hacer movimientos para reemplazar a los tipos que tenían problemas con él. Pero fue demasiado tarde.

Poco tiempo después de nuestra conversación, Tekashi fue arrestado por cargos federales de crimen organizado y armas de fuego. En la acusación, el gobierno incluso externó que algunos de los miembros de su banda habían hecho planes para matarlo. Estoy seguro de que ésa fue una revelación aterradora para un chico que creía que estaba jugando a ser luchador de la WWF, no alguien que estaba en un juego de vida o muerte. Mientras escribo esto, Tekashi acaba de testificar contra su banda y recibió una sentencia de dos años en prisión.

Creo que una de las cosas que hizo tropezar a personas como Tekashi y JA Rule fue que crecieron en la periferia del barrio. No eran del barrio, pero tuvieron contacto con él. Eso los engañó y les hizo creer que estaban equipados para manejar situaciones para las que en realidad no estaban preparados.

Compáralos con alguien como Drake, quien ni siquiera viene de la periferia del barrio. Es de un ambiente muy distinto. Nunca veo a Drake acercarse demasiado a los artistas a los que promueve. Siempre mantiene una buena distancia con los artistas con quienes se asocia en algún momento. Tiene la inteligencia suficiente como para evaluarse y saber que hay fuerzas que no va a poder contener.

Tekashi tuvo un gran talento para entender qué era lo que los chicos blancos querían oír para hacer enojar a sus padres, pero no fue tan talentoso al evaluar el carácter y las intenciones de la gente a su alrededor. Más triste aún es que Tekashi es un chico perceptivo. Si hubiera bajado las revoluciones y se hubiera tomado el tiempo para estudiar a quienes lo rodeaban y entender su energía, habría reconocido que no eran las personas correctas. En vez de eso, tenía mucha prisa. Los *likes* en Instagram y los retweets llegaban tan rápido que comenzó a confundir las redes sociales con la realidad.

En las redes sociales, el tipo que está a tu lado aventando mensajes es parte de tu equipo por siempre, hasta la muerte. En la vida real, las cosas nunca son tan sencillas. Los celos y la envidia crecen con mucha facilidad, sobre todo cuando empiezan a saborear el éxito. Si aceptas lobos en tu círculo, más te vale asegurarte de tenerlos bien alimentados. De otro modo, no pasará mucho tiempo antes de que la manada se ponga en tu contra.

Si quieres un ejemplo perfecto de la forma *correcta* de reemplazar una banda existente con una nueva, considera lo que hizo Jay-Z cuando era presidente de Def Jam Recordings. En aquel entonces, mucha gente no entendía por qué un artista tan exitoso como Jay-Z quería cambiar de posición y tomar un trabajo de escritorio.

Debo admitir que yo tampoco lo entendí en un principio. Pasé un tiempo a cargo de G-Unit Records y me pareció la experiencia más estresante del mundo. No importa cuánto te esfuerces por tus artistas, nunca están satisfechos. Como artista, Jay debía saberlo.

Pero, al observar su paso por Def Jam, comencé a entender cuál era su plan. No estaba ahí para manejar la disquera, ¡estaba formando un nuevo equipo! Antes de tomar las riendas de Def Jam, la banda de Jay había estado conformada en su mayoría por raperos de Filadelfia a los que Jay había reclutado y preparado bajo la franquicia de State Property; artistas como Beanie Sigel, Freeway, Chris and Meek y Omillio Sparks.

Esos tipos sin duda eran (y aún son) artistas respetados, pero ninguno tuvo el éxito comercial que Jay había esperado. Su plan era que uno de ellos se convirtiera en el siguiente Jay-Z (así como yo esperaba que Tony Yayo se convirtiera en el siguiente 50 Cent). Pero eso nunca ocurrió.

Al hacerse cargo de Def Jam, Jay se posicionó para convertir a las superestrellas de ese sello en su nueva banda. En vez de estar asociado con Beanie Sigel y Freeway, comenzó a asociarse con Kanye y Rihanna. Fue una enorme mejora en términos comerciales. Y, a diferencia de cuando estuvo a cargo de Roc-A-Fella Records, no tuvo que invertir tiempo y dinero para moldearlos y lanzar sus carreras. Def Jam *ya* lo había hecho. Fue como mudarse a una casa que ya está amueblada. Y, lo mejor de todo, cuando salió de Def Jam, Kanye y Rihanna aún lo veían como su jefe. ¡Se llevó los muebles cuando se mudó!

Felicito a Jay por esa estrategia tan sofisticada. No hubo faltas de ética ni deslealtades en ella. Les había dado a esos artistas de Filadelfia bastantes oportunidades cuando estaban en Roc-A-Fella Records.

Pero, al ver que ellos nunca se convirtieron en lo que Jay los había preparado para ser, tuvo la sensatez para pasar a otra cosa. Mucha gente vacila al tomar esa decisión. Prefieren mantenerse conectados con el mismo grupo, incluso si esas personas no las están acercando al éxito. Jay no cayó en esa trampa. Y sigue sin caer.

OFRECE ALIENTO

Además de mantener la disciplina y la estabilidad al interior de tu banda, para ser un líder verdaderamente eficaz también debes ser capaz de motivar y alentar a la gente.

Por más estricto que sea con la gente que no se alinea, también estoy orgulloso de mi capacidad de dar discursos motivacionales sinceros cuando es necesario. Si eres famoso por tu disciplina, cuando te salgas de ese papel y muestres verdadera preocupación por algo tus gestos tendrán un impacto mucho mayor.

Algunas de las mejores arengas que he dado han sido antes de las peleas de box. Hay algo en ese ambiente que saca al motivador que llevo dentro. Una que recuerdo en particular fue cuando estaba en el vestidor con Deontay Wilder antes de la revancha contra Bermane Stiverne en el Barclays Center.

Una de las claves de cualquier discurso motivacional de impacto es interpretar la energía de una habitación. Lo que interpreté aquel día fue que la energía no estaba donde necesitaba estar. Deontay tenía a todo su séquito a su lado, y no había concentración. Todos estaban riéndose y diciendo tonterías, como si estuvieran en una fiesta. Deontay ya había vencido a Stiverne una vez, y a mí me pareció evidente que todos pensaban que la pelea estaba terminada antes de que siquiera hubiera comenzado. Pero ésa es una forma muy peligrosa de enfrentar una pelea. Sí, Deontay ya le había ganado a Stiverne, pero la pelea se determinó por puntos, la primera vez que eso ocurría en la carrera de Deontay. Necesitaba estar enfocado en la tarea que tenía enfrente. Muchos pugilistas terminan en la lona por no tomarse en serio a su oponente.

Esperé hasta poder hablar con Deontay en un rincón del vestidor, cuando no había tanta gente alrededor.

—No estás enfocado —le dije con mucha calma—. Te veo golpeando el saco y demás, pero no estás en la zona, amigo —Deontay no tuvo que decir nada; sabía que le estaba diciendo la verdad—. Déjate de tonterías. Ese Stiverne está entre lo que quieres y tú. Por segunda vez. ¿Se lo vas a permitir?

—No, claro que no —respondió Deontay.

—Bien. Entonces vamos a hacer que pague por su error —le dije, levantando la voz. De pronto, todos en el vestidor se dieron cuenta de que la energía estaba cambiando. La habitación se quedó en silencio—. Escúchame —continué con un tono casi amenazador—. Vas a hacerlo pagar por haber creído que podía volver a subir al ring contigo. Lo vas a llevar a aguas profundas y lo vas a ahogar.

Logré enfocarlo. Regresó a golpear el saco, pero ahora lo hacía con propósito. Luego lo acompañé al ring cantando "Many Men". La fiesta se terminó; era hora de trabajar.

No tomó mucho tiempo. Deontay mandó a Stiverne a la lona tres veces en el primer asalto antes de que el referí parara la pelea. Literalmente tuvo que montarse en la espalda de Deontay para quitárselo de encima.

Todo ocurrió tan rápido que ni siquiera me dio tiempo de ir del ring a mi palco. Después de la pelea, Deontay dijo que se sentía "poseído" dentro del ring. "Estaba como afuera de mi cuerpo, viéndome golpear a ese hombre", contó en el podcast *In the Corner*. Sé que fue capaz de llegar a ese estado porque yo lo ayudé a llegar a él. Antes de que hablara con él, Deontay iba a entrar al ring desconcentrado. Después de nuestra charla, subió al cuadrilátero con una concentración de acero, que es lo que necesitas cuando tu oponente quiere partirte la cara.

Le di una charla parecida a Floyd Mayweather antes de su pelea con Victor Ortiz. Cuando entré al vestidor antes de la pelea, de inmediato me incomodó lo relajado que se veía Floyd. Me quedó claro que Floyd y su equipo creían que la pelea iba a ser un picnic. Pero yo no iba a permitir que Floyd cayera en esa trampa.

No fui el único que notó que Floyd estaba demasiado despreocupado. "Sin duda parece que está en su oficina", dijo el comentarista de la televisión mientras Floyd avanzaba lentamente hacia el ring. "No está preocupado. No hay miedo. No hay mariposas en el estómago."

La confianza es maravillosa, pero tenerla en exceso puede vulnerar a cualquier boxeador. Antes de una pelea, el peleador *debe* sentir mariposas;

debe estar un poco nervioso. Debe sentir que está a punto de encontrarse con alguien que está intentando matarlo, porque eso es justo lo que va a pasar. Ni siquiera alguien como Floyd, quizás el mejor boxeador defensivo de todos los tiempos, puede permitirse sentir que su oponente no es capaz de arrancarle la cabeza de un golpe.

Necesitaba sacar a Floyd de ese estado. Si no podía asustarlo, supuse que al menos podría hacerlo enojar. Ortiz no había mostrado ninguna hostilidad hacia Floyd antes de la pelea; si acaso, la energía de Ortiz decía: "Gracias, Floyd, en verdad aprecio la oportunidad". Me preocupaba que Floyd comenzara a sentir una energía amigable hacia Ortiz. Necesitaba colocarlo en una mentalidad agresiva.

Si ves el video de esa pelea, mientras Floyd y yo caminamos hacia el ring, le susurro algo al oído. Las cámaras no lo captaron, pero esto fue lo que le dije:

—Mata a ese vago. Quiere asegurarse de que tus hijos no tengan que comer.

—¿Qué dijiste, Fif? —respondió Floyd.

—Ese hijo de puta quiere quitarles a tus hijos la comida de la boca. NO. LO. DEJES.

Cuando le dije eso, fue como si hubiera entrado en un trance. Primero, comenzó a pisotear, luego entró corriendo al ring, decidido.

Floyd noqueó a Ortiz en el cuarto asalto.

Después de la pelea, todos nos apretujamos en una camioneta y volvimos al hotel de Floyd. En cuanto salimos, Floyd comenzó a gritar: "¡Hey, Fif me dijo montones de mierda!". Estaba feliz porque sabía que lo había llevado a la mentalidad correcta. Antes de hablarle al oído, Floyd probablemente estaba sintiendo algo de lástima por Ortiz. Quizá no quería darle con todas sus fuerzas. Pero yo corregí esa situación. Noquéalo y asegúrate de que el dinero vaya a donde tiene que ir. Y eso fue lo que Floyd hizo.

Cuando comencé a hacer el casting de *Power*, tenía a una persona en mente para el papel protagónico, Ghost: Omari Hardwick. Había visto a Omari en la película *Traficantes por error* y consideré que podía ser la figura principal de una serie exitosa.

La cadena tenía a otros actores en mente, pero yo estaba enfocado en Omari. Para mí, él era la personificación de la inteligencia, masculinidad, impredecibilidad y violencia de Ghost. Sólo necesitaba lograr que Starz lo viera así también.

Cuando comenzó el proceso de selección del reparto, llevamos a Joe Sikora para que leyera el papel de Tommy. No te sorprenderá saber que Joe lo hizo de forma espectacular. Se sintió comodísimo con el personaje desde la primera página. La energía en la habitación se volvió eléctrica mientras él decía sus diálogos. En cuanto salió de la audición, nadie tuvo que decir nada: Joe tenía el papel.

El siguiente fue Omari. Yo estaba emocionado; había pasado semanas vendiéndoselo a los ejecutivos del canal. Ahora era su momento para demostrar que tenía razón. Pero, a diferencia de Joe, la audición de Omari fue muy plana. Leyó los diálogos, pero le faltaba energía. Era evidente que no estaba conectando con el personaje. Algo no andaba bien. Cuando la audición de Omari terminó y él salió de la habitación, uno de los ejecutivos me miró y dijo: "Lo siento, pero no creemos que él sea el indicado".

Entendí por qué sintieron eso, pero yo aún creía que Omari podía interpretar a Ghost. Sólo necesitaba ayudar a Omari a verlo también. Así que le llamé esa misma noche.

—Hey, ¿estás bien? —le pregunté—. No parecía que lo estuvieras disfrutando mucho.

—Sí, estoy bien.

—Bueno. Pero me están diciendo que no están seguros de que tú seas lo que están buscando. ¿Qué vamos a hacer?

—Bueno, si eso es lo que piensan, deberían dárselo a alguien más.

Ésa no era la respuesta que estaba buscando. Significaba que la conversación iba en la dirección equivocada. Tenía que darle la vuelta a Omari y prepararlo para pelear por el papel, en vez de sentirse derrotado.

—Hablas de que se lo den a alguien más, pero ¿qué vas a hacer después? —le pregunté—. ¿Te sientes tan cómodo con el estatus de tu carrera que eres capaz de alejarte de un papel protagónico sin dar guerra? ¿Tienes un plan B para cuando alguien más consiga el papel y se lleve toda la gloria? Si es así, qué bien. Si no, más te vale regresar ahí y leer el papel como sé que puedes.

Omari seguía diciéndome que no le importaba si perdía el papel, pero yo sabía que en realidad no era lo que pensaba. Era sólo su ego hablando. Estaba decepcionado de que los ejecutivos no hubieran reaccionado de forma positiva a su audición. Omari sabía que podía actuar; sólo estaba internalizando la información en vez de representarla.

—Escúchame, hay una razón por la cual tu nombre es el primero en la hoja de llamados —le dije—. Yo insistí en que tu nombre fuera el primero. Y la razón por la que lo hice fue porque te vi en *Traficantes por error*. Sé que puedes romperla en este papel. Lo escribimos pensando en ti. Vas a ser la estrella de una serie de televisión interpretando a Ghost. No dejes que tu ego te haga tropezar. Si esos ejecutivos no creen que seas el indicado, ve allá y demuéstrales que lo eres.

Por fin, comenzó a ver las cosas a mi manera. Hablamos sobre las motivaciones de Ghost y posibles historias futuras. Su energía iba en aumento. Empezaba a ver lo que yo veía.

—Tienes razón, 50 —me dijo—. Puedo ser este tipo.

Hacia el final de la conversación, estaba emocionado y listo para volver a leer. Organicé la audición para el día siguiente; esta vez, Omari estaba enfocado. Tenía porte y se veía amenazador, pero había también una profunda inteligencia en su mirada. Estaba en la zona. Era Ghost.

Hoy, resulta casi imposible pensar en alguien que *no* sea Omari para ese papel. Pero hubo un momento en el que Omari estuvo preparado para dejar pasar la oportunidad sin oponer resistencia. ¡Qué gran error habría sido! No sólo habría tenido un impacto negativo en *Power*, sino que le habría costado a Omari muchas de las oportunidades que trae consigo ser la estrella de una serie exitosa. Ahora es un gran nombre, con varias películas a punto de salir en cine, gracias a lo que ha hecho como Ghost.

Para poder sacar lo mejor de las personas que te rodean, a veces tienes que expresar con claridad y fuerza las oportunidades que visualizas para ellas. Que tú las veas no significa que ellas las ven también. Si alguien no responde o aprovecha esas oportunidades que creaste para él o ella, tendrás que llevarlos a ese lugar. Es la definición literal de un "líder".

No puedes formar un equipo y esperar que todos sepan de manera innata qué es lo que deben hacer. Así es como surgen la confusión y la frustración. Si alguien no está en modo competitivo, es tu responsabilidad activar ese modo en él. Ya sea tu lugarteniente o la persona de más bajo rango en tu organización, necesitas poder expresar no sólo a dónde necesitas que esa persona vaya, sino también los pasos que necesita emprender para llegar ahí.

Poner a la gente en el camino correcto requerirá que atenúes su competitividad y su arrogancia la mayor parte del tiempo. Ayudarlos, como en el caso de Bang 'Em Smurf, a ser un poco más realistas respecto a sus capacidades y su posición. Pero, en ocasiones, como con Omari, tendrás que adoptar el enfoque contrario. Tendrás que elevarlos un poco. Recuérdales de qué son capaces. Cree en ellos de forma tan explícita que, con el tiempo, ellos comiencen a creer en sí mismos.

La clave es entender que diferentes personas requieren estrategias distintas. No puedes entrenar a todos los jugadores de la misma manera. Si le hubiera ladrado a Omari de la misma forma en que le ladré a Bang 'Em, Omari nunca habría salido de su caparazón. De igual forma, si hubiera motivado a Bang 'Em como hice con Omari, Bang 'Em habría estallado. Acepta que todos en tu equipo van a tener sus propios complejos, problemas e inseguridades, para luego lidiar con ello con la energía apropiada. No puedes tener una mentalidad única para ejercer el liderazgo de forma eficaz. Necesitas ajustar tu enfoque frente a cada persona de tu equipo para lograr aprovechar su potencial al máximo.

APRENDER A CONFIAR OTRA VEZ

El 30 de agosto de 2012, estaba en mi oficina, trabajando en los planes promocionales para "New Day", una canción que había hecho con Alicia Keys, cuando recibí una llamada urgente de un amigo. Tenía noticias devastadoras: Chris Lighty, mi gran amigo y manager, había muerto.

Estaba parado en una oficina bulliciosa, pero, cuando oí las palabras "Chris está muerto", fue como si todo el ruido que me rodeaba se hubiera apagado. "No puedo creer que oí lo que acabas de decir", le dije a mi amigo. "Repítelo para que me asegure de que te estoy escuchando bien."

Pero no hubo ningún malentendido, ningún error. Chris Lighty, el hombre que me ayudó a navegar por los picos y los valles de mi carrera, se había ido.

Lo más devastador era que decían que se había suicidado. Ese Chris Lighty, una de las personas más inteligentes, seguras de sí mismas y motivadas que había conocido, decidió quitarse la vida.

Hasta el día de hoy, hay algo que no me termina de cuadrar.

La muerte de Chris fue un golpe en varios niveles. Lo más devastador, por supuesto, fue saber lo que su pérdida significaría para sus hijos. Su hija Tiffany y yo éramos particularmente cercanos, y sé que ella lo idolatraba. En cuanto supe que había fallecido, juré que siempre cuidaría a Tiffany en su ausencia. He intentado cumplir con mi promesa y hasta reescribí mi testamento para incluirla. Apoyo tanto a Tiffany que ni siquiera perdí la cabeza el día que rompió uno de los espejos de mi Lamborghini cuando la dejé conducirlo. ¡Así es como sabes que es amor de verdad!

Más allá del impacto en su familia, me preocupaba también lo que la muerte de Chris significaría para mí. De todos mis colaboradores, Chris era sin duda el más cercano. Lo conocí al inicio de mi carrera, cuando estaba promocionando mis *mixtapes*. A pesar de que él creció en el Bronx y era un poco mayor que yo, sentí como si llevara toda la vida conociéndolo. Nuestros contextos y nuestras energías eran muy similares.

Chris, quien entonces se hacía llamar Baby Chris, había surgido del Bronx con una banda llamada Violators. Pasó de robar cadenas en los clubes a llevar los discos del legendario DJ Red Alert. Esa relación lo convirtió en el manager de giras de grupos como A Tribe Called Quest y De La Soul. Después alcanzó el éxito como ejecutivo en Def Jam, antes de lanzar Violator, su compañía de gestión, junto a Mona Scott.

Así como siempre intento encontrar el equilibrio entre 50 Cent y Curtis Jackson, dentro de Chris había dos lados muy distintos. Chris Lighty, el ejecutivo, podía sentarse en una sala de juntas y cerrar un trato multimillonario sin problemas. Pero Baby Chris, el del Bronx, podía abofetearte si hacías demasiadas tonterías frente a él. Los dos estábamos siempre en esa cuerda floja entre respetar nuestras raíces callejeras y mostrar nuestro carácter corporativo.

Por esa razón, nos entendíamos a un nivel muy profundo.

Con Chris, por primera vez en la vida tuve a alguien fuera de mi familia inmediata en quien confiaba de forma implícita. Le confiaba mi dinero. Le confiaba mis visiones. Le confiaba mi futuro. Es una confianza que, como ya he dicho, me cuesta mucho construir.

No me di cuenta de cuánto confiaba en Chris hasta que, poco después de que murió, tuve que comparecer en una audiencia sobre uno de mis negocios. Mientras un abogado me interrogaba sobre cómo operaba mi empresa, comencé a percatarme de que mi respuesta a casi todas las preguntas era: “Eso es algo de lo que Chris se encargaba”. Me llevó a entender el enorme papel que Chris tuvo en mi carrera.

He batallado mucho por llenar ese vacío desde que Chris se fue. Sé que nunca voy a encontrar a otro manager como él, pero debe haber alguien con cualidades similares que pueda ayudarme, alguien que pueda quitarme un poco de la carga y permitirme enfocarme en el panorama más amplio, alguien que pueda aconsejarme y ayudarme a obtener logros aún más grandes, alguien que entienda a 50 Cent *y* a Curtis Jackson.

Comencé este capítulo diciendo que el mejor atributo de los empresarios exitosos es saber evaluar el carácter de las personas. Así que la pregunta que tengo que hacerme es: ¿he perdido la fe en mi capacidad para juzgar a la gente? ¿O he tenido inquietudes al considerar abrirle mi vida y mi carrera a alguien como hice con Chris? Porque, para dejar que un manager en verdad haga su trabajo lo mejor posible, tienes que dejarlo entrar a casi todos los aspectos de tu vida.

Creo que la respuesta es que he sido demasiado cauteloso al intentar encontrar a otro Chris. Una de las metas que tengo que alcanzar es recuperar la confianza en mi capacidad para leer y evaluar a la gente. Siempre he sido muy seguro en esa área, así que necesito aprovechar ese talento y comenzar el proceso de construir esa confianza con alguien más. Abrirle tu vida a alguien nuevo puede resultar intimidante, pero, cuando eliges a la persona correcta, también se vuelve muy provechoso.

4

SABER CUÁNTO VALES

Calcula cuánto vales. Luego, súmale los impuestos.

—ANÓNIMO

¿No sería increíble que siempre te pagaran lo que vales sin tener que pelear por ello? ¿Que cada vez que busques un nuevo puesto, intentes negociar un aumento o pidas un bono, te compensen de forma justa?

Por desgracia, la vida no suele funcionar así. Si acaso, ocurre lo contrario.

Siempre que trabajas para alguien más, esa persona intentará pagarte menos de lo que vales. No importa si se trata de un "buen tipo", de un amigo o, incluso, de un familiar. Si puede ahorrarse unos centavos, intentará hacerlo a costa tuya. Y ni siquiera se vale que te enojes; así son los negocios.

Lo que *sí* puedes hacer es ser estratégico. Asegúrate de que, en vez de que te pasen por alto, te hagan un lado o te estafen, siempre recibas el máximo valor por tus esfuerzos.

No es tan difícil como parecería. Lo más sorprendente de todo es que, a veces, la mejor manera de extraer ese valor máximo es eligiendo *no* negociar con tanta dureza como puedas.

Gimme the loot
[Dame el botín]

I got my mind on my money, and my money on my mind
[Tengo la mente puesta en mi dinero y mi dinero en mente]

Fuck you, pay me!
[¡Vete al carajo y págame!]

Esas letras clásicas del hip-hop y tantas otras similares ayudaron a reconfigurar la actitud de la gente con respecto a exigir lo que sabían que merecían. Esa energía es una de las máximas contribuciones culturales del hip-hop. Los Isley Brothers son lo más *funky* de lo *funky*, pero no proyectan esa energía de "vete al carajo y págame". Earth, Wind & Fire me encanta tanto como a cualquiera, pero ellos no incitan a la gente a exigir un aumento.

El hip-hop sí transmitía esa energía, pero en esteroides y con un *chaser* de Red Bull. Hicimos que la idea de cobrar todo lo que había que cobrar fuera un pilar de nuestra cultura. Los críticos no quieren admitirlo, pero sin duda el hip-hop empoderó a la gente para que se valiera por sí misma como no lo había hecho antes ningún otro movimiento artístico.

En mi papel de 50 Cent he fomentado esa mentalidad tanto como los demás. Desde el primer instante en que tomé un micrófono, me he dedicado a rapear sobre ganar dinero. Si vas a tu teclado y buscas la palabra "págame", mi cara es literalmente una de las primeras cosas que aparecerán en los gifs. Me enorgullece haber contribuido a esparcir esa energía.

Pero ¿qué ha hecho Curtis Jackson? Él ha adoptado un enfoque más matizado.

Con los años he aprendido que, aunque la energía de la exigencia de "págame" es muy poderosa, hay que ponerla en práctica de forma muy concienzuda. Si me lanzo a una situación con un aura que grita "Dame el botín, dame el botín", aunque eso sea propio de la personalidad de 50 Cent, también podría frenar varias cosas antes de que siquiera comiencen a moverse hacia el destino deseado.

Hoy en día soy sumamente estratégico con respecto a cómo afrontar las nuevas oportunidades. En vez de enfocarme en qué tan grande puede ser el pago inicial, intento evaluar todas las maneras en que la situación podría beneficiarme, aun si entre ellas no hay un cheque.

Si acaso hay un sello distintivo de mi carrera fuera del rap, es mi capacidad para saber valorar situaciones inesperadas. Si sólo hubiera seguido el típico "manual del rapero", no habría hecho carrera fuera de la música. Un par de patrocinios y, después de eso, a la comunidad de retiro del hip-hop.

Sin embargo, siempre tuve otros planes. Estaba dispuesto a obtener todo el dinero que mi talento merecía, aun si eso significaba dar unos cuantos pasos poco ortodoxos.

EL TRATO IDEAL EXISTE: ¡ESPÉRALO!

Ya que en la calle me conocen como un tipo bastante agresivo y que emprende acciones con rapidez, quizá sea raro afirmar que una de mis principales fortalezas para negociar es, en realidad, mi paciencia.

No importa cuánto dinero haya sobre la mesa, cuánto me estén presionando o qué tan bien o mal haya salido mi último negocio, siempre esperaré hasta encontrar el mejor trato antes de comprometerme.

El mejor ejemplo fue mi decisión de firmar con Shady Records, de Eminem, e Interscope. Es una decisión que, en retrospectiva, parece obvia, un paso lógico que cualquiera habría dado. Tal vez lo sea, pero te aseguro que en ese entonces no era tan obvia. Mucha gente (incluyendo a varias personas muy respetadas en la industria musical) me tildaron de loco por rechazar algunos de los tratos que me habían ofrecido antes.

Para que entiendas por qué me sentía así, déjame ponerte en contexto.

Mi primer contrato fue con la disquera de Jam Master Jay, JMJ Records, el cual firmé cuando tenía unos veintiún años. Jay fue quien me enseñó a armar una canción. Antes de conocerlo, soltaba rimas con un cierto ritmo, pero sin dirección alguna. Jay me formó. Me hizo bajar las revoluciones y me enseñó a incorporar melodía y estructura a una canción para que fuera completa y exitosa.

Para mí era esencial desarrollar esas habilidades, pero, al final del día, JMJ no era una disquera *real.* Era más bien una compañía de producción. Jay tenía un estudio en el que grababa con los artistas (y donde, por desgracia, lo asesinarían tiempo después). Una vez que consideraba que un artista estaba lo suficientemente pulido, le llevaba su música a una disquera "real", como Atlantic o Def Jam, para vendérsela a su departamento de desarrollo artístico. Si a la disquera le gustaba el material, Jay firmaba un contrato a nombre de JMJ. Luego, en teoría, al artista se le pagaría con el acuerdo de Jay.

Yo no sabía que así funcionaban las cosas; creía que, una vez que había firmado con Jay, oficialmente había "llegado". Nunca me atrevería a decir que soy el más inteligente, pero sí soy capaz de entender las cosas muy rápido. Una vez que comprendí que JMJ no iba a lanzar mis discos de forma directa, dije: "No, así no", y pedí que me liberaran del contrato. Jay no me quería dejar salir ileso, así que terminé pagándole cincuenta mil dólares para rescindir el contrato.

Después, me junté con el dúo de productores Trackmasters. A través de ellos logré conseguir un contrato "real" con Columbia Records. Grabé un montón de canciones para mi álbum debut, pero luego las cosas se detuvieron (más adelante te contaré por qué). Antes de que el álbum pudiera salir al mercado, me dispararon. Cuando comenzaron a circular los rumores sobre quién me había disparado, Columbia entró en pánico y me dio las gracias.

En ese momento, yo tenía casi veinticinco años. Era muy joven para ser maestro, doctor o abogado, pero no tan joven para una cultura tan enfocada en la juventud como es la del hip-hop. Lo peor de todo es que me veían como si fuera mercancía dañada. Además de ser baleado, ya había torcido un brazo para salirme de un contrato y había perdido el otro con una disquera importante. La mayoría de la gente en la industria no consideraba que valiera la pena el dolor de cabeza que implicaría contratarme.

Muchos raperos en mi situación se habrían sentido muy inquietos. Se habrían preocupado por que sus sueños estaban por escurrírseles entre los dedos. Asediados por la ansiedad y la confusión, si una disquera —la que fuera— les hubiera ofrecido un contrato, lo habrían firmado ese mismo día.

Sin embargo, yo no pensaba así. No me importaba qué me había sucedido antes; no estaba dispuesto a firmar nada a menos que supiera que era el mejor trato para mí, tanto en ese momento *como* a futuro. Mi pasado no iba a nublar mi visión para el futuro.

El primer contrato que me ofrecieron fue en Universal. Dijeron que me querían, pero, cuando un abogado revisó el contrato, descubrí que lo que en realidad me estaban ofreciendo era un proyecto conjunto por 1.3 millones de dólares para un disco solista y un proyecto con G-Unit. Me quedó claro de qué se trataba: era una forma de trabajar conmigo que al mismo tiempo les permitía proteger su dinero tanto como fuera posible.

Yo no estaba buscando asociarme con alguien que no estuviera preparado para entrar de lleno conmigo. Rechacé a Def Jam.

Luego un tipo de Capitol Records llamado 3H me buscó. Me llevó a Los Ángeles, que fue mi primer viaje a la costa oeste. Cuando llegué, me sorprendió ver que era sólo un niñito blanco. Me pareció una locura que ya tuviera tanto poder en la industria, pero respeté que hubiera hecho las maniobras necesarias para llegar hasta ahí. Estaba hambriento y era arrogante, como yo. Me sentí muy tentado a trabajar con él.

Sin embargo, su jefe en Capitol reculó. Le dijo a 3H que yo era "demasiado aterrador" y que "no quería guardaespaldas" en su casa. No estaba del todo equivocado: me rodeaba un aura amenazadora, y llevaba guardaespaldas a dondequiera que fuera. Además, no intentaría convencer a alguien que no fuera capaz de ver mi valor. Por más que me agradara 3H, sabía que Capitol no era el entorno ideal para mí.

En aquel entonces me representaba Violator. Chris era mi manager y alguien a quien acudía en busca de consejo. Me apoyó cuando no acepté esas ofertas, pero me di cuenta de que no le fue fácil.

A Chris le preocupaba que invertir en mí valiera la pena. Sí, las calles estaban locas por mis *mixtapes*, pero mi pasado me perseguía también. La movida más segura habría sido aceptar alguna de esas ofertas y lanzar mi álbum debut.

Las cosas se complicaron todavía más cuando Todd Moscowitz, quien trabajaba con Chris en Violator, me consiguió una oferta en J Records. Todd dijo que sería la oportunidad perfecta. Trabajaría con Clive Davis, que es una leyenda de la industria, lo que apaciguaría muchos de los miedos que la gente tenía respecto a mí, así que Todd insistió en que firmara con J Records.

Casi al mismo tiempo que Todd hacía su jugada con J Records, me enteré de que Eminem tenía interés en contratarme con Shady Records, su sello dentro de Interscope. Supe de inmediato que *ésa* era la oportunidad ideal. *The Marshall Mathers LP* acababa de vender veintidós millones de copias. Eminem era la razón por la que muchísimos fans blancos comenzaban a aceptar la cultura del hip-hop. Era el tipo de asociación que puede presentarse sólo una vez en la vida, si tienes suerte.

Me enfrentaba a una decisión difícil. Hoy en día, la gente cree que habría tenido éxito sin importar con quién hubiera firmado. Si entras en los chats y blogs, verás incluso a fans diciendo cosas como "50 estaba tan en llamas que podría haber firmado con Koch y habría vendido los mismos discos".

Sí, estaba en llamas, pero, aunque mi ego querría creer lo contrario, mi carrera no habría tenido ni remotamente la misma trayectoria si hubiera firmado con cualquier otra disquera que no fuera Interscope. Ni con Koch, ni con Def Jam, ni con J Records. Y no era sólo la presencia de Eminem; Interscope me dio acceso a Dr. Dre, uno de los mejores productores de todos los tiempos. Ninguna otra oferta habría podido igualar el inmenso poder de ese equipo.

Sabía que todos mis fracasos y errores me habían preparado para ese momento. Cuando esa puerta se entreabrió, no necesité ni un pequeño empujón para aventarme y entrar.

Sin embargo, antes de poder dar ese paso, tenía que quitar a Todd Moscowitz del camino. El contrato con J Records significaría dinero para Violator; el contrato con Eminem, no. Todd se negaba a ceder. Así que algunos miembros de mi banda y yo tuvimos que ir a Violator a discutir la situación.

Todd se mostró agresivo y explicó que teníamos la obligación contractual de firmar el acuerdo que él había conseguido. Miré a Chris en busca de ayuda, pero él sólo se encogió de hombros, como para decir que tenía las manos atadas. Estaba atrapado entre lo que era mejor para su artista y lo que Todd creía que era mejor para su empresa. Era una situación surrealista: estaba escuchando a ese tipo con saco y zapatos de vestir intentando convencerme de dejar pasar una oportunidad única en la vida y conformarme con lo que yo sabía que era un contrato menos beneficioso.

Lo que Todd dijo no nos sentó bien ni a mi gente ni a mí. Externamos nuestras inquietudes, y quizá lo hicimos de forma un tanto agresiva: recuerdo que, en un momento, Todd salió corriendo de su oficina y bajó las escaleras hacia la calle, haciendo un escándalo en todo el trayecto con sus zapatos de vestir. Sobra decir que eso fue lo último que oímos sobre la posibilidad de firmar con J Records. Interscope sería mi nuevo hogar.

Todos sabemos cómo salieron las cosas. Me convertí en una de las estrellas más grandes en la historia del hip-hop. Pero debo reiterarlo: en ese momento, la decisión no era tan obvia.

Lo más difícil fue decirle que no a Violator. No me importaba un carajo lo que Todd Moscowitz quisiera, pero Chris era un buen amigo mío. Rechazar a J Records lo puso en una situación complicada. Se había quedado a mi lado cuando muchos otros me abandonaron. Me dijo siempre la verdad cuando otros sólo querían dorarme la píldora. Habría sido mucho más fácil firmar con J Records, cobrar un buen cheque y hacerlos felices a todos. Habría sido una concesión con la que mucha gente habría podido vivir.

Pero yo no.

No puedes, bajo ninguna circunstancia, hacer concesiones cuando lo que está en juego es *tu* visión. Tienes que estar preparado para nadar a contracorriente y perder dinero —incluso si eso pone en riesgo tus relaciones— hasta que estés seguro de que encontraste la oportunidad correcta.

¿Te casarías con alguien sólo porque te pidió matrimonio? ¿O porque a tus amigos les parece que es un gran partido? Espero que no. Uno no hace un compromiso así sólo porque alguien más quiere que lo hagas. No importa si estás soltera, tienes treinta y siete años y, cada vez que hablas con tu madre, lo primero que sale de su boca es: "¿Y los nietos para cuándo?". Tienes que estar cien por ciento convencida de que es la persona correcta antes de siquiera pensar en decir sí.

¿Harías una oferta para comprar una casa sólo porque el agente de bienes raíces ya está harto de mostrarte propiedades y quiere su comisión? ¡Ni de broma! Buscas a otro agente y sigues yendo de casa en casa hasta que encuentres una que esté dentro de tu presupuesto y en la que te emocione pasar el resto de tu vida.

Cuando te conformas con algo, muestras falta de seguridad. Si tu camino no ha sido sencillo, quizás empieces a cuestionar qué tan válido es lo que estás haciendo. Quizá sea mejor que tomes la primera oferta que se te ponga enfrente, en caso de que no vuelva a haber otra. Cuando empiezas a pensar así, ya perdiste el espíritu de buscavidas.

Hace poco hablaba con un amigo que estaba teniendo problemas para encontrar esa seguridad en sí mismo. Había comenzado un negocio desde cero y le dedicó cuerpo y alma. Tras años de trabajo duro, alcanzó el éxito, y grandes compañías comenzaron a hacerle ofertas. Estudió hacia dónde iba la industria y decidió que era el momento correcto para vender. Entró en negociaciones con una empresa y pasó meses y meses refinando las condiciones de la venta. Gastó miles de dólares en abogados. Pero luego, justo antes de firmar los papeles, la otra empresa se retractó. El negocio se murió.

Mi amigo se quedó anonadado. El asunto lo dejó hecho mierda. Ya estaba planeando comprar la casa de sus sueños con sus ganancias, así como las vacaciones que tomaría con sus hijos. Había visualizado todos esos ceros en su cuenta que en un instante se esfumaron.

Se deprimió. Sentía que había gastado demasiado tiempo y dinero en vano. La idea de comenzar a negociar otra vez le generaba ansiedad. Les dijo a sus abogados que encontraran cuanto antes el primer trato que apareciera.

No le importaba si era la oportunidad ideal, ni el potencial que tendría a largo plazo. Sólo quería concretar algo. Había perdido la confianza en su valor.

Era el momento de una arenga. Necesitaba reconectarse con el espíritu de buscavidas que lo había llevado a comenzar aquel negocio. Lo reconforté diciéndole: "Recuerda que, si a una persona le interesó, eso significa que tu idea tiene valor. No entres en pánico. No te conformes con algo si no es lo correcto. Hay compañías que se aprovechan de las personas que están en tu situación. No caigas en su trampa. Regresa a trabajar y espera a que aparezca el socio correcto".

Tuve que decirle algo sobre su incertidumbre porque entendía qué era lo que estaba sintiendo. Cuando pones todo lo que tienes en algo y ese algo no resulta, la inseguridad asoma la cabeza. Es cuando estás vulnerable. Los depredadores percibirán tus titubeos e intentarán aprovecharse de ellos.

Sentí esa misma vulnerabilidad cuando Columbia me dejó ir. La duda comenzó a sabotear mi energía. Es probable que mis fans no lo notaran, pero ahí estaba. Por fortuna, mi espíritu de buscavidas fue más fuerte que cualquier sensación pesimista que pudiera haberse infiltrado en mi alma.

Tuve la confianza y la paciencia suficientes para esperar hasta tener la oferta correcta enfrente. Creí en mi valor y, con el tiempo, recibí una recompensa por ello.

En apenas un par de años, pasé de ser abandonado por una disquera a lanzar uno de los álbumes de hip-hop más exitosos de la historia. ¿Y los tipos junto a los que me sentaba y con los que trabajaba? Ellos dirían que tuve suerte de que Interscope me buscara. Pero, como diría mi abuela, "Genuinamente fuiste bendecido".

Podrá parecer obvio, pero la gente no siempre entiende el valor de una asociación sólida. A veces —y esto les ocurre sobre todo a los artistas— nos enfrascamos tanto en los halagos que recibimos que no creemos necesitar a nadie que nos apoye. Creemos que son lo único que hace falta para lograr las cosas. Ser seguro de uno mismo es muy bueno, pero nunca debes dejar que tu ego te impida formar asociaciones que te harán llegar más lejos de lo que lo harías por tu cuenta.

Esto lo vi de primera mano con un rapero de Filadelfia llamado Gillie Da Kid. Apareció en mi radar gracias al legendario DJ de Filadelfia Cosmic Kev.

En ese momento, yo estaba en la cima después de mis primeros dos álbumes, y la gente se interesaba en mostrarme a sus artistas. Kev era un veterano, así que sabía que la mejor forma de llamar mi atención era acercándose a mí con humildad. "Hey, nunca te he pedido nada", me dijo, cosa que era cierta. "Pero necesito que escuches las rolas de Gillie, porque la va a armar."

Respetaba mucho a Kev, así que escuché el material. Tenía razón: tenía todo para ser un hit. La canción me gustó tanto que decidí *llevar* a Gillie a Interscope. Si acaso este término no queda claro, "llevar" significa que, en vez de que él le presentara su música a alguien en el departamento de Desarrollo Artístico, yo la llevaría directamente a los altos ejecutivos.

Que alguien *te lleve* es lo que más quieres cuando eres artista. Te permite saltarte a todas las personas de nivel bajo y hablar de frente con la gente de arriba. Es especialmente útil si la persona que te está *llevando* acaba de vender veinticinco millones de copias con esa disquera. Eso te garantiza recibir la atención de todos.

Le puse la canción a uno de los altos ejecutivos. Al principio no estaba tan convencido como yo, pero luego le conté mi plan.

—Mira, no creo que tenga caso poner a Gillie dentro de G-Unit— le expliqué. No sabía si su sonido encajaría con lo que estábamos haciendo en ese entonces—. Pero, si ustedes lo firman, yo le daré todo mi apoyo al proyecto. Yo le doy la gasolina.

—Ah, eso cambia las cosas. Vamos a hacerlo —me respondió el ejecutivo.

Si yo le ponía mi sello al proyecto, sabían que iba a vender.

Mandé decirle a Gillie que había una oferta de Interscope sobre la mesa. No recuerdo cuánto le estaban ofreciendo, pero sí que era una cantidad justa. Al parecer, Gillie no lo vio de la misma manera. "Nah, a la mierda. Necesito un millón para firmar con ellos", respondió cuando Kev le dio la cifra.

Su respuesta me sorprendió, pero, por respeto a Kev, volví a reunirme con los ejecutivos y les dije lo que Gillie quería. Les parecía que estaba fuera de lugar ofrecerle un millón a alguien que aún no tenía mucha historia. Estaban dispuestos a sumarlo al equipo, pero no por un millón de dólares de entrada.

Gillie no cedió. La gente intentó convencerlo de que necesitaba impulso al principio. Pero él tenía la mente fija en ese millón de dólares. Y, cuando Interscope se negó a dárselo, rechazó la oferta. Fue un grave error de su parte.

Su equivocación consistió en acomodarse en una zona donde el dinero lo era todo. Su visión era demasiado limitada. Otro factor fue su entorno. Fili es una ciudad bastante grande, pero su comunidad de raperos es muy pequeña. Todo el mundo sabe qué están haciendo los demás, así que Gillie seguro había oído por cuánto firmó Beanie Sigel o cuánto le habían dado a Philly's Most Wanted, y supuso que él tenía que estar al mismo nivel.

Ésa es la forma equivocada de evaluar un contrato. En vez de enfocarse en cuánto le pagaron al de al lado, debió haberse concentrado en la oportunidad más grande, que era tenerme detrás de su proyecto. Con el empuje que yo traía, le habría dado a su proyecto todo el impulso que necesitaba y hasta más. No tengo duda alguna de que, con mi sello de aprobación, Gillie habría ganado mucho más que un millón de dólares con Interscope.

En vez de eso, firmó con otra disquera y varios años después lanzó un álbum que nunca recibió el apoyo ni la atención necesarios. Y eso fue todo. Nunca tuvo su gran momento, a pesar de su talento. Hoy, Gillie es un respetado veterano en la escena de Fili y tiene un podcast popular, pero como rapero nunca alcanzó el nivel de éxito que debió haber tenido.

ENFÓCATE EN EL POTENCIAL, NO EN EL CHEQUE

Recuerda cómo evalué el trato con Eminem y toma en cuenta los aspectos positivos en los que me enfoqué: los talentos de élite con los que trabajaría, la falta de competencia interna y el acceso a una nueva base de fans.

Ahora piensa en lo que no mencioné: el dinero.

Sabía que la cifra que acordáramos terminaría siendo irrelevante en comparación con lo que ganaría a largo plazo con el plan adecuado. Mi bono de contratación con Shady Records fue "sólo" de un millón de dólares. Pero terminé ganando tanto dinero con ese contrato que el bono de contratación era casi intrascendente.

Podrá sonar ilógico, sobre todo dentro de un capítulo titulado "Saber cuánto vales", pero el primer cheque nunca debe ser tu principal preocupación. Siempre enfócate en el potencial a largo plazo.

Ésa fue la idea en la que basé una las mejores decisiones de negocios que he tomado en la vida: mi asociación con Vitamin Water en 2004. Hoy en día, la gente celebra que haya tomado esa decisión, pero, al igual que cuando firmé con Eminem, al principio estaban confundidos.

Eso incluye a Chris Lighty, quien se mostró escéptico cuando le dije que quería invertir en una compañía de agua. "¿Vender agua? ¿Vendérsela a quién?" En aquel entonces, muchos raperos se estaban llenando los bolsillos promoviendo licores como Hennessy y Courvoisier. En la mente de Chris, el alcohol era el mercado en el que había que invertir.

Sin embargo, mi idea descabellada tenía fundamentos. Sabía por experiencia que la gente no siempre toma alcohol en los conciertos. Tal vez sean menores de edad o no quieren desembolsar veinte dólares por una cerveza tibia. Y algo que siempre está disponible y es popular en cualquier concierto es el agua. Es la bebida más vendida en cualquier evento.

Un día, iba caminando por el pasillo del agua en el supermercado cuando caí en cuenta de que una marca "premier" vendía su agua por tres dólares. Luego vi que las marcas normales estaban alrededor de 75 centavos. Pensé: *Si me vendaras los ojos, no habría forma de distinguir entre una y otra.* La única diferencia era que las marcas *premium* habían hecho un mejor trabajo para posicionarse y promoverse. Ésa fue otra revelación. Nunca se me habría ocurrido, pero, al igual que con el alcohol, es posible subir el precio del agua para inflar tu marca.

Y eso sin mencionar que el agua representa de forma mucho más auténtica mi estilo de vida. En realidad casi no tomo alcohol, pero sí bebo muchísima agua. Y, ya que tomo tanta, sé que sólo tomar agua simple puede volverse muy aburrido. Para animar un poco las cosas, comencé a tomar agua saborizada. Un día, mientras entrenaba en un gimnasio en Los Ángeles, el instructor me dio una botella de algo llamado Vitamin Water. Le di un sorbo y me gustó tanto que hice la nota mental de que era una compañía en la que debía invertir. Para asegurarme de no olvidarlo, guardé la botella vacía en mi maleta del gimnasio.

Cuando regresé al hotel, llamé a Chris y le conté del agua saborizada que tanto me había gustado. Chris investigó un poco y encontró que la distribuía una empresa llamada Glacéau, que, coincidentemente, tenía su sede en Queens. Ante mi insistencia, decidimos que ésa sería la marca con la que debía trabajar.

Una vez que convencí a Chris de mi visión, hicimos un plan. Durante un comercial para mis zapatos deportivos Adidas en el que aparecía entrenando en un gimnasio de boxeo, metimos una toma en la que se me veía bebiendo Vitamin Water. Duraba apenas medio segundo, pero con eso bastó. Un amigo de Chris que trabajaba en Glacéau vio el comercial y nos buscó para saber si nos interesaría un patrocinio. Acababan de desarrollar un producto llamado Formula 50 (porque contenía 50% de las cantidades diarias recomendadas de siete vitaminas y minerales). ¿Quién mejor para vender Formula 50 que 50 Cent?

Acepté, pero hice una contraoferta distinta a los típicos contratos de patrocinio. En vez de cobrar cinco o seis cifras por aparecer en sus anuncios, yo quería invertir en la empresa. En vez de aceptar dinero, quería parte del negocio.

Fue una oferta muy agresiva que tomó a la gente de Glacéau por sorpresa. No se negaron a ello, pero les ponía nerviosos asociarse conmigo a ese nivel. Sólo me conocían como el rapero al que le habían disparado nueve veces y no estaban seguros de querer asociarse con esa energía.

Necesitaba tranquilizarlos, así que concerté una cita con el presidente de la empresa. No llegué con un gran séquito, sino que sólo fuimos Chris y yo. Le externé cuánto respetaba su marca —ya era un cliente fiel— y cuánto estaba dispuesto a esforzarme para hacerla crecer. No proyecté la energía arrogante o agresiva que seguramente estaba esperando, sino que me presenté como alguien que veía una oportunidad de negocios especial y estaba dispuesto a partirse el lomo para hacerla realidad. Y era la verdad.

Mi estrategia les permitió sobreponerse a sus aprensiones, y logramos concretar el trato. Lo siguiente en la agenda era repensar Formula 50. Para mí, Vitamin Water era meramente una versión sofisticada de los "cuartitos", que eran bebidas saborizadas que comprabas por 25 centavos en las bodegas del barrio. Como podrá decirte cualquiera en el barrio, el cuartito más popular siempre ha sido el de uva. Nadie en el barrio quería tomar agua de lichi o de maracuyá, que era lo que ellos tenían en mente. Formula 50 tenía que ser de uva para conectar con mi base. Glacéau respetó mi visión y cambió el sabor a uva.

Una vez que todo quedó acordado, promoví Vitamin Water como loco. Mi cara apareció en espectaculares en todo el país. Grabé un icónico comercial en el que dirigía a una orquesta que tocaba "In Da Club" mientras bebía Formula 50. Parecía que, a dondequiera que voltearas, me veías predicando sobre las virtudes de Vitamin Water.

El dominio de mercado de Glacéau se expandió, y la industria de las bebidas se dio cuenta, tanto así que, en 2007, Coca-Cola compró Glacéau por más de cuatro mil millones de dólares. Por supuesto, a mí me tocó una parte. Quisiera darte la cifra, pero firmé un acuerdo de confidencialidad para nunca revelar esa cantidad. Digamos nada más que me fue muy bien.

Fue una de las victorias más grandes de mi vida, que luego celebré en mi canción "I Get Money":

> *I took quarter water, sold it in bottles for 2 bucks*
> *Coca-Cola came and bought it for billions, what the fuck?*
> [Agarré cuartitos y te los vendí en botella por dos billetes verdes.
> Coca-Cola llegó y la compró por miles de millones, ¿qué carajos?]

"¿Qué carajos?" era lo que el resto del mundo del hip-hop se preguntaba cuando se enteró de cuánto dinero había ganado. Había antecedentes de grandes negocios en el mundo del hip-hop —Run-DMC con Adidas, LL Cool J con FUBU—, pero nada le llegaba a los talones a esto. En un ambiente en donde todos están buscando el siguiente negocio, yo logré identificar algo que estaba a la vista de todos y que nadie había notado.

En ese entonces, tuve suficiente confianza en mi visión como para no obsesionarme con el dinero desde el principio. Para ser sincero, estaba en la cresta de la ola de mi éxito musical y no me urgían otros cien mil dólares. De cualquier modo, sin importar cuál sea tu situación financiera, si en verdad crees en algo, siempre recomendaría que busques una parte del negocio en vez de un pago por adelantado.

Cuando pides acciones, estás apostando por ti mismo. Cuando lo hice con Vitamin Water, fue una apuesta única. Hoy en día, con la aparición de las *startups*, es una forma de compensación a la que mucha gente recurre, en especial en empresas de tecnología y de medios. Siempre es astuto pedir una parte del negocio, aunque también hay que elegir con inteligencia qué tipo de parte es la que vas a obtener, pues no todas las rebanadas del pastel corporativo son iguales.

Si vas a negociar un trato con una empresa que podría incluir acciones, lo primero que debes hacer es contratar un abogado. No importa si estás quebrado; es indispensable. Pide prestado si es necesario. Luego, asegúrate de que sea un abogado familiarizado en temas corporativos. No contrates a tu primo que trabaja en bienes raíces ni al tipo que se encargó de tu divorcio sólo porque podrían ser más baratos. Busca a alguien que se especialice en ese tipo de contratos. Gastar un poco más en esa primera etapa, incluso si duele un poco, te ahorrará mucho dinero y dolores de cabeza en el futuro.

Cuando hables con alguien de negocios, también debes familiarizarte con algunos asuntos básicos para estar bien informado. La mayoría de la gente no estará en la misma posición en la que estuve yo con Vitamin Water, la que de hecho me permitió obtener una parte de la empresa.

Es probable, en cambio, que estés en una posición en la que la empresa te ofrezca un salario más bajo, complementado con opciones de acciones. Antes de evaluar si se trata de una oferta justa, necesitas saber cuál es la valoración general de la empresa. Si la empresa ya hizo una oferta pública inicial, puedes calcular su valor de mercado multiplicando el precio de las acciones de la empresa por el número de acciones emitidas. Si no se han emitido acciones aún, la cifra será más difícil de calcular. Quizá tengas que preguntarles a los fundadores qué método usaron para hacer su tasación. Si no quieren decírtelo o te dan una respuesta ambigua que no tiene mucho sentido, es probable que no sea el tipo de trato que quieras cerrar.

Si te ofrecen acciones, necesitas saber si tienen derechos adquiridos o no. La mayoría de las opciones de acciones tienen derechos adquiridos, lo que significa que debes permanecer en la empresa durante un cierto periodo antes de poder liquidarlas. Si tu opción no adquiere sus derechos sino hasta dentro de cuatro años, tendrás que preguntarte si te sientes cómodo estando ahí todo ese tiempo. Si la respuesta es no, quizá las acciones no valgan la pena.

Muchas veces, la gente oye las palabras *acciones* u *opciones de compra* y creen que se ganaron la lotería. Es cierto que las acciones y las opciones de compra son una de las formas más rápidas de ganar mucho dinero, pero no puedes lanzarte de cabeza y a ciegas a una *startup*. Tienes que informarte y hacer muchas preguntas complicadas al inicio del proceso. Así, si la *startup* con la que estás trabajando se convierte en una de las pocas que logra que su valor se dispare, estarás en la posición perfecta para cosechar tu recompensa.

He visto a muchas personas perder oportunidades extraordinarias por perseguir un cheque en vez de maniobrar para quedarse con un pedazo del pastel. Tal vez el ejemplo más flagrante sea el de mi otrora socio Sha Money XL.

Conocí a Sha cuando arrancó en el negocio de la música. Antes de firmar con Interscope, grabé varias canciones de mis *mixtapes* en un estudio que Sha operaba en el sótano de su casa, en Long Island. No era estudio profesional, pero cumplía su función. Lo más importante era que Sha me ofrecía un espacio seguro en el que podía grabar en una época en la que muchos de los estudios grandes no querían tener nada que ver conmigo.

Gracias a su lealtad y constancia durante aquella época difícil, consideré a Sha mi socio. Nunca formalizamos la relación, pero tenía muy claro que, cuando firmara otro contrato con una disquera importante, Sha recibiría un pedazo de ese pastel también.

Imaginarás entonces mi sorpresa cuando lo primero que hizo Sha cuando firmé con Interscope fue presentarle a la empresa una factura por cincuenta mil dólares. ¡Quería que le reembolsaran las sesiones de grabación que hicimos en su casa! Me dejó atónito a varios niveles. En primer lugar, nunca discutimos que Sha me cobraría por el tiempo en su estudio. Sin embargo, si él creía que se lo debía, ¿por qué querría cobrar una cifra tan inflada? ¿Cincuenta mil dólares por grabar en un sótano? Era una falta de respeto.

Intenté enderezarle las ideas. "Mira, no creí que me fueras a dar una factura por lo que hicimos en tu casa", le dije. "Pero, si consideras que tenemos que pagarte por esas sesiones, toma treinta mil y un punto del álbum".

Le estaba ofreciendo menos efectivo del que quería, pero en realidad era un trato sumamente generoso. Un "punto" en la industria significa que, por cada disco que vendiera, Sha recibiría uno por ciento de regalías. En la industria musical, los puntos son lo que todo el mundo está buscando. Si un álbum la arma en grande, no hay un límite de cuánto podrías ganar con tus puntos. Y, tomando en cuenta el ruido que mi imagen estaba generando, se trataba de un álbum que seguro iba a pegar.

Sha no tuvo interés en el punto. Hasta su abogado le dijo que estaba loco. "Acepta el mugroso punto", le dijo. "Yo te doy los veinte mil dólares faltantes por él. ¿Qué carajos te pasa?"

Ni siquiera escuchó a su propio abogado. Sha quería que yo le diera los cincuenta mil dólares y no estaba dispuesto a negociar. Terminó recibiéndolos, pero fue un error que le costó muchísimo. Ese punto de *Get Rich or Die Tryin'* terminó valiendo 1.3 millones de dólares.

Y Sha no solamente perdió más de un millón de dólares. Cuando *Get Rich...* se empezó a vender como pan caliente, Interscope me ofreció un contrato de 15 millones para G-Unit Records. Una vez que firmamos, noté que Sha comenzó a pasar mucho tiempo en mis oficinas; supongo que creyó que él recibiría parte de ese dinero. Pero no. "No te toca ni un centavo de este dinero", le dije de inmediato. "Tú liquidaste tus acciones en este asunto cuando me exigiste tus cincuenta mil dólares. Ya te pagamos por lo que hiciste."

Nuestra relación nunca volvió a ser la misma. En cuestión de meses, pasé de considerar a Sha un socio con quien estaba dispuesto a compartir millones de dólares a verlo como un simple contratista.

Sha debilitó su propia posición al no entender cómo negociar. Se obsesionó con los cincuenta mil dólares y no pudo ver más allá de sus narices.

Ése es uno de los errores más comunes en una negociación: nunca te claves con una cifra. Quieres que la persona con la que estás negociando *piense* que estás clavado, pero, cuando llegue el momento preciso, tienes que estar preparado para dejarla ir. Eso no es devaluarte; es cuestión de entender que las negociaciones son un toma y daca. Si te niegas a ceder, la conversación no va a progresar.

Si Sha hubiera entendido ese principio básico, se habría dado cuenta de que había un camino muy sencillo para llegar a donde quería y hasta más lejos. Te mostraré cómo debió haberlo manejado.

Cuando le ofrecí treinta mil y un punto, no debió haberlo rechazado de buenas a primeras. En cambio, pudo haber respondido con algo de humildad: "¿Sabes qué, Fif? Me vi muy mal dándote esa factura. Olvídate de los cincuenta mil". Aun si no lo creía de corazón, debió haber percibido que estaba molesto con él y debió bajarle a la intensidad.

Una vez que lograra que yo me relajara un poco, podría haber vuelto con una petición más agresiva: "Sé que me vi muy avaro cobrándote. Pero sí trabajé mucho en tu álbum. Estuvimos juntos en las trincheras. Y agradezco mucho que me hayas ofrecido el punto. Pero, en vez de uno, ¿podrían ser dos?".

Si me hubiera dicho eso, yo no me habría molestado. A fin de cuentas, *es verdad* que estuvo conmigo en las trincheras, y me había demostrado su valor y su lealtad. Lo más probable es que le hubiera dicho: "Déjame pensarlo", y habría presentado una contraoferta con un punto y medio.

Lo más probable es que eso es lo que hubiéramos acordado. Sha habría salido de ese negocio con dos millones de dólares en la bolsa. Además, nuestra relación habría seguido en buenos términos y es probable que también hubiera recibido puntos de mis álbumes posteriores.

En cambio, se fue con una fracción insignificante. Le ofrecí la oportunidad de alcanzar otro nivel socioeconómico; su estrategia de negociación, su ego, sus inseguridades y, tal vez, su falta de fe lo hicieron terminar con centavos. Eso no es afanarse más duro, es afanarse sin ganas.

Creo que una de las razones por las que Sha no logró defender su verdadero valor en las negociaciones es porque se tomó el proceso de forma personal. Quizá su orgullo le decía que no tendría por qué pedirme nada. Tal vez no confiaba en mí. A lo mejor sólo fue avaricia pura y dura.

Sin importar sus razones, es evidente que Sha lo convirtió en algo personal. Ése es otro gran error que la gente comete cuando comienza a negociar. Se ofenden por lo que les ofrecen porque sienten que es una valoración injusta del trabajo que han hecho.

Es importantísimo que te quede bien claro: las negociaciones no son personales. De nuevo, no importa si estás lidiando con un socio de varios años, un amigo o un familiar: la otra persona *nunca* va a partir de una cifra que consideres justa. Así no funcionan las cosas. Siempre empezará con un número más bajo, el cual subirá si haces tu parte. Qué tanto suba dependerá de cuán buen negociador seas. Sin embargo, nunca va a *comenzar* con ese número.

Créeme. He participado en miles de negociaciones y ninguna comenzó donde yo quería. Aun con todo el poder de negociación que tengo como empresario y artista consumado, todavía tengo que esforzarme para llegar a la cifra que estoy buscando.

La clave es nunca reaccionar de forma emotiva. Aun si proyecto una energía de alguien que está enojado y a punto de levantarse de la mesa, por dentro siempre estoy tranquilo. Sólo quiero ver cómo reciben mi energía. Si presiono y presiono, y la otra parte sigue sin ceder, entonces me voy. Pero, la mayoría de las veces, algo de presión me lleva a donde quiero llegar.

Entonces cerramos el trato. Una vez que está hecho, es como si toda la bravuconería y las amenazas nunca hubieran ocurrido. Todo el mundo se abraza, brinda y habla de lo emocionado que está por el nuevo negocio.

No voy a mentir. Cuando comencé a operar en el mundo corporativo, eso me desconcertó un poco. En las calles, si dices ciertas palabras, no hay vuelta atrás. En la sala de juntas es muy diferente. La gente puede llamarte "hijo de puta", "maricón" y "cabrón", y luego actuar como si no hubiera pasado nada una vez que se cierra el trato. En las calles, podrían ser tus últimas palabras si se las dices a la persona equivocada. Pero el mundo corporativo no es igual. Esas palabras no tienen peso. Todo es parte del proceso, algo que debe tolerarse para poder alcanzar un punto medio.

Siempre debes luchar por tu valor, pero nunca ofenderte por tener que luchar. Cuando te ofendes, estás actuando a partir de tus emociones. Podrá no ser *justo*, pero, para obtener lo que quieres, sólo puedes actuar de forma estratégica. Cualquier otra cosa te hará ir en la dirección equivocada.

PODER DE VERDAD

Uno de los mejores negocios que he cerrado en la vida fue el que hice con Starz para la serie *Power*. También fue —al menos al principio— uno de los tratos menos lucrativos que he hecho. Pero eso no me molestó en absoluto. Cuando comencé a hablar con Starz mi estrategia no era conseguir el cheque más grande posible, sino generar la oportunidad más grande posible.

Desde el momento en el que concebí la idea de *Power*, supe que tenía algo especial entre manos. Mi objetivo no era lanzar una sola serie; estaba buscando crear una franquicia en la que los personajes fueran tan atractivos que pudieran dar pie a sus propios *spin-offs*. Lo que Marvel había hecho en el cine, yo quería que *Power* lo lograra en la televisión. No quería crear un planeta; quería construir un universo.

Para darle vida a ese universo, tuve que ser muy humilde con mis primeras exigencias. A pesar de mis éxitos en la música y el cine, mi historial en televisión no era tan sólido. Mi única expedición previa en ese mundo —un programa en MTV al estilo de *The Apprentice* llamado *The Money and the Power*— fue cancelada después de una temporada. Debía reconocer que no estaba en posición de exigir un cheque de superestrella. Sí, Starz creía en mi visión, pero no estaban listos para tirar la casa por la ventana. El presupuesto que me ofrecían era muy limitado. Si quería que la serie fuera un éxito, tendría que distribuir ese dinero de la mejor manera posible.

Por eso acepté hacer la primera temporada por diecisiete mil dólares por episodio. Con una temporada de ocho episodios, el costo final fue de ciento treinta y seis mil dólares. Ten en cuenta que ese dinero no era sólo por actuar. También incluía ser productor ejecutivo de la serie, lo que implicaba pasar horas con los escritores y trabajando con Courtney Kemp, la *showrunner*. Cuando llegó la hora de promover la serie, tuve que aparecer en *Good Morning America*, llamar a estaciones de radio y estrecharles la mano a los patrocinadores. Mi compromiso con la serie era absoluto. Todo por ciento treinta y seis mil dólares.

Desde una perspectiva estrictamente económica, parecía un trato terrible. Podría haber ganado tres veces esa cantidad con un par de apariciones en un club o un concierto de diez minutos. Olvídate del pago "justo". Con todo el tiempo que había invertido, prácticamente me pagué a mí mismo para hacer esa primera temporada.

La gente se quedó boquiabierta cuando supo por cuánto había aceptado hacerlo. Creían que pude haberle de dicho a la gente de Starz: "Oye, soy 50 Cent. Puedo entrar a un club, fingir tomarme una copa de champaña durante cinco minutos y cobrar cincuenta mil dólares por ello. No voy a firmar esto". Esa respuesta quizá sería apropiada para 50 Cent, pero habría sido una estrategia muy miope. Así es como Sha Money o Gillie Da Kid habrían evaluado la situación. Mas no Curtis Jackson.

Al hacer *Power* por mucho menos de la tarifa habitual, aposté por mí otra vez. Y la apuesta pagó con creces. *Power* se convirtió en la serie con mejor rating de Starz por un amplio margen. En los últimos cinco años, ha sido la principal responsable del éxito de la cadena. Esa métrica me ha dado mucho poder en las negociaciones posteriores. Cuando empecé a negociar, debía mantener los pies en la tierra. Tan pronto el show estalló, me pude dar el lujo de ser mucho más agresivo.

Acumulé tanto crédito para negociar que recientemente volví a firmar con Starz, pero esta vez por ciento cincuenta millones de dólares. El trato incluye un compromiso de tres series adicionales y un fondo para desarrollar otros proyectos de G-Unit. Cuando todo esté listo, el contrato sin duda valdrá muchísimo más.

Incluso mientras trabajaba en el set, con los escritores y en la gira promocional, jamás pensé que mi verdadero valor fuera de diecisiete mil dólares por episodio. Ésa fue sólo la cifra que acepté para arrancar el proceso. Mi verdadero valor sería como productor y estrella de una serie exitosa que daría vida a más series y a varias fuentes de ingreso adicionales. Todo lo que hice en la primera temporada me puso en la posición necesaria para lograr que lo demás se hiciera realidad.

Debo reconocer que pude darme el lujo de trabajar por poco dinero durante esa primera temporada, pero entiendo que la mayoría de la gente no está en esa posición. Para ti, aceptar menos dinero al principio puede implicar que habrá tiempos difíciles en el futuro. Quizá necesites un segundo empleo para apoyar el proyecto que emprendiste. Tal vez tengas que pedir un préstamo o dejar tu departamento y mudarte con un amigo. Sé que esos pasos desmotivan, pero te prometo que a la larga esas decisiones rendirán frutos. Hacer sacrificios en el momento siempre vale la pena cuando estás buscando el mejor potencial a largo plazo.

HAZ LAS COSAS

Poco después de que lanzáramos *Power*, asistí a una fiesta en la casa de Jamie Foxx en Los Ángeles. En algún momento, comencé a contarles a Jamie y a algunos miembros de su equipo una versión de esta misma historia que acabo de narrarte: de cómo fui a Starz con una visión, no me preocupé por cuánto me iban a pagar y luego usé esa flexibilidad para darle vida a mi visión.

"¿Vieron? ¿Vieron cómo 50 lo hizo?", les dijo Jamie a sus amigos cuando terminé. "Está haciendo las cosas. ¡Tenemos que dejar de pedir y empezar a hacer! ¡Vamos!"

Jamie trataba de motivar a su gente —la verdad es que él logra que las cosas se hagan tanto como cualquiera que se esfuerza—, pero en ese momento logró capturar uno de los principios fundamentales del éxito: ¡haz las cosas!

Parecerá bastante obvio, pero pasamos demasiado tiempo esperando recibir permiso para hacerlas en vez de salir y hacerlas. Caemos en la trampa de pensar que los *guardianes* —ya sea un jefe, un ejecutivo, un agente o un crítico— tienen que abrirnos la puerta, cuando muchas veces la puerta ya está abierta de par en par, esperando a que la crucemos.

Una de las mejores formas de saltarse a esos *guardianes* es llevarle tus ideas directamente a la gente que importa. Cuanto más tiempo paso con ejecutivos, más me doy cuenta de lo poco que saben conectar con el público. Hacen *focus groups*, piden estudios de mercado, contratan *influencers*... hacen todo *menos* ir directamente con las personas.

Mi estrategia siempre ha sido la opuesta. Siempre intento conectar con la gente en el nivel más básico. Pensemos en el ejemplo de cuando me involucré en la industria de los licores. Cuando comencé a trabajar con Effen en 2015, el mercado dictaba que la mejor manera de vender vodka era hacerlo ver como algo aspiracional. El licor *premium* tenía que representar un estilo de vida que estaba fuera del alcance de la mayoría.

Quizá los departamentos de marketing pensaban que eso iba a funcionar, pero yo no estaba dispuesto a hacer las cosas así. Decidí que la mejor forma de que Effen aumentara su presencia de mercado era ponerme literalmente al alcance de mis fans. Lo haría presentándome en tantos eventos promocionales como fuera posible.

Cuando empecé en el mundo de la música, los *meet and greets* eran una manera sumamente efectiva de vender discos. Si hacía un evento en Tower Records, Best Buy o Virgin Megastore, había filas que iban desde la puerta de la tienda hasta el final de la cuadra. La gente quería darme la mano y tomarse una foto, conectar conmigo aunque fuera por cinco segundos.

Los MP3 reemplazaron a los CD, y ya no hubo nada que vender en persona. Los *meet and greets* pasaron al olvido.

Entendía por qué la industria musical los había dejado atrás, pero ¿por qué serían útiles para vender licores? Las ventas de discos se acabaron, pero, hasta donde sé, nadie ha encontrado la forma de hacer un servicio de *streaming* para el vodka. Además, cuando la gente hacía fila para comprar un CD, sólo adquiría uno, pero, si esperas dos horas para conocerme en una vinatería, lo más probable es que compres más de una botella. Es probable que pienses: "Voy a comprar una para hoy. Pero mejor compro otras dos porque se viene la navidad y voy a tener invitados". Con eso, ya le vendí tres botellas a una persona. Y la fila le da vuelta a la cuadra.

Mis presentaciones en las tiendas de licores fueron tan exitosas que Puffy intentó copiarlas, haciendo una en el Bronx con French Montana para vender Cîroc. Pero no le funcionó. El problema es que French siempre está en el Bronx. Lo verás ir a la licorería a comprar algo cualquier día de la semana, así que ¿para qué hacer fila para verlo? Lo que Puffy debió haber hecho fue seguir mi ejemplo y hacer su evento en un mercado más pequeño. Así, habría vendido algunas botellas.

Además de los *meet and greets*, usé las redes sociales para conectar de forma directa con el público. Si alguien publicaba en Instagram una foto con una botella de Effen, le daba la posibilidad de repostearla en mi *feed*. Los seguidores de esa persona se disparaban, y eso creaba lealtad hacia la marca. Otras personas veían lo que ocurría y se animaban a publicar sus propias fotografías con botellas de Effen. Les enseñé a mis seguidores a ver los incentivos de apoyar a Effen. Se volvió algo *cool*. Creé un movimiento digital sin gastar un centavo en publicidad.

Veo muchos paralelos entre cómo nos movíamos en el mundo del crack en mis días en las calles y cómo la gente inteligente se mueve hoy en las redes sociales. La gente se mueve basada en la interacción directa, y no en lo que un tipo de traje le dice que haga.

El internet está haciendo que los *guardianes* sean cada vez más irrelevantes. Por ejemplo, si antes tenías una buena idea para una película, debías presentársela a un estudio, pues necesitabas acceso a su dinero y a su capacidad promocional. El estudio era el *guardián* que confirmaba si tu idea tenía valor alguno.

Hoy en día, si tienes una idea para una película que te apasiona, no necesitas un estudio para echarla a andar. Literalmente puedes grabarla con tu teléfono, editarla en tu computadora y distribuirla en YouTube. Si tu trabajo es bueno y le dice algo a la audiencia, la gente la verá. Quizá tome tiempo, pero se correrá la voz de que hiciste algo valioso.

Después de eso, los estudios te buscarán. Les demostraste que tienes un público. Y, sobre todo, demostraste que sabes hacer las cosas. Eso es esencial.

Todo tipo de gente tiene ideas. Algunas personas incluso escriben libretos. Pero muy pocas personas han demostrado que en realidad saben hacer algo, construirlo desde cero. En realidad, eso es lo más importante para los estudios. Quieren saber que, si te contratan, no desperdiciarás su dinero sin entregarles resultados. Sí, preferirían que no fuera una porquería, pero lo más importante para ellos es que la película se haga. ¿Alguna vez te has preguntado por qué Hollywood sigue contratando a algunos directores, a pesar de que no han tenido un éxito desde hace años? Porque el estudio sabe que, cuando menos, les entregarán algo.

Al crear la película por tu cuenta, ya pasaste esa primera prueba. Demostraste que puedes hacer algo, que si el estudio te da un cheque recibirá algo a cambio. Combinas eso con un público establecido y *¡bam!*: tienes poder de negociación. No eres un soñador con una idea, esperando a que alguien se arriesgue e invierta en ti. Eres un activo probado que puede sentarse a esperar la mejor oferta.

Estoy usando el cine como ejemplo, pero esa mentalidad de "haz las cosas" te puede servir en cualquier campo. No te sientes a esperar a que alguien invierta cientos de miles de dólares en tu idea para un restaurante. Monta un *food truck* y asegúrate de que lo que sirvas sea tan bueno que las filas le den la vuelta a la cuadra. Si lo haces, es sólo cuestión de tiempo para que aparezca un inversionista con un cheque.

Otro ejemplo que me inspira es el de los blogueros de viajes. Esos chicos no están esperando a que una gran agencia de viajes o un canal de televisión les den un cheque. Compraron un boleto de avión y una cámara decente, fueron a algunos lugares increíbles y empezaron a crear su propio contenido. Nadie les dijo que lo podían hacer; sólo lo hicieron. De hecho, a mucha gente mayor le aberraba el concepto. "¿Estos niños quieren que les paguen por hacer videos de sus vacaciones?", decían los escépticos. "Que se consigan un trabajo de verdad." Pero esos "niños" tenían una visión. Trabajaron duro y prácticamente crearon su propia industria. Hoy en día, más de treinta por ciento de los viajeros dicen consultar un blog de viajes antes de tomar decisiones sobre sus próximas vacaciones. Gracias a eso, las secretarías de turismo les pagan cientos de millones de dólares a blogueros de viajes para promover diferentes destinos. Los hoteles les regalan el hospedaje. Las aerolíneas les dan vuelos gratuitos. Existe una razón por la que es uno de los trabajos más deseados por los millennials. Pero nada de eso habría ocurrido si unos cuantos chicos con un boleto y una cámara no hubieran dicho: "¡Vamos a hacerlo!".

EL GASTO MÁS IMPORTANTE

A lo largo de los años he comprado muchos artículos de lujo: más cadenas y relojes de los que puedo contar; suficientes Lamborghini, Rolls Royce, Maserati y Ferrari como para llenar un estacionamiento público; y una de las mansiones más opulentas en Estados Unidos.

Sin embargo, lo más caro de todo es mi tiempo.

Le he devuelto cadenas a mi joyero (la mayoría, de hecho). Una vez incluso regresé un Ferrari a la concesionaria porque no logré descubrir cómo arrancarlo. Y sí, vendí aquella mansión.

Pero no tengo ningún recibo que pueda devolverme el tiempo que le invertí a algo. Por eso debes darle un valor especial a la forma en que gastas el tiempo limitado que tienes.

La persona que hizo que esa lección se me grabara en el cerebro fue Eminem. Hace muchos años, estaba con él en el estudio y comencé a pensar en organizar una enorme gira mundial.

—Podríamos ser tú, Dr. Dre, Snoop y yo —le dije—. Ese show llenaría estadios en todo el mundo. No hay nadie que no quisiera verlo —mientras le contaba mi idea a Em, visualizaba los estadios llenos de fans enloquecidos. Imaginaba los millones de dólares que entrarían a nuestras cuentas de banco. Era como una secuencia onírica en mi mente—. ¡Em, tenemos que hacerlo! —grité, casi brincando de mi asiento.

Em me escuchó con paciencia.

—Caray, suena muy bien. Suena increíble... pero no quiero hacerlo.

Mi cerebro no pudo procesar su respuesta. ¿Acaba de decir que no quiere ir por ese dinero? No podía ser verdad.

—¿Por qué no? —le pregunté, incrédulo.

—Porque no quiero estar de gira cuatro meses y volver a casa y que Hailie haya crecido —me explicó, refiriéndose a su hija.

En ese momento no entendí las razones de Em. Era incapaz de ver más allá de lo que me parecía una oportunidad desperdiciada. Sin embargo, con el tiempo llegué a entender mejor su punto de vista.

Sí, siempre es bueno cobrar un cheque. Pero un cheque nunca es más importante que una experiencia que valores. Es verdad que Em tenía la ventaja de ya haber ganado varios millones de dólares. No tenía que preocuparse por cómo le haría para mantener a Hailie. Por ese lado, ya estaba hecho. Sólo tenía que preocuparse por mantenerla en lo emocional.

Sin embargo, creo que Em habría tomado la misma decisión si hubiera sido pobre y siguiera viviendo en el Eight Mile Road, en Detroit. Una de las razones por las que Em ha sido tan exitoso es porque no persigue las cosas. Nunca ha permitido que factores externos le digan qué es lo que debería importarle. Está consciente de qué es lo que le importa, y eso es en lo que se enfoca. Diría incluso que *no* perseguir el dinero es una de las razones por las que ha ganado tanto. Si Em hubiera perseguido el dinero "fácil", su presentación ante el mundo habría sido como una copia barata de Vanilla Ice. O habría hecho discos de rock, que era lo que mucha gente le dijo que tenía que hacer. Pero tenía demasiado talento y respetaba demasiado al hip-hop como para hacerlo. Estaba dispuesto a esforzarse y establecerse como un MC de verdad, aun si eso significaba aplazar el dinero en un principio.

El dinero es la meta, pero a veces, para conseguirlo, tienes que reconfigurar tu cerebro para valorar la experiencia, sobre todo si no naciste en cuna de oro. Tal vez no tuviste la oportunidad de ir a una universidad en la que tus amigos pudieran "llevarte" a la empresa de sus padres para conseguir un buen empleo. Si no tuviste la fortuna de nacer con alguna de esas ventajas, necesitas encontrar la forma de tener acceso al mundo en el que quieres aventurarte. Muchas veces, la forma más fácil de abrir esa puerta es trabajar sin pago, como pasante.

Yo lo hice un par de veces mientras intentaba entrar a la industria musical. La primera vez fue cuando estaba trabajando con Jam Master Jay. Me frustraba estar estancado en los estudios de Jay en Queens todo el tiempo y no poder saborear la escena. Así que Jay me hizo un favor. Era amigo de un tipo llamado Jesse Itzler, quien era bastante activo en la industria. Jesse había compuesto varias canciones para artistas como Tone Loc, además del himno de los Knicks "Go New York Go". Gracias a eso, consiguió un trabajo manejando el equipo callejero de los Knicks. Después de que Jay nos presentara, Jesse me hizo una oferta: si le ayudaba con el equipo callejero de los Knicks, él me enseñaría a navegar en el mundo de la música. Me pareció un buen trato, así que todos los días me encontraba con Jesse y pasaba unas horas recorriendo Nueva York en una camioneta de los Knicks, repartiendo llaveros y muñequeras del equipo. Luego, íbamos al estudio de Jesse, donde le ayudaba con la canción en la que estuviera trabajando en ese momento. Podía ayudarle a encontrar un *sample* o a descifrar la mejor forma de armar un coro. Mi único pago fue en mercancía de los Knicks, pero fue una maravillosa educación para un chico que estaba intentando entender la composición y la industria musical.

Mi pasantía más valiosa llegó años después, cuando firmé con Columbia.

Una vez que me di cuenta de que estaban atrasando el lanzamiento de mi álbum, tuve que tomar una decisión: ¿regresaría al barrio a quejarme de cómo la disquera me estaba jodiendo o haría algo productivo mientras esperaba? Elegí la ruta productiva. A mi manera de verlo, Columbia podría estar perdiendo el tiempo, pero yo aún tenía un contrato con ellos. Todavía tenía acceso a sus oficinas. Y estaba dispuesto a sacarle el mayor provecho posible a esa entrada.

Nadie me invitó ni me dijo *haz las cosas*, pero decidí que sería un pasante no oficial en Columbia Records. Fui pasante no oficial de Jesse Itzler, que trabajaba sólo por cuenta propia, y aprendí varias lecciones valiosas, así que, ¿por qué no hacerlo con una empresa grande como Columbia? ¿Qué iban a hacer? ¿Decirme que no? Sabía que me iban a dejar ser pasante porque era mucho más sencillo que tener otra conversación sobre por qué mi álbum no tenía fecha de lanzamiento aún.

Todas las mañanas tomaba el metro desde South Jamaica hasta el edificio de Sony, en el Midtown de Manhattan. Cuando llegaba, no me andaba con tonterías, coqueteando con las secretarias ni fumando hierba en las escaleras como muchos otros de los raperos que iban de visita. No, me ponía a trabajar. Me metía en todos los departamentos e intentaba absorber tanta información como fuera posible.

Visitaba a OJ, quien se encargaba de la promoción de la radio callejera. Lo interrogaba e intentaba entender cómo era su estrategia para hacer que un sencillo llegara a las personas correctas. Luego iba y me sentaba con Gail, mi publicista. La observaba hablar por teléfono con editores y periodistas, intentando colocar historias en las revistas. Gail estaba trabajando con los proyectos de otras personas, pero yo quería aprender cómo funcionaba la maquinaria publicitaria.

Después, seguía a Julia, quien estaba a cargo del diseño. Le preguntaba sobre su proceso creativo al diseñar un álbum. ¿Qué imágenes eran efectivas para vender discos y cuáles no funcionaban tan bien?

Hice lo mismo en casi todos los departamentos. No dejé de hacer preguntas ni de absorber información hasta que llegué a una conclusión: la disquera no podía hacer todo por mí.

Puede parecer una obviedad, pero en ese entonces la mayoría de los raperos no estaba consciente de las limitaciones de las disqueras. Creían que, una vez que firmaban con una compañía importante, podían activar el piloto automático y la gente de la oficina haría todo. Esos artistas creían que las disqueras eran Dios, pero, después de escarbar un poco, entendí que eran completamente humanas. Las disqueras podían hacer algunas cosas bien, pero otros elementos estaban un tanto fuera de su control.

Gracias a mi "pasantía" entendí que tendría que hacerme de un nombre antes de que OJ lograra que tocaran mis canciones o de que Gail pudiera conseguirme portadas en las revistas. Entendí que las disqueras funcionaban bien a partir del impulso, pero tenían muchas limitaciones para generar esa fuerza.

Por eso terminé lanzando "How to Rob". Comprendí que necesitaba hacer el ruido suficiente como para despertar a la disquera. Necesitaba crear mi propia energía, en vez de seguir deseando que alguien me conectara a la corriente.

Jamás habría tenido esa revelación si no hubiera decidido crear también mi propia pasantía. No me pagaban por ir todos los días, pero la información que obtuve fue invaluable. Es probable que adquirir ese conocimiento realista sobre lo que la discográfica *no* iba a hacer por mí haya salvado mi carrera.

Hoy en día, las pasantías parecen tener mala reputación. Muchos jóvenes se quejan de que son explotadoras. Algunos incluso quieren lograr que las pasantías sin paga sean consideradas ilegales.

Me parece una visión miope. Si eres pasante en una industria que te apasiona, no te están explotando. Depende de ti sacar lo más posible de esa experiencia. Una pasantía es una puerta abierta. Cuando ya estás dentro, es tu responsabilidad explorar todas las habitaciones de la casa.

Digamos que quieres ser diseñador de zapatos deportivos. Gracias a tu empuje, logras conseguir una pasantía en Adidas, pero en el departamento de marketing. A ti el marketing no te interesa, pero aceptas el puesto de todos modos. Buena decisión: ahora tienes acceso.

Debes acometer tu trabajo en marketing como si fuera un puesto de diseño y ganarte el respeto de tus jefes. Luego, aprovecha que estás dentro del lugar para hacer contactos. Averigua quién trabaja en el departamento de diseño y acércatele en la cafetería. Hazle cumplidos por sus diseños. Entabla una conversación. Asegúrate de seguir encontrándote con esa persona hasta forjar una relación. Cuéntale entonces que tu verdadera pasión es el diseño. Pregúntale si podrías pasar un día a su oficina sólo a observar.

Si esa persona percibe que tu hambre es sincera, lo más probable es que diga que sí. Ahora tienes una entrada. Estás cerca de las personas que están haciendo lo que tú quieres hacer. Capitaliza la oportunidad. Haz preguntas y observaciones; absórbelo todo. Incluso si no desemboca en un empleo más adelante —aunque podría hacerlo—, saldrás de esa pasantía teniendo una enorme ventaja frente a tu competencia. Tendrás información real sobre cómo se pone en práctica tu pasión.

Alguien que verdaderamente logró capitalizar la experiencia de una pasantía fue Corentin Villemeur, el fotógrafo que mencioné hace algunos capítulos. Corentin creció en Francia y era fanático del hip-hop. En 2006, decidió mudarse a Nueva York para estar más cerca de la cultura.

Cuando llegó a Nueva York, una de las primeras cosas que hizo fue conseguir el teléfono de las oficinas de G-Unit, pues era fan de nuestra música y de nuestro estilo de vida. Llamó y preguntó si estábamos contratando, y le dijeron que no había empleos disponibles. Pero Corentin no aceptó un no como respuesta. En cambio, unos días después, se apersonó en la oficina y llamó a la puerta con la intención de presentar su caso en persona. Explicó que acababa de mudarse de Francia, que era un gran fan de G-Unit y que estaba dispuesto a hacer cualquier cosa con tal de trabajar con nosotros. Conoció a Nikki Martin, a quien le intrigó su historia, pero, como de verdad no había trabajos disponibles, le dijo: "Nosotros nos comunicamos si hay algo".

Por lo general, esa frase es el fin de la historia, pero Corentin no estaba dispuesto a darse por vencido. Además de ser fan del hip-hop, Corentin era también un programador muy bueno. En ese entonces, acabábamos de lanzar ThisIs50.com, que corría con Flash. Corentin sabía que la página correría mucho mejor en HTML, aunque muy poca gente conocía bien ese lenguaje en ese momento.

Por lo tanto, volvió a llamar a la oficina y explicó que sabía cómo mejorar nuestra página. Entonces recibió toda nuestra atención. Cuando quedó claro que sabía de qué estaba hablando, le ofrecimos una pasantía para trabajar en la página. Corentin se abalanzó sobre la oportunidad y, fiel a su palabra, mejoró la página casi de inmediato.

Eso estableció su valor dentro de la organización. Lo ascendí de pasante a responsable de todas mis plataformas digitales. Como también era muy buen fotógrafo, se volvió mi fotógrafo interno. En ese puesto, ha podido viajar por todo el mundo conmigo, de África a Australia, tomando fotografías y viviendo el hip-hop a escala mundial.

Corentin fue capaz de hacer realidad el sueño que tuvo en Francia porque entendió dos conceptos fundamentales. El primero fue la persistencia. No esperó a que publicáramos una oferta de trabajo en algún lugar, sino que tomó la iniciativa de llamar a nuestras oficinas sin esperar que alguien le diera permiso. Como eso no rindió frutos, se presentó en persona. Esa visita no lo condujo directamente a un empleo, pero le ayudó a formar una conexión con Nikki; le permitió pasar de ser un nombre en un correo electrónico a alguien con una historia, alguien que dejó una buena impresión.

La segunda cosa brillante que hizo Corentin fue que no volvió a llamarnos *pidiendo* una pasantía. En cambio, nos *ofreció* algo. Estudió nuestra organización, encontró qué necesitábamos mejorar y vio cómo podía contribuir. No importa si es en el hip-hop, en el cine o en el sector financiero, si logras explicar de forma convincente por qué serás valioso para la organización, te abrirán un espacio. Una vez que tengas el espacio, podrás esforzarte por desarrollar *tu* valor. Ya sea dentro de esa organización o en alguna otra, una vez que adquieras algo de experiencia y traigas referencias bajo el brazo.

TODO POR ESCRITO

Quiero explicar un último punto sobre asegurarte de siempre recibir lo que vales. Si bien es esencial que establezcas cuál es tu valor, una vez que lo hagas, lo más importante es tenerlo impreso en papel.

Es primordial tener cualquier trato, promesa y plan en papel y en forma de contrato con validez legal. Nunca dejes que tu valor esté únicamente en la "palabra" de alguien.

Demasiados tratos en el hip-hop se han cerrado con un apretón de manos o un choque de puños en vez de una firma sobre una línea punteada.

He oído incontables promesas que nunca se cumplen. Es fácil prometerle a alguien la mitad de nada. Es fácil prometerle a alguien que te harás cargo de él o ella "cuando todo se eche a andar".

Sin embargo, en cuanto a alguien le empiezan a pagar, a esas palabras se las lleva el viento. Los tratos de palabra no valen un carajo. Cuando el dinero empieza a entrar, los cuchillos empiezan a asomar.

Sobre todo en el hip-hop, palabras como *familia* y *por siempre* se tiran al aire todo el tiempo, pero no significan nada. Pregúntales a Freeway, Beanie Sigel o hasta a Dame Dash qué tan cercana era en realidad Roc-La-Familia. No mucho.

A Puffy le encantaba decir que era "Bad Boy for Life". Que Shyne o Loon te digan cuando duró esa vida entera.

Carajo, si hablas con Young Buck o Lloyd Banks, te dirán que los dejé botados también. Yo lo veo de forma distinta, como explicaré más adelante, pero ésa ha sido su perspectiva a veces.

El meollo del asunto es éste: las promesas no valen una mierda. Papelito habla.

Cuando estás colaborando en un álbum, un libreto, una empresa de paisajismo o una cervecería, los términos, condiciones y expectativas tienen que estar en papel antes de que inviertas demasiado tiempo y dinero en ello.

Créeme, al principio todos son siempre los mejores amigos. Ese apretón de manos parece firme cuando comienzas. Pero los celos y la envidia son reales. Quizás estén tan enterrados en las profundidades de alguien que tardarán años en salir a la superficie, pero, si hay dinero de por medio, encontrarán la forma de hacerlo.

Protégete. Pon todo por escrito.

5

EVOLUCIONA O MUERE

> Mira a tu alrededor. Todo cambia. Todo en esta tierra está en constante estado de evolución… No viniste a este planeta a permanecer estático.
>
> —Steve Maraboli

En 1974, David Falk estudiaba en la Facultad de Derecho de la George Washington University. Se le metió en la cabeza que quería trabajar en ProServ, una pequeña agencia deportiva en Washington, D.C., que se especializaba en representar a tenistas profesionales. Pasó meses y meses llamando a las oficinas de ProServ e intentando concertar una reunión con el fundador de la empresa, Donald Dell. Nunca recibió respuesta. Un día incluso llamó diecisiete veces en tres horas. Dell, impresionado o quizá simplemente molesto por la tenacidad de Falk, al fin tomó la llamada. Cuando terminó esa conversación, Falk logró conseguir una pasantía no remunerada.

Falk hizo un excelente trabajo y obtuvo un empleo de tiempo completo en ProServ cuando se graduó de la escuela de derecho. Sin embargo, no era muy fanático del tenis; su deporte favorito era el basquetbol. Mientras los demás agentes se enfocaban en firmar a estrellas del tenis, Falk comenzó a buscar jugadores de basquetbol colegial. Formó una relación con Dean Smith, el legendario entrenador de la Universidad de Carolina del Norte, y firmó a varios de sus jugadores cuando fueron a la NBA.

Esa relación dio verdaderos frutos cuando Falk consiguió firmar a una joven estrella de Carolina del Norte llamada Michael Jordan. Durante el verano previo a la primera temporada profesional de Jordan, Falk se dio a la tarea de encontrarle un patrocinio con una marca de zapatos.

En aquel entonces, los contratos de patrocinio de los jugadores de la NBA eran bastante sencillos: escogías una marca (Jordan mismo prefería Adidas), negociabas un contrato y tal vez recibías una dotación de zapatos deportivos para la temporada. Si eras una superestrella, quizás aparecías también en un cartel promocional o en un anuncio televisivo.

Las empresas de zapatos no querían establecer grandes compromisos con los jugadores de la NBA, pues existía la creencia tácita de que era difícil popularizar a un atleta afroamericano en la mayor parte del país.

Falk no tenía interés en el esquema que todos los demás utilizaban. Había notado que, cuando los agentes de los tenistas en su oficina hacían un trato con una marca, no era sólo por zapatos. Si un tenista firmaba con Nike, además de los zapatos, promocionaba también las maletas, los pants, las camisetas y los calcetines. Los tenistas promovían todo un estilo de vida, y Frank no veía por qué un jugador de la NBA —y en especial uno tan espectacular como Jordan— no podía hacer lo mismo. Los agentes y las marcas podían estar estancados en la forma tradicional de hacer las cosas, pero Falk presentía que el público estaba listo para aceptar y apoyar a atletas negros de la misma forma en que habían apoyado a iconos blancos como Mickey Mantle y Joe Namath.

Falk le presentó a Nike un plan que se centraba en que Jordan fuera la imagen de su propia marca de estilo de vida Nike, a la que luego llamaría "Air Jordan". Luego, añadió otro giro: en esos días, los jugadores por lo regular recibían una tarifa fija por el patrocinio, pero Falk exigió que Jordan recibiera regalías por cada par de Air Jordans que se vendiera. Nike aceptó los términos para un contrato de cinco años, pero con una condición: si Nike no vendía cuatro millones de dólares de Air Jordan en los tres primeros años, podían anular el contrato. Seguían escépticos de que un atleta negro pudiera conectar con el público estadunidense.

¡Qué equivocados estaban! ¡Y cuánta razón tuvo Falk! Olvídate de los tres primeros años: los Air Jordans de Nike vendieron setenta millones en los *dos meses* posteriores al lanzamiento de la línea en 1985.

Resulta que los jugadores negros de la NBA *sí* podían crear una marca de estilo de vida.

Falk se convertiría en uno de los agentes más exitosos y poderosos en la historia de la NBA, y negociaría más de ochocientos millones de dólares en salarios. Por supuesto, Air Jordan se convertiría en una de las marcas deportivas más icónicas de todos los tiempos. De hecho, se espera que haya generado más de 4.5 mil millones de dólares en ventas en 2020.

La negociación de Falk por Air Jordan es el tipo de trato que cualquier empresario sueña con lograr. Pero ¿qué le permitió materializar esa visión ganadora?

Más que cualquier otra cosa, fue su capacidad de evolucionar por encima de los papeles y expectativas que se le habían impuesto para crear un nuevo modelo de apoyo para su cliente.

Falk no se abrió un hueco en ProServ para conformarse con la rutina de representar a tenistas. Si bien el tenis era muy popular en ese momento, él fue capaz de ver que la NBA estaba a punto de estallar. Una vez que cruzó la puerta, empezó a empujar para que la empresa evolucionara. Al instigar ese cambio, Falk no sólo logró transformar su carrera, sino revolucionar toda la industria del marketing deportivo.

En todos los campos y en todas las profesiones, las personas más exitosas son las que se niegan a apegarse al *statu quo*, quienes no están satisfechos cuando logran algo, sino que siempre están buscando la siguiente meta y el próximo reto.

Por el contrario, la gente que está demasiado cómoda o que no está dispuesta a adaptarse suele ser la que se queda rezagada.

SABER CUÁNDO CAMBIAR

En 2009 aparecí en el sencillo "Crack a Bottle", junto a Eminem y Dr. Dre. Fue un hit enorme. Fue #1 en las listas de popularidad en Estados Unidos, Reino Unido y Canadá, y ganaría después un Grammy por mejor canción de rap de un dueto o grupo.

Para capitalizar ese triunfo, hice una breve gira mundial, en la que visité países como Croacia, Suiza e India. A dondequiera que iba, la gente se volvía loca con la canción. No hay nada como estar en un escenario en el extranjero frente a cincuenta mil personas y oírlas cantar tus letras. Es una energía electrizante que sientes que te recorre el cuerpo.

Cuando regresé a Estados Unidos, decidí salir a hacer unas cuantas presentaciones más. Sin embargo, al presentar la canción ante el público estadunidense, la respuesta fue muy distinta. Mientras que las audiencias internacionales vibraban y retumbaban, las de mi país parecían letárgicas. Era una canción número uno, pero la gente no reaccionaba a ella.

Habría sido fácil encontrar una explicación racional para esa reacción de la gente. Eminem y Dre no estaban en el escenario conmigo. No había sido bien promovida en los mercados urbanos. Estábamos tocando en los locales equivocados.

Pero cualquiera de ellas habría sido sólo una excusa. Había presentado canciones sin los artistas invitados anteriormente, así como también había presentado canciones que no habían sido promovidas de forma correcta en lugares que no eran del tamaño adecuado. Nada de eso había importado. *Siempre* estremecía al público.

Las excusas no me interesan. Lo que me interesa es analizar la información y llegar a alguna conclusión.

Cuando miré detenidamente mi situación, la respuesta fue clara: la cultura del hip-hop había decidido oponerme resistencia. Había llegado a ese mundo como un artista desfavorecido, pero, ahora que era un éxito internacional, no podían verme de la misma forma. Yo sabía que seguía siendo el mismo, pero el hip-hop ya había pasado a otra cosa. Era imperativo que me diversificara si quería seguir creciendo en lo económico y lo profesional.

No fue una conclusión fácil de aceptar, pero la entendí. Soy un estudioso de nuestra cultura, así que reconocí que mi carrera se había ajustado a un patrón inconfundible.

Al hip-hop le encanta lo que está dañado. Es el rasgo definitorio de su cultura. Ha sido así desde en los setenta, cuando algunos hermanos comenzaron a rimar en eventos en el parque del Bronx, y parece que así seguirá hasta que alguien le apague la luz a esto que hacemos.

Piénsalo: cada tantos años aparece en la escena un nuevo rapero "peligroso" o "dañado" que cautiva a toda la cultura. Comenzó en el Bronx a principios de los ochenta, con grupos como Grandmaster Flash and the Furious Five. Hoy en día podrán parecerte graciosos, con sus jeans ajustados, sus botas de cuero a la rodilla y pulseras con estoperoles, pero, cuando irrumpieron en la escena, eran peligrosos. Estados Unidos nunca había visto algo como ellos. Y, sobre todo, estaban dañados: "Don't push me, 'cause I'm close to the edge. I'm tryin' not to lose my head" (No me empujes, que estoy cerca del borde. Estoy intentando no perder la cabeza). Marcaron la pauta para lo que la cultura esperaría de sus héroes.

Para finales de los ochenta, actos como los Furious Five fueron desplazados por nuevas promesas, como N.W.A. Nadie había visto a un grupo tan peligroso y dañado como ellos, y N.W.A. hizo que sus antecesores parecieran ositos de peluche.

Durante años, N.W.A. fue lo más ardiente del mundo, hasta que Wu Tang apareció y tomó su lugar. Eran jóvenes salvajes que estaban fuera de control. La cultura no se saciaba. Luego, 'Pac trajo a la costa oeste de vuelta. Nadie estaba más brutalmente dañado que 'Pac después de firmar con Death Row. Les tiraba golpes a los policías encubiertos, se pavoneaba en las cortes y sobrevivía a intentos de asesinato. No hay forma de saber cuánto habría durado su reinado si no hubiera muerto.

Después de 'Pac, llegó mi turno. Yo subí los límites del daño tanto como era posible —"Le dispararon nueve veces y no se murió"—, pero con el tiempo la cultura dejó de verme de esa forma a mí también.

Podían haberme desplazado, pero el patrón se repitió y se repitió. El último rapero en utilizar esa energía fue Tekashi, pero no logró controlarla. Para cuando este libro se publique, seguro otro chico habrá aparecido y estará ocupando los zapatos de Tekashi. O puede ser una chica también, pues hoy las raperas como Nicki Minaj y Cardi B hacen hasta lo imposible por hacer ver que están tan dañadas como los hombres.

El error trágico de muchos raperos es negarse a aceptar que el patrón existe. Según ellos, siguen dañados y siguen siendo la misma persona que irrumpió en la escena. Pero, como ya expliqué antes, la gente suele dejar de verte como ser humano cuando alcanzas el éxito. En la mente del público, cuando llegas, te compones. Y es momento de pasar al siguiente juguete roto.

Los artistas más perspicaces aceptan esta realidad y evolucionan. Los menos observadores siguen luchando contra lo inevitable hasta caer en la oscuridad y el olvido. Si vemos a los raperos del pasado, ¿quiénes siguen siendo relevantes hasta la fecha? Además de mí, están Ice Cube, Dr. Dre, Method Man y Snoop. Y no es por su música. Los tiempos cambian y nadie está buscando su música ya. Es porque los primeros tres reconocieron que sus días de raperos no serían eternos e hicieron la transición a otras avenidas: Method Man se dedicó a la actuación; Cube a la actuación y a la liga de basquetbol Big Three; y Dre le pegó a la lotería con los audífonos y asociándose con Apple.

Esos tipos tuvieron la inteligencia y humildad suficientes como para entender que el público nunca se equivoca. Cuando la gente deja de responder a lo que le das, el mensaje que te transmite fuerte y claro es que ya pasó a otra cosa. Si no lo oyes es porque no estás poniendo atención.

Hacer música aún me apasiona, pero ya no es lo que me define. Digamos que entro al estudio una noche y logro capturar la magia que está detrás de cualquier gran canción. La energía es la correcta, los ritmos están de locura y suelto algunos de mis mejores versos. Cuando sale el sol, tengo hits en las manos.

Podré haber creado gran contenido, pero de cualquier modo no lanzaría las canciones por cuenta propia. Prefiero, en cambio, dárselas a un buen prospecto joven, a alguien con la cara llena de tatuajes, que se mete *molly* y está *en forma*, que parece que siempre está en modo zombi y que *genuinamente* parece dañado.

¿Por qué? Porque soy lo suficientemente realista como para admitir que el público será más receptivo viniendo de su voz que de la mía. ¿Por qué no darle a ese joven y talentoso artista algo que pueda llevarlo al siguiente nivel? Puedo crear una parte de la canción y él puede probar el éxito. Es un buen negocio para todos.

Debo aceptar que la cultura ya cambió. Eso no significa que no puedo seguir teniendo un impacto en ella, sólo que necesito utilizar otros métodos.

Sin importar lo que hagas, debes ser capaz de aceptar que tu papel va a cambiar. Cuando empiezas en un espacio o industria, consideras esa inevitabilidad como algo positivo. Si el personal de una empresa o de una organización no evolucionara, jamás tendrías esa primera oportunidad. Esa constante evolución es la llave que abre las puertas.

Luego, trabajas ahí unos años y comienzas a sentirte cómodo. Desarrollas hábitos. Si eres bueno, enriquecerás un poco a la compañía, o quizá mucho. Entonces comenzarás a pensar que la compañía te debe algo, no sólo el sueldo que te esté pagando en ese momento, sino también por todo lo que hiciste en el pasado. Tal vez comiences a quitar el pie del acelerador y empieces a creer que tu historial te mantendrá a salvo en ese lugar por siempre.

Lo siento, pero así no funcionan las cosas. El mismo cambio que te abrió la puerta es el mismo que te puede echar a patadas si no sigues empujando hacia delante. No importa cuántos ascensos hayas recibido, cuántas oficinas elegantes hayas ocupado ni cuántas veces hayas visto tu cara en la primera plana: ¡no puedes conformarte *nunca*! Debes seguir encontrando desafíos.

Un tipo llamado Ray Dalio está a cargo de Bridgewater Associates, uno de los fondos de inversión más grandes del mundo. Su fortuna personal es de unos dieciocho mil millones de dólares, así que algo debe saber sobre qué es lo que motiva el éxito prolongado. Esto es lo que Dalio piensa sobre la importancia de la evolución personal:

> Cuando conseguimos lo que estamos buscando, rara vez nos quedamos satisfechos con eso. Esas cosas son sólo la carnada. Perseguirlas nos obliga a evolucionar, y es la evolución y no las recompensas mismas lo que nos importa a nosotros y a quienes nos rodean. Esto significa que, para la mayoría de la gente, el éxito es sinónimo de luchar y evolucionar de forma tan eficaz como sea posible.

Te juro que Ray tiene muy claro qué es lo que se necesita. Yo he conseguido todo lo que he buscado y mucho más. Y sigo sin estar satisfecho con mi situación.

He vendido casi treinta millones de discos. Es evidente que mi rap les gusta a algunas personas. Sin embargo, cada vez que entro a la cabina, sigo intentando crear una rima demoledora. Sigo queriendo demostrar que tengo los mejores versos.

De igual modo, quiero seguir creando televisión espectacular, vender más libros y lanzar más marcas de licor. Y, en un par de años, sospecho que tendré algún proyecto nuevo que estaré por lanzar y me emocionará tanto como me emocionó firmar con Interscope la primera vez.

El momento en el que cierre la puerta a mi evolución personal será el momento en que deba colgar la toalla. Pero no veo que esa puerta vaya a cerrarse pronto.

CAMBIAR CON LA CULTURA

Estar dispuesto a evolucionar en tu empleo o puesto es sólo parte de la batalla. También debes estar dispuesto a cambiar con tu cultura.

Hay varias razones por las que *Power* se ha convertido en un hit contundente. He recibido mucho apoyo de parte de Starz. Mi *showrunner*, Courtney Kemp, nos ha bendecido con libretos fantásticos. Miembros del elenco como Omar Hardwick, Joseph Sikora, Naturi Naughton, La La Anthony y Lela Loren hicieron un trabajo increíble al darle vida a nuestra visión.

Pero uno de los factores más importantes detrás del éxito de la serie es que la construí para que reflejara la evolución de mi público.

Concebí *Power* única y exclusivamente para mi audiencia. No estaba intentando apelar a un nuevo grupo demográfico ni atraer un público más amplio. Entendía que sólo tendría una oportunidad para acertar con *Power* y, para hacerlo, tenía que hablarle directo a *mi* gente.

Me sentía muy seguro de mi capacidad para hacerlo. Definitivamente soy observador, y a lo largo de los años he pasado mucho tiempo prestándoles atención a mis fans. Cuando empecé, el grueso de mi público era joven: chicos universitarios o de veintitantos que iban a los clubes por primera vez.

¿Qué hice? Compuse música que sabía que conectaría con ese estilo de vida. Piensa en los famosos versos "Go shorty, it's your birthday / We're gonna party like it's your birthday!" (Dale, chaparro, es tu cumple / ¡Vamos a celebrar como si fuera tu cumple!) Eso *tenía* que conectar. Mi público estaba en los clubes y todas las noches tenía que ser el cumpleaños de *alguien*. Esos versos eran un reflejo de cómo estaban viviendo y jamás perdería su relevancia.

Para 2014, mi público ya no estaba en los clubes todas las noches. Si era su cumpleaños, harían una pequeña reunión en casa con su pareja y sus hijos. Estaban madurando.

Por eso construí la serie alrededor de temas que le hablarían a un público mayor. ¿Qué pasa cuando un amor de la juventud reaparece? ¿Cuáles son las consecuencias de que un esposo y una esposa no tengan la misma visión para el futuro? ¿O si un hijo traiciona a su padre? Ésos son temas que resuenan con los adultos.

Al mismo tiempo, necesitaba capturar la energía y la emoción que mi público sintió cuando todavía estaban afuera, viviendo la vida al máximo, de fiesta a diario y entre drama y drama. Por eso insistí en que *Power* fuera muy gráfico, sobre todo en términos sexuales. La serie necesitaba esa chispa.

Cuando empecé en la industria y rapeaba "I'll take you to the candy shop, let you lick the lollipop" (Te llevaré a la dulcería y te dejaré lamer la paleta), aún se consideraba algo vulgar. Hoy en día, las mujeres cantan "Eat booty like groceries" (Come culo como si fuera un pastel). La vara está mucho más alta y *Power* necesitaba estar a ese nivel.

No fue una tarea sencilla. El sábado en la noche siempre ha sido un cementerio de ratings. Salvo por *Saturday Night Live*, ese horario ha producido muy pocos éxitos a lo largo de los años. Es la noche en la que menos personas están en casa frente al televisor. Al poner *Power* en el turno de sábado por la noche, Starz estaba destinando la serie al fracaso.

Sin embargo, logramos sorprender a la cadena y a la industria entera con *ratings* muy impresionantes para el sábado por la noche. Los ejecutivos no lograban entenderlo en un principio, pero yo sabía a la perfección qué era lo que estaba ocurriendo: mi público se estaba quedando en casa el sábado en la noche. Les estaba ofreciendo la misma energía del pasado, pero en la comodidad y seguridad del sillón de su casa. Luego, los más jóvenes comenzaron a oír el bullicio y empezaron a grabar la serie en su DVR para verla al día siguiente. O la veían en su teléfono con la app de Starz. La estábamos rompiendo en todas las plataformas.

Ha sido una transformación ganadora para Starz también. Les permití conectar con una audiencia que no tenían antes. Antes de *Power*, el canal no tenía una identidad; ahora se está posicionando como una versión más joven y diversa de HBO. Y todo comenzó con *Power*.

Pero *Power* no ha terminado de evolucionar. Vamos a lanzar cuatro *spin-offs* en Starz, incluyendo uno protagonizado por Mary J. Blige y Method Man que me emociona mucho.

También se viene un drama sobre la Black Mafia Family. Es un proyecto tan orgánico que combina los elementos del rap y de la música que son fundamentales para el hip-hop. Estoy seguro de que será un jonrón, tal vez incluso más grande que *Power*.

Si una generación me conoció como rapero, vendrá otra que me conozca como un magnate de la televisión. Pero eso es sólo porque estuve dispuesto a cambiar con los tiempos y de evolucionar de la mano de mi público.

NEGARSE A EVOLUCIONAR

Si el éxito de *Power* ha sido uno de mis más grandes logros, una de mis más grandes decepciones es el potencial desperdiciado de Lloyd Banks y Tony Yayo de G-Unit.

Tanto el surgimiento de *Power* como la caída de G-Unit son muestra de cómo el crecimiento suele ser uno de los elementos clave de cualquier camino exitoso. Siempre he sentido que, si hubiera hecho un mejor trabajo enseñándoles a Banks y a Yayo cómo evolucionar y cambiar sus hábitos, los dos estarían en un mejor lugar en este momento. En cambio, los dos se quedaron atorados en la misma mentalidad y, por ende, el éxito que tanto ansiaban los ha eludido.

En el caso de Banks, mucha de su incapacidad para evolucionar como artista está ligada a su estructura emocional. Banks creció en el mismo vecindario que yo, pero nunca fue parte del barrio de la misma manera. Mientras yo estaba afuera afanándome (de hecho, trabajaba con su papá), Banks se conformaba con sentarse en su pórtico y ver el mundo pasar desde ahí.

No tiene nada de malo, pero era muestra de un aspecto particular de su personalidad: Banks quería que las cosas llegaran a él, en vez de salir a buscarlas. No estoy intentando calumniarlo; el tipo tiene tatuado "Lazy Lloyd" en el brazo. Lleva la pereza literalmente a flor de piel.

Siempre ha proyectado una poco productiva mezcla de introversión y arrogancia. Es el tipo de persona que se siente más cómoda siendo cabeza de ratón. Si Banks estaba en el estudio con un montón de MC desconocidos, se sentía muy seguro; disfrutaba ser el centro de atención. Pero, si de pronto aparecía yo, él sentía que lo habían quitado de su puesto. Se frustraba al sentir que ya no era el más importante.

Lo entiendo. Acaparo el aire dondequiera que esté. El problema es que él no luchaba por recuperar algo de ese oxígeno, que es justo lo que una estrella debería hacer.

Mi creencia es que una verdadera estrella debe poseer cuatro habilidades fundamentales: crear muy buen material, ser un artista en vivo con gran energía, tener una imagen única y mostrar una personalidad fuerte.

Tupac tenía las cuatro, al igual que Mary J. Blige. Chris Brown también.

Biggie no tenía las cuatro, pero era capaz de compensar las áreas donde flaqueaba más. Su imagen en un principio no era tan fuerte, así que Bad Boy le compró suéteres nuevos y le puso lentes de sol para taparle el ojo que se movía siempre por todos lados. No podía moverse mucho en el escenario durante los conciertos, así que el líder de su disquera se convirtió en su bailarín. Era una gran distracción. Todo eso le funcionó a Biggie. Irrumpió en la escena con material trascendente, y sus colaboradores lograron maquillar las áreas en las que no era tan fuerte. No necesitó mucha más ayuda para convertirse en estrella.

Si soy honesto al evaluar a Banks, quizá tiene una de esas cualidades: es un muy buen compositor. Entre los raperos conocidos como "de *punchline*" (raperos que terminan sus compases con un verso gracioso o irónico"), a Banks le gusta hacerse llamar el PLK o Punch Line King. No sé si sea el rey, pero no debe estar muy abajo en la línea de sucesión.

Sin embargo, no es un gran artista en vivo ni alguien que se vista bien, ni alguien con una gran personalidad. Así que, si no cumple con esos tres requisitos, ¿cómo va a crecer y convertirse en la estrella que ya es en su cabeza?

Para mí, la respuesta era cambiar la forma en la que interactuaba con la cultura. Por eso, hace años le dije que filmara un video sobre su vida y lo subiera a YouTube. Que le presentara su estilo de vida a la gente. Que dejara que la cámara lo siguiera un rato para ver cómo se movía. Tal vez algo que hiciera o dijera crearía una chispa, se haría viral y le daría algo de fuego.

Lo que no quería era que se sentara a escribir *punchline* tras *punchline* y luego se llenara de resentimiento cuando a la gente le dejara de importar sus *mixtapes*. Dicen que la locura es hacer lo mismo una y otra vez esperando resultados distintos. Si es así, sin duda hay algo de locura en el temperamento de Banks.

No estoy escribiendo aquí nada que no le haya dicho de frente. Una vez que me senté a hablar con él, justo cuando Instagram estaba por estallar, intenté dejarle esta joya de sabiduría:

—Tienes que estar en Instagram —lo animé—. Puedes ser un poco torpe en persona, así que ésa es una gran manera de que te comuniques con la gente. Sólo publica fotos de lo que te parezca *cool*. Así puedes controlar la conversación sin tener que sentirte incómodo. Es perfecto para ti.

—Nah, no quiero —dijo.

—¿Por qué no? Puedes sólo subir la foto y poner cosas graciosas abajo. Puedes ponerles *punchlines* a las imágenes. ¡Puedes hacer lo que sabes hacer y ganar fans!

—Nah, qué cursi —me dijo, antes de agregar—: Biggie y 'Pac no hacían esa mierda.

—Están muertos, amigo —le dije—. Murieron antes de que inventaran esta cosa. ¿Cómo sabes que no estarían en Instagram si estuvieran vivos?

Pero Banks estaba terco. Biggie y 'Pac no usaban las redes sociales, así que él tampoco lo haría.

Su forma de pensar casi me revienta la cabeza. Sugería que, si Tupac estuviera vivo, seguiría usando chalecos de cuero y pañoletas rojas en la cabeza, y les daría su número de bíper a las mujeres. O que Biggie seguiría llevando suéteres Coogi y jugando *Mortal Kombat II* todas las noches. Es absurdo. Esos tipos habrían evolucionado en su música, estilo y personalidad.

Biggie era graciosísimo. Su Instagram sería una de las páginas más populares de todo el mundo. Creo que 'Pac habría vuelto a sus raíces revolucionarias y habría tenido un impacto en la sociedad que fuera mucho más allá de la música.

Diablos, hasta *mi* actitud con respecto a Instagram ha evolucionado. Cuando apareció, también me pareció cursi. En 2014, le dije a *The Guardian*: "Creo que lo está arruinando todo. Nos provoca hábitos extraños. Le estás tomando fotografías a cosas que ni siquiera te gustan".

Eso es lo que pensaba entonces, pero tampoco mantuve la mente cerrada. Con el tiempo, comencé a darme cuenta de que no entendía la plataforma del todo. No había intuido los ritmos de cómo publicar o cuál era el contenido que resonaba con la gente. Lo más importante de todo: no apreciaba lo efectivo que era estar en contacto directo con la gente por ese medio. Así que me lancé y me sumergí en la plataforma. Hoy es una de las herramientas más importantes que tengo para interactuar con el público.

Banks se resistía a ese tipo de evolución. Su mente estaba atorada en los noventa y no tenía prisa por desatascarla. Para ser justo con Banks, en realidad era un instinto natural. Los científicos han comenzado a descubrir que la música que escuchamos cuando somos adolescentes tiene un mayor impacto en nuestras vidas que aquella que escuchamos en cualquier otro momento de nuestra vida. Nuestro cerebro se desarrolla con mayor velocidad entre los doce y los veintidós años, y parece ser que la música que escuchamos en ese periodo es la que tiende a quedarse grabada en nuestra mente.

Banks tenía unos catorce años cuando Biggie y 'Pac estaban en la cima, así que tiene sentido que su música resuene tanto con él. Lo entiendo; también sigo amando la música de cuando tenía esa edad. La diferencia es que yo no he moldeado mi carrera a la imagen de KRS-One ni Kool G Rap. ¿Qué sentido tendría? Fueron increíbles en su momento, pero a mí siempre me ha importado crear mis propios momentos en vez de copiar los suyos. Cuando Banks me dijo eso, me di cuenta de que había llegado tan lejos como era capaz. De hecho, lo primero que pensé fue: "Ésa es una persona en la que no puedo invertir ni un dólar o segundo más".

Todos conocemos a alguien como Banks, la persona que sólo respeta una época y piensa que lo demás es basura. Puede ser sobre música, deportes, televisión, cine o moda. En un principio parece genial que le apasione tanto proteger un legado, pero se vuelve irritante después de un rato. La mayoría de la gente no quiere oír sermones sobre cómo eso que están disfrutando en el presente no es tan bueno como algo que existía antes. Respetar el pasado es bueno, pero deja de serlo si te impide avanzar hacia el futuro o aprovechar el presente.

La gente que está atascada en el pasado envejece antes de tiempo. Su identificación podrá decir que tienen treinta años, pero su mentalidad es más vieja que la de gente de cincuenta o sesenta. La edad no tiene que ver con el año en que naciste, sino con cómo enfrentas el año en el que estás. Si te mantienes abierto a nuevas experiencias, estás dispuesto a correr riesgos y te dan curiosidad las ideas nuevas, eres joven. Punto.

Por otro lado, si estás atascado en una forma de pensar y no te interesa probar cosas nuevas, o si crees que ya has aprendido todo lo que necesitas saber, eres un anciano. De hecho, estás al borde de la muerte.

Mi barba tendrá una que otra cana, pero me mantengo joven. Me siento y me veo fresco. No sólo porque todavía tengo el abdomen marcado y uso zapatos deportivos geniales, sino porque mi espíritu es joven. Lo que vaya a ocurrir este año me emociona tanto como me emocionaba en 2002 o 2012.

Alguien podría mostrarme la música de un rapero nuevo mañana y estaría tan prendido como lo estuve la primera vez que escuché a Nas. De igual modo, podría ver una comedia nueva y reírme tanto como la primera vez que vi *Sanford and Son*. Nunca me negaré a vivir experiencias nuevas.

En verdad intenté ayudar a Banks, pero no se puede ayudar a alguien que está casado con cierta mentalidad o época. Si te sientes atascado, debes tener el valor de salir del cascarón en el que te metiste y vivir todas las emociones que el mundo aún puede ofrecerte.

Los problemas de Tony Yayo eran un poco distintos. Como Banks, Yayo era de mi barrio, pero, a diferencia de él, no se quedaba sentado en los escalones. Estaba afuera, en las calles, buscando tanta acción como fuera posible.

Yayo era salvaje desde que lo conocí. En nuestro mundo, ese temperamento le vino muy bien. Era capaz de hacer cualquier cosa en cualquier momento y, por ello, la gente le daba mucho espacio. En aquel entonces, ayudé a Yayo a ser así de salvaje. Como banda, necesitábamos esa energía agresiva e impredecible.

Incluso después de que comenzó a llegar el éxito, seguíamos viviendo así. No veíamos razón alguna para cambiar. Eso significaba que seríamos muy agresivos al tomar lo que creíamos que nos correspondía. Si alguien nos faltaba al respeto o se interponía en nuestro camino, lo quitábamos, costara lo que costara.

Uno de mis talentos es asimilar y procesar información más rápido que la mayoría. Así que, a pesar de que estábamos rompiéndola en los estadios, clubes y hoteles de todo el país, comencé a detectar señales de que pronto tendríamos que cambiar la forma en la que hacíamos las cosas.

La señal más evidente era que había policías a dondequiera que fuéramos. Pasillos de estadios, lobbies de hoteles, entradas de clubes: la policía siempre estaba ahí. Uno pensaría que no había muchos crímenes en la ciudad en la que estábamos, considerando la manera en que nos seguían.

Algunas otras señales no eran tan notorias. Había mucha energía nerviosa a nuestro alrededor. Es fácil no percibirlo cuando todo se mueve tan aprisa, pero, cuando ves más allá de la conformidad de la gente, el miedo es evidente. Lo notaba en los DJ de las estaciones de radio, en los ingenieros del estudio, en los conductores de televisión, en los gerentes de clubes, agentes y programadores. Querían hacer negocios con nosotros, pero creían que podía desatarse una balacera en cualquier momento.

Al darme cuenta de ello, acepté que tendría que cambiar mi estrategia para lidiar con los desacuerdos y confrontaciones. Era hora de expresar mi descontento de forma distinta. Tendría que presionar para obtener lo que quería, por medio de managers y agentes. Tendría que pelear con abogados. Tendría que diversificar mis arsenal estratégico si quería capitalizar las oportunidades que el éxito nos estaba presentando.

También reconocí que necesitábamos modificar la distribución de nuestro tiempo. En las calles, si querías empezar a vender crack a la 1 p.m., a esa hora empezabas. Si querías tomarte un descanso a las 5 p.m., te lo tomabas. ¿Un día no querías trabajar? Allá tú. Sólo asegúrate de vender. Es un estilo de vida que te condiciona a hacer lo que quieras, cuando quieras, siempre y cuando muevas la mercancía.

No es, por el contrario, un estilo de vida que sea productivo cuando lidias con corporaciones. Si una estación de radio te espera a las 8 a.m., no caminas por la puerta pasado el mediodía, esperando que pongan tu canción de todas maneras. De igual modo, si una disquera te reserva un estudio de grabación durante dos semanas, no deberías esperar al décimo día para por fin aparecerte y comenzar a grabar.

Hacer la transición del estilo de vida callejero a ser una persona púbica requeriría una nueva mentalidad. Yayo no pareció registrarlo. Si yo tenía algún desacuerdo con otro artista, la reacción de Yayo era: "Vamos a balearlo", porque ésa habría sido su actitud en el barrio también.

Si nos daban cien mil dólares por una serie de presentaciones en clubes, Yayo no pensaba en guardarlos en el banco. Lo primero que pensaba era: "Oye, con esto compramos tres kilos y medio de coca. Los revendemos y vamos a tener dinero de verdad".

Una y otra vez tuve que decirle: "Yayo, no podemos hacer eso. Nada va a funcionar si hacemos esas estupideces. Vamos a terminar de regreso en las calles más rápido de lo que nos tardamos en llegar aquí".

En la cabeza de Yayo, yo estaba siendo demasiado servil. Siempre habíamos hecho lo que queríamos, cuando queríamos, como queríamos. Ésa fue la actitud que nos hizo sobresalir. ¿Por qué cambiarla?

En retrospectiva, gran parte del problema fue que el éxito inicial le llegó con demasiada facilidad. Cuando lancé *Get Rich or Die Tryin'*, Yayo estaba en la cárcel. En cuanto salió, lo puse en el escenario. No hubo periodo de transición. No tuvo que pasar tiempo como un MC desconocido, adquiriendo experiencia de a poco, aprendiendo a interactuar con la gente de la industria y cómo lidiar con ejecutivos al tanteo.

En cambio, de golpe lo puse justo bajo los reflectores nacionales y le dio montones de dinero. Debí haber visto que no eran las circunstancias ideales para pedirle de pronto que cambiara los hábitos que había desarrollado a lo largo de una vida. Si acaso, debí suponer que esos hábitos se apoderarían aún más de él.

Aprendí que, cuando las cosas se mueven demasiado rápido y constantemente cambias de situaciones y ambientes, la mayoría de la gente vuelve a sus viejos hábitos en vez de desarrollar nuevos.

Después de años de súplicas, negociaciones y amenazas para que comenzaran a hacer las cosas de otra manera, tuve que aceptar que Yayo y Banks no serían capaces de hacerlo mucho más de lo que estaban acostumbrados.

Puedes darles las herramientas, pero no realizar el trabajo por ellos. Ambos tuvieron la caja de herramientas enfrente durante años, pero no iban a usarla jamás.

Fue muy decepcionante, pero no tuve más opción que aceptar que muchos de los rasgos dominantes de sus personalidades —imprudencia, resentimiento e indisciplina— siempre entorpecerían su progreso. Simplemente era su forma de ser.

Quizá no lo parezca, pero me esforcé mucho por asegurarme de que fueran exitosos. Como ya dije, me habría encantado que Yayo se convirtiera en el siguiente 50 Cent. Si Yayo hubiera logrado capitalizar las oportunidades que tuvo, habría abierto muchísimas puertas y me habría empoderado para moverme aún más rápido. Habría hecho la transición para aprovechar otras oportunidades mucho antes. En cambio, terminé siendo 50 Cent durante más tiempo del que tenía planeado.

Y no fue sólo a Yayo a quien quise impulsar. La idea era que todos los que estuvieran asociados con G-Unit terminaran convirtiéndose en jefes por mérito propio. Lo único que tenían que hacer era seguir mi ejemplo. Los preparé para el éxito al incluirlos en mis discos y dejarlos compartir el escenario conmigo. Una vez que tuvieran una base sólida, lo único que faltaba era que reprodujeran la fórmula con nuevos actos que ellos escogieran, repitiendo el proceso una y otra vez. Nunca lo hicieron. De cualquier modo, no quisieron hacerlo o no supieron identificar a nuevos artistas de cuyo pastel les habría correspondido una rebanada.

Mi intención era que G-Unit fuera la primera rama de un árbol genealógico que comenzara conmigo y lanzara después a generaciones enteras de raperos. Lo que sucedió en realidad fue que creé un árbol que vivió sólo una generación antes de morir. Se encogió. Di a luz a mis hijos, pero ellos no me dieron nietos.

LOS DÍAS NO ESTÁN CONTADOS

En los días del Viejo Testamento, había un rey babilonio llamado Baltasar. Llevaba una vida decadente, incluso para los estándares de la época. Te estoy hablando de harenes llenos de mujeres hermosas y orgías alcohólicas que duraban días.

Un día, Baltasar decidió llevar las locuras de su mandato un poco más lejos. Solía hacer fiestas en el palacio, pero esa noche decidió tener una en el templo más sagrado de la ciudad. El rey se embriagó tanto que, en el furor de la fiesta, comenzó a beber vino de copas sagradas que habían sido llevadas al templo desde Jerusalén. Se suponía que sólo los sacerdotes del templo podían usar esas copas, pero Baltasar estaba decidido a demostrar que no había tabú que no pudiera romper.

Casi inmediatamente después de que terminó de beber de las copas, el rey vio de pronto una mano que no estaba unida a un cuerpo escribir la siguiente frase en la pared del templo:

Mené, mené, téquel, fares.

Al principio debió pensar que había bebido demasiado, pero, cuando las inspeccionó de cerca, vio que las palabras en verdad estaban escritas en la pared. Eso le quitó la borrachera casi al instante. Llamó a los sabios de su reino para que le explicaran qué diablos ocurría, pero ellos tampoco lograron entender qué significaban esas palabras. Llamó entonces al profeta hebreo Daniel, quien fue capaz de interpretarlas: "Dios ha contado los días de tu reinado y ha determinado su fin; has sido puesto en la balanza y te ha hallado falto de peso; tu reino ha sido dividido y entregado".

Era una advertencia seria, pero a Baltasar no le preocupó. Él era el rey de Babilonia. Ningún Dios hebreo le diría qué hacer. Así que dejó que el vino fluyera y la fiesta continuara. Sin embargo, debió haber escuchado. Harto de las faltas de respeto, el dios hebreo lo mató ese mismo día y dejó su imperio en ruinas.

Te comparto esa historia porque representa el origen de la frase "tus días están contados". En ese entonces, hablaban de un rey que desafió a Dios. Hoy la usamos para describir un momento en el que es obvio que las cosas van a dar un vuelco para mal.

En el contexto de los negocios, podemos decir que los días de BlackBerry estuvieron contados cuando apareció el iPhone, o que los días de Blockbuster estuvieron contados cuando la gente comenzó a ver películas en Netflix.

En retrospectiva, es fácil ver qué les ocurrió a los Blackberries y Blockbusters del mundo e identificar el momento en el que cambió su suerte. Sin embargo, ubicar ese cambio en tiempo real, sobre todo cuando te está ocurriendo a ti, es una tarea mucho más complicada.

Eso pasa porque *tus días nunca están contados.*

Si fuera el caso, sería fácil saber cuándo cambiar tu plan de negocios, comenzar a buscar otro empleo o incluso terminar una mala relación.

Pero nadie voló un avión sobre las oficinas de Blockbuster con un cartel que dijera "¡Oye, Blockbuster! Rentar DVD está a punto de ser cosa del pasado. ¡En el futuro la gente va a ver sus películas por internet!".

De igual forma, no entrarás a tu lugar de trabajo y encontrarás una nota en tu escritorio que diga: "Aviso: vamos a hacer recortes el año que viene y tu puesto va a ser eliminado. Tal vez quieras empezar a buscar otra cosa".

Y, sobre todo, no vas a llegar a tu casa un día y encontrar una nota en el refrigerador que diga: "Hola, amorcito. Sólo quería decirte que me estoy acostando con tu mejor amigo".

¡No! Si eres el CEO de Blockbuster debes tener la visión necesaria para entender hacia dónde van las cosas y mover tu negocio a un modelo de *streaming* antes de que Netflix acapare el mercado.

Si eres ese empleado, debes tener el dedo en el pulso de la industria, darte cuenta de que a tu empresa ya no le va tan bien y comenzar a buscar un nuevo empleo mientras aún tienes poder de negociación.

Si eres esa esposa, necesitas terminar las cosas con el amigo y tener una conversación seria con tu esposo. O tal vez necesitas sacar a ese hombre de tu casa.

Sería maravilloso poder tener información privilegiada cuando vamos a enfrentar un periodo complicado, pero, por desgracia, nadie nos lo va a advertir de forma tan clara como a Baltasar.

Quizá no entiendas las palabras sobre la pared, pero lo que *sí* puedes interpretar es la energía que te rodea. Si estás dispuesto a observar y escuchar, descubrirás que los mensajes que transmite esa energía son casi tan claros como la advertencia que recibió Baltasar.

Por ejemplo, regresemos a 2009, el año en que me fui de gira para promocionar "Crack a Bottle". Percibí que el público no respondía a mi música igual que antes, y las ventas lo confirmaron. Cuando lancé *Before I Self Destruct* ese mismo año, vendería sólo un millón de copias a nivel mundial. Es una cifra fantástica para la mayoría de los artistas (sobre todo en la actualidad), pero para mí era una caída estruendosa. En comparación, en 2003, *Get*

Rich or Die Tryin' vendió catorce millones; y *The Massacre*, que debutó en 2005, vendió once millones de copias a nivel mundial. Era evidente que mis cifras se estaban moviendo en la dirección equivocada.

Sin embargo, cuando visitaba las oficinas de Interscope, la gente me seguía hablando como si estuviera vendiendo diez millones de copias. "Te amamos, 50", me decía un ejecutivo, mientras que otro me ponía un brazo en los hombros y decía: "50, queremos estar contigo en este negocio para siempre". Era lindo oírlo, pero no era cierto.

Lo que no estaban diciendo era que la industria discográfica estaba en su lecho de muerte. No eran mis ventas las que estaban cayendo, sino las de todos. Ninguna disquera iba a ganar tanto dinero monetizando *streams* como lo hicieron vendiendo CD.

A diferencia de algunos de sus colegas, el CEO de Interscope, Jimmy Iovine, identificó la tormenta que se avecinaba. Calculó que, si en el futuro la mayoría de la gente iba a escuchar música en dispositivos móviles, los audífonos serían mucho más rentables en el mercado. Basándose en esa intuición, comenzó a hacer la transición de alguien que vendía discos a alguien que ofrecía audífonos.

Esa previsión le trajo muchos frutos a Jimmy, pero no le redituó tanto a los artistas de su disquera. Resulta que no es ideal trabajar con una disquera que en realidad no está enfocada en vender discos.

Por eso, si mis días hubieran estado contados, cuando aparecí en las oficinas de Interscope habría encontrado un cartel colgando de una pared que dijera: "PERDÓN 50, PERO YA NO NOS INTERESAS". Eso fue justo lo que sentí, pero —como ya dije— nadie me lo iba a explicar de frente.

Tuve que descifrar ese mensaje a través de la energía que dirigían hacia mí. Debí fijarme en las diferencias entre cómo me trataban cuando era realmente importante para las finanzas de la empresa y cuando sólo fingían que lo era. Cuando el dinero fluía, me trataban como a su jugador franquicia. Mi presupuesto de marketing era ilimitado. No me negaban ninguna petición. Todos los vuelos eran en primera clase; todos los hospedajes eran en la suite presidencial. Cuando visitaba las oficinas, la gente me atendía como si fuera de la realeza. Desde la recepcionista hasta Jimmy, a todos les emocionaba verme y se deshacían en atenciones. ¿Cómo no hacerlo? Les estaba llenando los bolsillos.

Sin embargo, cuando las ventas comenzaron a caer, sentí el cambio en la energía. Fue sutil al principio. Los contratos tardaban más en firmarse. Las respuestas a mis llamadas y correos no llegaban tan rápido. Pasaba más tiempo reuniéndome con ejecutivos junior que con los dirigentes.

Contrario a muchos artistas, disfruto ser un analista de la industria. Leía publicaciones como *Billboard, Variety* y el *Hollywood Reporter,* y sabía que las ventas de música habían caído más de cincuenta por ciento, de 14.6 mil millones de dólares a 6.3 mil millones entre 1999 y 2009. Nadie estaba vendiendo como lo hacía antes.

Tras tomar en cuenta la energía que había detectado en la oficina —además de la trayectoria general de la industria—, decidí hacer una jugada.

En vez de esperar a que la inevitable guillotina cayera, decidí adelantarme a Interscope. Agendé una reunión con Jimmy y le dije que estaba listo para buscar otros horizontes. "Ustedes ya no están realmente en el negocio de vender música. Me iría mejor como artista independiente. Además, voy a empezar a estar más activo en el cine y la televisión. Eso es lo que me apasiona."

"Ah, ¿quieres hacer las dos cosas?", me preguntó. Lo dijo como si le sorprendiera, pero me di cuenta de que estaba más aliviado que otra cosa. Supongo que quería quitarse la carga de encima.

Habría sido fácil resentirme en ese momento. Jimmy nunca fue mi jefe; era mi socio. Y, como socios, nos había ido muy, muy bien juntos. Pude haber dedicado tiempo a preguntarle por qué, a pesar de todo ese éxito, no siempre me respaldó y no había hecho más para apoyar mis últimos discos, incluso mientras tiraba mucho más dinero a proyectos que eran obviamente inferiores, como *Last Train to Paris,* de Puffy. (De hecho, *sí* sé por qué, pero eso lo guardaré para el próximo libro.) Yo ya estaba enfocado en el futuro, un futuro en el que me involucraría mucho más en el cine y la televisión.

En vez de perder mi tiempo, leí la energía del lugar, percibí hacia dónde iba la industria y tomé el control de mi futuro. Siempre es mejor plan que esperar a que tus días estén contados.

EXPANDIR TU MENTE MEDIANTE TU CÍRCULO

Siempre que escucho a alguien decir que el dinero no lo ha cambiado, pienso lo mismo: ¡eso quiere decir que no han ganado suficiente!

Créeme, cuando ganas dinero en serio, muchas cosas cambian. Y una de las más importantes es el tipo de personas con las que te juntas.

He hecho muchos nuevos amigos a lo largo de los últimos quince años. Muchos son sólo amigos de la industria, gente que veo en los eventos, con quienes me tomo una *selfie* y con quienes hablo de cualquier tontería unos minutos antes de pasar a otra cosa. Pero hay un grupo más reducido de personas que en verdad ha tenido un impacto positivo en mi vida, amigos que han transformado de forma sustancial mi forma de ver el mundo al compartirme sus experiencias, observaciones y filosofías.

Uno de mis nuevos amigos favoritos es Robert Greene, coautor de mi libro *La Ley 50*. Robert no es el tipo de persona que habría sido parte de mi círculo en el pasado: es un tipo blanco de mediana edad que no tiene nada de "callejero". Es un estudioso de la historia y alguien a quien leer y estudiar lo hace más feliz que cualquier otra cosa.

Antes de relacionarme con Robert, no conocía a nadie como él. Tenía amigos que habían leído un par de libros por aquí y por allá (incluyendo el clásico de Robert, *Las 48 leyes del poder*), pero no conocía a ningún académico de verdad, alguien que pudiera hablar con conocimiento de causa sobre cualquier cantidad de temas y periodos de la historia.

Antes de ser amigo de Robert, nunca me habían interesado mucho los temas que no tuvieran que ver conmigo. Mi actitud era: "¿Cómo puede algo que pasó en la Roma antigua o en una dinastía china ser importante en mi vida?".

Las historias que Robert me contó me hicieron darme cuenta de que tenía la mente muy cerrada. En realidad, había una reserva inagotable de estrategias y técnicas que podía tomar de los ejemplos de la historia. Robert me explicó que, cuando lees sobre Napoleón o Bismarck, no debes visualizarlos como tipos blancos y muertos que sólo existen en libros polvosos, sino como genios que entendieron cómo ajustar sus estrategias según las circunstancias. Y de eso se trata conservar el poder.

Por supuesto, nuestra relación es de ida y vuelta. Yo le enseñé a Robert sobre mis experiencias y lo ayudé a distanciarse un poco de los libros. Al juntarse conmigo, vio a alguien que ponía en práctica en tiempo real las estrategias que él estudiaba. Creo que le parecía emocionante. Llegó incluso a decirme una vez: "¿Sabes? En Estados Unidos se supone que tú y yo no deberíamos ser amigos. La gente quiere que existan muros entre nosotros porque se supone que venimos de mundos distintos. Se supone que el hip-hop y la historia no deben coincidir. ¿Por qué no? Los dos tenemos mucho que aprender el uno del otro. Nuestra amistad es una forma de derribar esos muros".

Algo que en verdad aprecio de Robert es que, a pesar de que ha pasado la vida entera estudiando las distintas formas en las que la gente manipula el poder, no es el tema que le obsesiona en su vida personal. Cada año vuela por el mundo para reunirse con reyes, presidentes y jefes de Estado (no puedo decir cuáles), quienes quieren extraer estrategias de su cerebro. Él les da la información y vuelve a casa a estar con sus libros. Si acaso, es un poco demasiado suave, sobre todo en su vida personal. Ha habido unas cuantas ocasiones en las que he tenido que decirle que está bien ser despiadado. No es parte de su naturaleza destruir a alguien sólo porque puede. Sabe todo sobre manipulación, pero en el fondo es un tipo compasivo. Ése es el tipo de persona que quiero tener como amigo, porque esa energía se contagia y me ayuda a ser más empático en ciertas situaciones.

Otra persona con quien he forjado una amistad inesperada es Deepak Chopra, el autor de *best sellers* y experto en bienestar. Si Robert Greene es como mi maestro en lo que respecta a la historia, Deepak es mi maestro espiritual. Una de las cosas más valiosas que me ha enseñado es la importancia de tener la mente en un espacio de mayor consciencia y relajación.

Eso siempre se me ha hecho difícil. Soy alguien que todo el tiempo está pensando y planeando. Incluso suelo sentir que, si me tomo unos segundos para relajar la mente, alguien más me va a alcanzar y rebasar.

Deepak me ayudó a entender que la mejor manera de tener la mente siempre a punto es darle un respiro. La técnica que me mostró para darme ese descanso es la meditación. Me explicó que existen varios tipos de meditación que se pueden practicar, pero la que me recomendó fue una técnica basada en mantras.

Si nunca lo has intentado, un mantra es una frase o palabra que repites una y otra vez hasta que tu mente empieza a serenarse. Muchas veces se trata de una palabra en sánscrito, pero Deepak me dijo que podía usar la frase "Yo soy". Me sugirió que, siempre que sienta que mis pensamientos van más rápido de lo que quisiera, puedo sentarme en una habitación tranquila, cerrar los ojos y repetir "Yo soy, yo soy", hasta que el ruido se apague en mi cabeza.

Intenté seguir sus instrucciones, pero me di cuenta de que, tras decir el mantra unos minutos, había tantas ideas en mi cabeza que me distraía y olvidaba qué se suponía que debía estar haciendo. No quise dejarlo, así que le pedí consejos a Deepak; él me dijo que era normal. El propósito de la meditación no es "dejar de pensar" o dejar de tener ideas, sino bajar el volumen de esos pensamientos, de forma que, cuando comiences a sentirte abrumado por lo que tienes en la cabeza, tengas una herramienta con la que puedas bajar las revoluciones y pensar con más claridad.

Me pareció que tenía todo el sentido del mundo, tanto así que hice un pequeño espacio en mi departamento sólo para meditar. Siempre que me siento un poco estresado, voy a mi cuarto de meditación y repito mi mantra durante diez o quince minutos. Es una forma sencilla de retomar el control de mi mente.

Tener ese espacio es genial, pero creo que mis mejores meditaciones siempre ocurren en los aviones. Al saber que estaré atrapado en el mismo asiento durante horas, siempre intento pasar una parte del vuelo meditando. Es tentador abrir la computadora y ver una serie o una película, pero eso no trae consigo nada de provecho. En cambio, me comprometo con mi mantra durante al menos media hora. Durante los primeros diez minutos, más o menos, pierdo el hilo del mantra y mi cabeza vuelve a lo que estaba pensando. Pero, si persisto, después de un rato encuentro un ritmo. Quizá no dejo ir mis pensamientos por completo, pero sin duda alcanzo un estado mental más pacífico. Cuando termino de meditar, siento mayor claridad al pensar y tomar decisiones. Es una gran estrategia para transformar un vuelo en algo realmente constructivo.

Cuando era un jovencito en Queens, si me hubieran dicho que terminaría siendo amigo de un tipo blanco enloquecido por la historia y de un médico indio al que le encanta la meditación, me habría carcajeado. No concebía relacionarme con nadie que pareciera "diferente".

Hoy no puedo imaginar un mundo en el que no tenga amigos como Robert y Deepak. Ambos, de formas distintas, me han ayudado a reconfigurar mi forma de ver el mundo e interactuar con él.

Entiendo que estoy en una situación muy distinta a la de la mayoría. Lo más probable es que tú no tengas la oportunidad de conocer a uno de tus autores favoritos o a un sanador de fama mundial.

Sin embargo, no hay nada que te impida buscar gente con mayor completitud para volverla parte de tu mundo. No a todos tus amigos tiene que interesarles lo mismo que a ti.

Por ejemplo, si cada vez que sales con tu gente la conversación gira en torno al hip-hop o al basquetbol, te hace falta encontrar algo mejor.

De igual forma, si tus amigos van de zapatos deportivos y jeans a cualquier parte, también tienes que encontrar personas más formales con las cuales relacionarte. Yo solía ser así. Al crecer en el barrio, los trajes sólo eran para los funerales y los juicios. Pero me he adaptado conforme he madurado. He aceptado que habrá ocasiones en las que necesito usar un buen traje con zapatos de piel. Todavía hay gente que me pregunta: "¿Por qué traes eso puesto?", pero no voy a quedarme atascado en un lugar sólo porque ahí es donde *ellos* se sienten más cómodos. Aun si mi instinto natural es ponerme una camiseta, jeans y zapatos deportivos, aprecio a la gente capaz de presentarme nuevos diseñadores o lugares donde pueda comprar un buen traje.

Necesitas rodearte de gente que te invite a lugares a los que no irías, que te envíe artículos que de otra forma no leerías o que te haga probar comida que nunca pedirías por tu cuenta.

Tienes que encontrar gente que le inyecte nueva energía a tu vida. Porque si sigues teniendo las mismas conversaciones con las mismas personas año tras año, tu energía se va a estancar. Tus ideas se harán rancias. Tu empuje se va a esfumar.

No sólo estoy expandiendo el círculo de gente con la que socializo. También estoy comprometido con expandir el círculo de gente con quien tengo interacciones profesionales.

En casi todas las salas de juntas a las que entro, estoy rodeado de gente que seguramente estudió más que yo, que ha leído más que yo y que ha estado expuesta a más cultura que yo.

Hubo una época al inicio de mi carrera en la que esas situaciones me habrían hecho sentir inseguro, en las que tal vez habría buscado una razón para no entrar a la sala de juntas porque no quería sentirme estúpido o ignorante.

Logré superar esa inseguridad cuando acepté que esas personas no eran más cultas que yo, sino que habían vivido en una cultura distinta. La cultura que yo viví cuando crecí en South Jamaica fue tan real como la cultura de un chico que creció en Beverly Hills o el Upper East Side de Manhattan. Sólo tenían diferentes cimientos y prioridades.

También llegué a entender que, así como a mí me intimidaba lo que no sabía sobre su cultura, ellos podrían sentirse intimidados por lo que no sabían sobre la mía. Sus hijos podrían ir a una escuela privada en Beverly Hills, pero lo que escuchaban en el auto de camino a esa escuela era mi música. Eso significaba que no había desequilibrio y que, en términos culturales, estábamos en un terreno parejo.

Hoy en día, ya no me intimidan esas diferencias. Por el contrario, busco salas de juntas en las que todos estén mejor educados y sepan más cosas que yo. No porque yo no valore mis experiencias, sino porque sé que, cuando me rodeo de gente educada, podré sacarle el mayor provecho posible a sus aportaciones. Cuando combino esa información con mis instintos y experiencias, obtengo la fórmula perfecta para lograr las cosas.

El tiempo que pases recolectando información nunca es tiempo desperdiciado. Por eso siempre priorizo la información por encima de un cheque. Hace poco recibí un cheque bastante jugoso por dar un concierto en Israel. No tenía que presentarme sino hasta el día del concierto, pero le dije a mi gente que arreglara todo para que llegáramos un día antes.

—¿Quieres pasear? —me preguntaron.

—No es eso —les expliqué—. ¡Quiero conocer al cabrón que puede hacer un cheque de ese tamaño!

No sabía a qué se dedicaba el tipo, pero sabía que podía aprender algo de él.

Y no es sólo una prioridad profesional. Me encanta hablar con cualquiera que pueda darme información que cambie mi perspectiva. Quizás haya temas de los que crea que sé todo y que no hay forma de que alguien pueda hacerme cambiar de opinión. Pero luego una persona inteligente me muestra una nueva perspectiva, un enfoque que no había considerado, y todo cambia.

Eso me pasó hace poco. Estaba hablando con un amigo sobre la noticia de que el vicepresidente Pence declaró que no se reunía a cenar con una mujer si su esposa no estaba presente. A la gente le molestó el comentario, pero yo no entendía por qué hacían tanto alboroto.

—¿Qué tiene de malo? —le pregunté a mi amigo—. Cuando lo dijo, hubo una parte de mí que se identificó con él. Tiene un sistema que le funciona. Déjenlo en paz.

Pero mi amigo no estaba dispuesto a dejar en paz ni a Pence ni a mi visión limitada de las cosas.

—Mira, 50, tienes que verlo desde mi perspectiva —me dijo—. Tengo dos hijas y no voy a tener más. Ellas dos son mi futuro. Digamos que una de ellas es muy buena estudiante y decide entrar a la política. Logra ascender por la escalera política, lo hace todo bien y consigue involucrarse en asuntos importantes. Entonces tiene la oportunidad de cenar con el vicepresidente. Y su oficina le dice que su esposa tiene que estar presente o que no habrá reunión. ¡Eso no es justo!

—¿Por qué no? —pregunté—. Quiere estar concentrado. Está consciente de sus imperfecciones. Deberíamos celebrarlo, no atacarlo.

—No, se merece que lo critiquen —me respondió—. En primer lugar, él va a la cena como vicepresidente, no como hombre. Así que, cuando dice que no puede reunirse con mi hija sin que su esposa esté presente, significa que la está viendo como un objeto sexual, no como cabildera, experta en la materia, senadora o lo que sea. La está viendo, en primer y único lugar, como objeto sexual —era un buen punto. Comencé a entender su punto de vista. Pero no había terminado—. Hay otro problema, 50. Sabes que la vibra es diferente cuando sólo hay dos personas hablando de negocios que cuando la pareja de uno está presente. Cuando sólo están las dos personas, pueden meterse de lleno. Decir cosas de sus enemigos, conspirar juntos, intercambiar notas y secretos, discutir cosas de las que no hablarían enfrente de otras personas. Así es como se hacen muchos negocios en el mundo real. Pero si una pareja está presente la vibra cambia. La conversación gira en torno a hijos, vacaciones, a lo que están viendo en la televisión. No se llega al punto. Si mi hija está hablando con el vicepresidente, quiero que pueda llegar al punto. Quiero que pueda hablar sobre lograr cosas reales con alguien que está en una posición de poder. No quiero que la penalicen por ser mujer, que tenga que limitarse a un tipo de conversación diferente al que tendría un hombre en su misma posición. ¡Al carajo con eso!

—¡Mierda! ¿Cómo es que no lo vi así? —le pregunté a mi amigo.

Cuando lo puso en esos términos, fue como si una bomba hubiera estallado en mi cabeza. Había estado viendo el asunto en blanco y negro; él me ayudó a verlo en tecnicolor.

Mi visión estaba limitada porque me había identificado con Pence como hombre soltero. Como alguien que sabe lo que es la lujuria, entendí su posición. No logré identificarme con la mujer en esa situación, con cómo estaba perdiendo sin haber hecho nada malo.

Me fascina vivir momentos así, cuando puedo identificar en qué estaba equivocado en un tema y evolucionar mi forma de pensar. No me interesa tener la razón todo el tiempo ni tener a un séquito de lameculos que me digan: "Así es, jefe", cuando digo alguna estupidez. ¡No! Quiero que tantas personas inteligentes como sea posible me hagan expandir mi mente y cambiar de perspectiva. A dondequiera que voy, estudio a la gente: cómo dicen las cosas, cuál es su actitud, qué información comparten. Así esté en el tren, observo a la gente y tomo nota. Así es como aprendí a hacer negocios, estudiando a la gente que admiraba y la forma en que hacían las cosas. La gente inteligente revela muchísima información con sus palabras y acciones. Por lo tanto, atrapa todas las joyas que puedas.

El hip-hop ha propiciado muchos cambios positivos en este país y ha mejorado incontables vidas. Sin embargo, un área en la que podría mejorar es dejar de priorizar tanto la idea de ser *cool.* Nos gusta que nuestros raperos estén dañados, pero no que sean inseguros o nerds. Tenemos que cambiar eso, decir que está bien admitir que hay cosas que no sabes, que no tienes todas las respuestas y que te sientes inseguro en algunas situaciones. Sólo al admitir que necesitas crecer puedes comenzar el proceso de crecimiento.

Hay quienes siempre quieren ubicarse como la persona más inteligente en el lugar en el que estén. Lo hacen porque eso calma sus inseguridades. Prefieren dar la impresión de ser importantes que estar en la posición de crecer.

Nunca seas esa persona. Siempre imponte el desafío de rodearte de personas que estén informadas de manera distinta que tú, que tengan experiencias diferentes y, sobre todo, que no les intimide compartirte esa información. Ésas son las personas que impulsarán tu evolución para que te conviertas en la mejor versión de ti mismo.

6

EL PODER DE LA PERCEPCIÓN

El mundo te va a ver como tú te veas. Y te va a tratar como tú te trates.

—BEYONCÉ

Cuando lanzamos *Get Rich or Die Tryin'*, yo aún tenía un pie en las calles. Y esa cercanía con las dificultades me permitía conectar con mi público.

Sin embargo, una vez que alcancé el éxito, esa conexión se perdió. Con la fama y la fortuna, dejé de ser humano. Parecía más un personaje de historieta que alguien con sentimientos reales. La percepción generalizada era que, si me apuñalabas, no sangraba.

Con el tiempo he logrado dejar atrás los resentimientos relacionados con aquella idea de que no soy susceptible a los mismos dolores, miedos y decepciones que el resto del mundo. Acepté que existían prejuicios sobre mí que no podría cambiar. Lo que *sí* podía hacer, en cambio, era trabajar con más astucia para lograr que esas percepciones me beneficiaran.

He notado cierta tendencia en la forma en la que la prensa se expresa de mí. Cuando la estoy rompiendo, me llaman "50 Cent, el magnate de la música". Si algo sale mal, me convierto de inmediato en "50 Cent, el rapero".

Lo más fácil habría sido clavarme para mal con esas discrepancias. En cambio, lo que vi fue una oportunidad. Al describirme como rapero cuando hago algo controversial, la prensa me da cierta libertad que otras personas en mi posición no tienen.

Vivimos en un entorno en el que la mayoría de la gente tiene miedo de decir lo que piensa, sobre todo las personas en posiciones de poder e influencia. Temen que si dicen algo equivocado en redes sociales o frente a la prensa, perderán algo: un patrocinador, amigos, un papel, quizá sus carreras. Los van a "cancelar".

A mí nunca me preocupa que me cancelen. He sido muy transparente con mis problemas desde el principio, así que la gente no espera lo mismo de mí que de mis pares. Hay cierta creencia de que yo ya estaba mal desde que empecé.

Si acaso digo algo fuera de lugar, que me llamen "50 Cent, el rapero" se convierte en un escudo. Bloquea cualquier intento de cancelación. Hasta las voces más críticas aceptarán que "Así es 50", y punto.

Esa libertad para ser quien soy, con lo bueno y lo malo, se ha vuelto muy valiosa. Una de las mejores herramientas que tengo a mi disposición es mi perfil de Instagram, que tiene veinticinco millones de seguidores. ¿Por qué tanta gente sigue mi página? ¡Porque siempre está en llamas! Se sienten atraídos por ella porque soy yo, completo, sin filtros. No hay ningún publicista que supervise lo que publico o que me diga qué subir y qué bajar; tampoco hay un *community manager* de veinticinco años, sentado en un cubículo, intentando descifrar cómo lograr que una publicación promocional suene a que la hice yo. Mi Instagram es un verdadero reflejo de quien soy en la vida cotidiana. Muy pocos de mis colegas pueden decir lo mismo.

Por si fuera poco, la popularidad de ese perfil ha sido uno de los grandes impulsores del éxito de *Power* y el consiguiente megacontrato que firmé con Starz. Cuando la prensa escribió sobre dicho contrato, imaginarás que no me llamaron "50 Cent, el rapero". Mi forma de trabajar había cambiado la percepción. Quien cerró ese trato con Starz fue Curtis Jackson, el magnate, hombre de negocios y ejecutivo de la industria del entretenimiento.

Ahora que reconozco las ventajas que esto trae consigo, me siento cómodo siendo conocido como 50 Cent *y* como Curtis Jackson.

50 Cent es la percepción.

Curtis Jackson es la realidad.

Eso no significa que 50 Cent sea falso. Para nada. Noventa por ciento de las cosas sobre las que he rapeado, las he vivido, sin mencionar que he experimentado muchas cosas que no han aparecido en mis letras.

Ahora puedo usar a mi favor la personalidad de 50 Cent —una personalidad que me gané a la brava—, con el fin de proteger e impulsar a Curtis Jackson.

Uno de los más grandes miedos de muchas personas es ser ellas mismas. Seguro hay alguien leyendo este libro con la esperanza de convertirse en "el próximo 50 Cent". Si eres tú, desecha esa idea de inmediato. Ser como yo no va a encajar con tu camino, como tampoco lo hará intentar convertirte en alguien más.

Si cambias para parecerte demasiado a alguien más, estarás proyectando al mundo una energía débil e infructuosa, y estarás huyendo de tu fuente de energía más inagotable: ser tú mismo.

Lo que quiero transmitirte en este capítulo es la noción de que ser la mejor versión posible de ti mismo tendrá un impacto increíble en tu éxito.

Influir en cómo te ve la gente no te hace falso. No te convierte en un farsante. Te convierte en alguien que sabe controlar la energía a su favor.

Imagina que tu energía es como el agua. Durante miles de años, la humanidad ha buscado controlar la energía del agua. Los antiguos griegos construyeron molinos que aprovechaban el poder de los ríos para moler el trigo y hacer harina. En China, utilizaban tornos para sacarla de los ríos y llevarla a los canales de irrigación. Los ingenieros musulmanes en África y el Medio Oriente usaban el poder hidráulico para impulsar "máquinas de carga". En tiempos modernos, hemos construido proyectos colosales como la presa Hoover, que aprovechó la potencia del río Colorado para irrigar tierras áridas, controlar inundaciones y proveer energía eléctrica a millones de personas.

Ninguna de esas medidas que cambiaron tanto a la civilización alteraron la naturaleza básica del agua. Lo único que cambió fue cómo se utilizó.

Intenta concebir así la idea de controlar la energía de cómo te perciben. La esencia fundamental de quien eres no cambiará; sólo estarás usando su poder innato de forma más astuta.

MOLDEAR LA PERCEPCIÓN

Mi primera experiencia al intentar moldear la percepción de la gente fue producto de la necesidad. Tenía como doce años y comenzaba a vender drogas.

Era evidente que iba a ganar dinero, pero había un pequeño problema: no tenía tiempo libre para salir a la esquina a vender.

En ese entonces estudiaba la secundaria, y era impensable que mi abuela me permitiera abandonar la escuela. El único momento que tenía para afanar era entre las 3 p.m., cuando salía de la escuela, y las 6 p.m., cuando tenía que estar de regreso en casa.

En esa época, mi abuela tenía la costumbre de acompañarme a la escuela e ir por mí, lo que hacía que escaparme a vender fuera imposible. Tenía que encontrar una razón para volver a casa solo. Ya pesaba más de setenta kilos, casi como un adulto, así que le dije a Nana que la gente del barrio se estaba burlando de mí. "Hay chicos de octavo y noveno grado más pequeños que yo que caminan solos a su casa", le dije. "Todos están empezando a pensar que soy tonto o algo así. Tienes que dejarme ir solo."

A Nana le fue difícil aceptarlo, pues ir y volver de la escuela se había convertido en nuestro ritual íntimo. Era cuando hablábamos de lo que me pasaba a diario o sobre cualquier pregunta que rondara mi joven mente. Esas caminatas nos permitieron forjar un lazo genuino.

Aun así, ninguna abuela dejaría que a su nieto le hicieran *bullying*, así que al final accedió a dejarme ir y volver solo. El siguiente problema que tuve que resolver fue cómo explicar que no volvía a casa justo después de salir de la escuela. Podría justificar una hora, más o menos, diciendo que estaba jugando basquetbol con mis amigos o que me desvié para comprar dulces, pero no había una razón lógica para explicar por qué llegaría todos los días después de la hora habitual.

Entonces encontré una solución. Mi escuela tenía un programa extracurricular que duraba hasta las seis de la tarde en el que los alumnos podían ponerse al corriente con la tarea o hacer otras actividades. Me inscribí y le enseñé a Nana los papeles que decían que me quedaría en la escuela hasta las seis. A ella le encantó la idea de que hiciera trabajo adicional y firmó los formularios. Fui el primer par de días, pero luego dejé de presentarme. La dirección de la escuela era mucho más relajada respecto a la asistencia a las actividades extracurriculares que con las clases normales. Si no aparecía, no enviarían a nadie a buscarme. Por fin tuve la libertad para vender a diario entre las 3 y las 6 p.m.

Encontré incluso la manera de escabullirme para no ir a la iglesia todos los domingos, lo cual era obligatorio en casa de mi abuela. Todos la obedecieron hasta que un año comenzó a ir a una nueva iglesia. Después de un par de domingos, me quedó claro que el pastor era también un tanto buscavidas. Mi abuelo, a quien le desagradaba ir a la iglesia tanto como a mí, vio su oportunidad. "No tengo que ir a la iglesia el domingo para que ese tipo intente hablarme sobre Dios", le dijo a Nana. "Me quedaré en casa a leer la Biblia yo solo." Como Nana no opuso resistencia, hice mi jugada. "¡Me quiero quedar con el abuelo!", le dije. Mi abuelo se sorprendió, pues yo nunca había mostrado mucho interés en pasar tiempo con él. "¿El bebé quiere quedarse conmigo?", preguntó. Sin embargo, debió percibir que yo era una especie de cómplice suyo, pues casi de inmediato se impuso a las objeciones de Nana. "No, no, deja que Curtis se quede conmigo. Le hará bien al niño", argumentó.

Lo único que los dos buscábamos era una forma de no ir a la iglesia, pero esas mañanas del domingo nos permitieron a mi abuelo y a mí construir una relación verdadera. Antes de eso, era como una figura distante para mí, alguien que trabajaba casi todo el tiempo. Durante esos domingos empezamos a conocernos de verdad. Pasamos mucho más tiempo viendo futbol americano en la tele o pasando el rato en la casa que estudiando la Biblia, pero mi abuela no tenía por qué saberlo. Estábamos forjando un lazo que perdura hasta hoy.

Durante este periodo, mi abuelo me enseñó otra valiosa lección sobre la importancia de controlar la percepción, en especial en las relaciones. Mi abuelo trabajaba en la fábrica de GMC en la ciudad y todos los viernes tenía un ritual cuando le pagaban. En cuanto entraba por la puerta, le daba su cheque a mi abuela. Ella no tenía que insistirle ni molestarlo; él se lo entregaba de inmediato.

Cuando era niño, yo no lo entendía. "Te partes el lomo toda la semana, ¿y le das tu cheque a alguien más?", me preguntaba. "¿Qué clase de sistema es ése?"

Sin embargo, hace poco hicimos un viaje juntos (hacemos un viaje juntos por lo menos una vez al año), y ahí aproveché para preguntarle al respecto.

—Oye, nunca entendí por qué le dabas todo tu dinero, así como así.

—No podías entenderlo en ese entonces porque eras demasiado chico —me explicó—. Pero le daba todo el dinero para que dejara de ver cosas que yo no podía darle. En vez de que tuviera la cabeza llena de fantasías, la dejaba *trabajar con la realidad*. Tener esa paz mental en casa valía más que tener unos cuantos dólares en el bolsillo.

Al fin comprendí su estrategia. Si hubiera sido más discreto respecto a cuánto ganaba, habría sido comprensible que mi abuela sospechara que le estaba ocultando algo de dinero. Podría haberlo fastidiado para que le comprara un mejor vestido o un costoso par de zapatos. "Seguro que le alcanza", habría pensado ella. "Sólo es un tacaño."

Al mostrarle a mi abuela exactamente cuánto ganaba y dárselo todo a ella, mi abuelo cambió la energía de la casa. Si ella quería unos mejores zapatos o un vestido más caro, tendría que justificar la compra frente a sí misma, no frente a mi abuelo.

Y, al dárselo todo, mi abuelo se convirtió en un puerto seguro para ella. La mayoría de la gente se queda siempre en un puerto seguro. Al verlo de esa forma, las acciones de mi abuelo se volvieron completamente lógicas.

Si bien me gustaba llevarme más con mi abuelo al pasar con él esos domingos, no me encantaba la idea de mentirle a Nana, sobre todo acerca de lo que en realidad hacía después de clases. Pero había empezado a entender que, para poder conseguir lo que quería, tendría que aprender a hacer malabares con la percepción que ella tenía de mí y con la persona en la que me estaba convirtiendo en las calles. Podría haber hecho lo que muchos chicos del barrio hacían, que era dejar la escuela y decir: "Me importa un carajo si a mi familia le parece o no". Pero mi amor por mi abuela era muy grande. Tenía que permitirle que me siguiera viendo como un bebé.

Nana me entendía más que cualquier otra persona en mi vida, aun a pesar de que intenté ocultarle parte de mi vida. Después de que falleció, mi tía se puso a leer la Biblia de mi abuela y encontró que había escrito algunas plegarias en pedacitos de papel que metía entre las páginas. Mi tía me mostró uno de esos papelitos, en el que Nana escribió: "Por favor, cuida a Curtis de sí mismo, porque tiene un temperamento difícil. Dios, no es su culpa; ese niño ha pasado por muchas cosas".

Leer esa nota ha sido uno de los momentos más fuertes de mi vida. Habría dado mi vida con tal de salvar la suya en ese instante. Así de importante era ella para mí.

Mi amor por mi abuela fue la razón por la que me comprometí a mantener mis dos identidades. En casa continuaría siendo Boo Boo, el chico dulce que seguía la regla de Nana de no decir groserías en su casa, a quien le encantaban sus salchichas con frijoles y que era educado y respetuoso.

Fuera de su casa, desarrollé una personalidad distinta. Aún no era conocido como 50 Cent, pero ya tenía fama de ser alguien a quien no querías hacer enojar, alguien que estaba dispuesto a hacer lo que fuera con tal de conseguir lo que quería.

Aunque Nana me considerara su bebé, fuera de su casa quería que el barrio me notara y me viera como alguien digno de respeto. Había varios elementos que sabía que no podía controlar —ser pobre, huérfano y de aspecto un poco peculiar—, pero estaba decidido a que los elementos que sí podía controlar, como mi apariencia y mi presentación, quedaran grabados en la mente de los demás.

Lo primero que me dispuse a cambiar fue mi constitución física. Como ya he mencionado, estaba pasado de peso cuando era niño. ¿Recuerdas el verso "I love you like a fat kid loves cake" (Te amo como un niño gordo ama el pastel) en mi canción "21 Questions"? Yo *era* ese niño gordo. Pasaba mucho tiempo en el sofá viendo la televisión mientras tragaba sándwiches de queso y jugo de arándano. Estaba encaminado hacia la obesidad, la diabetes y muchos de los problemas que aquejan a incontables afroamericanos.

Comenzar a boxear corrigió mi presentación física desaliñada. Una vez que me comprometí a hacer el esfuerzo, pasé de ser un niño gordo de doce años a ser un joven esbelto y poderoso. Lo que más me sorprendió fue que empecé a ansiar la disciplina del boxeo más de lo que ansiaba el pastel, las galletas y los refrescos. El pastel me hacía sentir bien un momento, pero la subida del azúcar se pasaba rápido. Entrenar y mantenerme en forma me hacían sentir bien *todo el tiempo*.

Más allá de la fuerza física que me daba, me gustaba saber que mi cuerpo podía moldear la forma en la que la gente me veía. Si acaso no intimidaba a otros hombres, cuando menos me trataban con más respeto. Muchas mujeres se sentían atraídas hacia mí, y no sólo por el físico, sino por lo que mis músculos decían de mí: que era alguien disciplinado, que no le huía a trabajar de forma constante en aquello en lo que me enfocaba. Para las mujeres es muy atractivo que un hombre tenga esas cualidades, más que poder frotar un par de bíceps u hombros musculosos.

Desde que empecé a perder kilos en el ring, mantenerme en forma ha sido un pilar fundamental de mi personalidad. La única vez que tropecé, fue después de que salí de gira para promocionar *Get Rich or Die Tryin'*. Pasamos más de un año fuera de casa, y yo no estaba bien preparado para los retos que conllevaban las giras: demasiado servicio a la habitación y más comida rápida. Volví a caer en los viejos hábitos de mi niñez, y me permití comer cualquier cosa que quisiera y ejercitarme cada vez menos.

Como era de esperarse, subí mucho de peso. Comencé la gira viéndome como telonero y terminé pareciendo cadenero. Cuando llegó el momento de la sesión fotográfica para la portada de mi segundo disco, *The Massacre*, tenía un problema entre manos o, para ser más precisos, en el pecho.

Una de las imágenes que definió *Get Rich or Die Tryin'* fue la de la portada, en la que salía yo, musculoso, sin camisa, con un crucifijo de diamantes colgando de mi cuello. Ésa era la imagen que la gente asociaba con 50 Cent. Y estaba comprobado que tenía el empuje suficiente para vender discos.

La realidad era muy distinta cuando llegó el momento de lanzar *The Massacre*. No estaba obeso, pero, donde alguna vez hubo músculo, ahora había grasa. No podía desprenderme de la idea de aparecer sin camisa, así que ingenié una solución: usé otra fotografía sin camisa, pero tomé un plumón y le dibujé encima los músculos que faltaban. Para distraer las miradas de la grasa, me dibujé definición en los pectorales, hombros y brazos. También me dibujé guantes, de forma que toda la imagen tuviera una cualidad caricaturesca.

El engañó funcionó: nadie hablaba de "50 Cent gordo", sino de la música. *The Massacre* vendió 1.5 millones de copias en su primera semana y terminó vendiendo más de diez millones a nivel mundial. De cualquier modo, juré que jamás volvería a estar en una situación así.

PROYECTAR LA IMAGEN CORRECTA

Después de esa ocasión en la que tuve que usar un plumón para la portada de *The Massacre*, mis músculos han sido reales. Debo admitir, sin embargo, que ha habido ocasiones en las que sí manipulé cómo me percibía la gente para avanzar en mi carrera.

Una de las primeras veces en que me di cuenta de que podía atraer lo que quería al proyectar éxito fue cuando estaba intentando hacer la transición de vender drogas a componer música.

Me iba muy bien en las calles, pero nadie me tomaba en serio como rapero aún. Sabía que necesitaba conocer a la gente correcta si quería progresar. Con esa misión en mente, una noche, mis chicos y yo decidimos ir a Bentley's, un club de hip-hop de altos vuelos en Manhattan. Bentley's transmitía sus fiestas de los viernes por la noche en la radio, las cuales atraían a una potente mezcla de raperos, atletas, celebridades y modelos. Si querías entrar a la escena, Bentley's era el lugar ideal para hacerlo… siempre y cuando pudieras pasar la cadena. Sus cadeneros tenían la misión expresa de *evitar* que entraran tipos de los barrios de los cinco distritos que estuvieran buscando firmar con una disquera.

Llegamos en mi Mercedes 400 SE, que era una nave por demás encantadora. No mucha gente tenía uno de ésos. Al pasar despacio frente al club, de la nada alguien golpeó el toldo de mi auto. No me gustan las sorpresas, y creo que la molestia se me notó en el rostro.

—¡Hey, perdón, hijo! —se disculpó el tipo de inmediato—. Pensé que eras mi amigo Kenny. ¡Tienen la misma nave!

Una vez que pasó la alarma, vi bien al tipo que me estaba hablando: ¡Era Jam Master Jay de Run-DMC! ¡Uno de mis héroes!

Me estacioné, salí del auto y choqué puños con Jay. Le dije que era de South Jamaica y que siempre había seguido su carrera. Se rio y volvió a disculparse por asustarme así, y me explicó que creyó que era la estrella de la NBA Kenny Anderson, otro nativo de Queens.

Le pregunté a Jay si iba a entrar a Bentley's.

—Claro, voy a recorrer el lugar y ver qué onda —dijo.

En ese momento decidí aprovechar la oportunidad.

—Bueno, vamos contigo.

Jay me miró, lo pensó un segundo y dijo:

—Eso es todo. Vamos.

Y así, sin más, pasamos frente a los cadeneros y entramos a Bentley's. Jamás habríamos entrado sin él; *Jay literalmente me llevó a la industria musical.* Esa noche, Jay y yo forjamos una amistad que me llevaría a firmar con JMJ Records y daría pie a todo lo que vino después.

Ésta es la cosa: Jay nunca me habría invitado al club si no hubiera estado conduciendo aquel 400 SE. Si me le hubiera acercado en la acera, no se habría detenido siquiera a hablar con nosotros, mucho menos nos habría llevado al club. No lo digo por insultar a Jay ni su juicio; gente extraña se le acercaba a dondequiera que iba, y era imposible darles gusto a todos.

Sin embargo, que él viera mi auto y lo confundiera con el de Kenny Anderson fue parte de mi estrategia para moldear la percepción de forma ingeniosa. Aunque no era el jugador de la NBA que él esperaba, seguí siendo *alguien* para Jay, alguien que era digno de su atención. Una vez que la tuve, dependía de mí aprovecharla.

Y lo hice.

Existen ciertos bienes materiales —y los autos están en la cima de esa lista— que transmiten la idea de que eres digno de que te tomen en serio, que eres distinto al resto de la manada, sobre todo en Nueva York. No puedes conducir tu departamento ni una casa por Broadway, pero sin duda puedes pasar a baja velocidad en tu nave.

Imagínate esto: un tipo rico y mayor está paseando en un Rolls Royce y me detengo junto a él en una carcacha. De pronto, me doy cuenta de que están saliendo llamas por debajo de su auto. Si le hago una señal para que baje su ventana, me echará un vistazo y volverá a mirar hacia el frente. Aunque esté intentando salvarle la vida, él no me prestará atención. Tiene la percepción de que no soy alguien con quien debería estar interactuando.

Ahora, supongamos que me detengo junto a él en un Ferrari. Veo que su auto se está incendiando y le hago una seña para que baje la ventana. Va a bajar la ventana y me dirá: "¿Qué puedo hacer por ti?" cien por ciento de las veces. Aunque me vea exactamente igual y proyecte la misma energía, simplemente bajará la ventana si ve que también voy en un auto de lujo. Lo que conduzco controla la percepción que él tiene de mí.

Y no pasa sólo con los autos. Hace poco hablaba con una personalidad famosa en los medios, y me mencionó que siempre nota cuando alguien trae puesto un buen reloj. Si no sabe quién es esa persona, le entra la curiosidad de averiguarlo. "Empiezo a preguntarme: '¿Qué demonios hará para ganarse la vida?'", me dijo. "Y entonces busco la manera de hablar con él, porque debe saber algo de la vida."

Hay quienes son así con los zapatos deportivos. Si entras a una habitación con los zapatos correctos puestos, esa persona te va a notar. Quizá no hayas dicho una palabra aún, pero esa persona de inmediato te identificará como alguien que merece su atención.

Para muchas mujeres, los bolsos de mano pueden transmitir una energía similar. La mayoría no distingue entre una bolsa Birkin de veinte mil dólares y una bolsa Gucci falsa. Pero, para otras mujeres, la bolsa que otra lleva dice muchísimo sobre ella. Si entras a una habitación con la bolsa equivocada, muchas antenas recibirán la señal.

Quizá me dirías: "Pues el tipo del Rolls Royce debió haberte tratado igual sin importar qué auto tuvieras" o "No debería interesarte alguien sólo por el reloj que usa", pero, por desgracia, así no es el mundo en el que vivimos.

Cada vez que caminas por la calle, vas a algún lugar en tu auto, entras al supermercado, te ejercitas en el gimnasio o publicas una fotografía en redes sociales, estás siendo juzgado por unas cuantas personas que conoces y por otras tantas a las que nunca conocerás. No tiene caso quejarse ni decir que no es justo. En cambio, tu responsabilidad es aceptar que puedes controlar cómo te percibe la gente y presentarte de la mejor forma posible.

Debo reconocer, sin tapujos, que juzgo a cualquiera que conozco según su apariencia. Mientras te estrecho la mano, estoy estudiando tu atuendo para identificar indicios que digan algo de ti, en especial si estamos en una reunión para hacer negocios por primera vez. Antes de que abras la boca, tu apariencia ya entabló una conversación conmigo. Asegúrate de que esté transmitiendo el mensaje correcto.

También le presto una atención muy particular a la gente que se viste de forma casual. Digamos que llegas a la reunión con una camiseta y unos jeans. Eso significa que estás cómodo. No es necesariamente algo malo. Si presiento que harás un muy buen trabajo, entonces ese nivel de confort es adecuado. Sin embargo, si no transmites un aire de autoridad, entonces lo consideraré un riesgo, pues sugiere que no te tomas la situación con la seriedad necesaria. Te sorprendería saber cuánta gente lo hace.

Una vez, la revista *GQ* envió a un reportero a entrevistarme. Llegó con una camiseta, jeans y zapatos deportivos desgastados. Podría haber sido un atuendo muy popular con sus amigos, pero a mí me decía que no estaba muy comprometido con su trabajo. En algún momento comenzamos a hablar sobre la importancia de la presentación, y el reportero me preguntó qué pensaba de su atuendo. Le dije que tal vez estaba bien que me entrevistara a mí vestido así, pero que sospechaba que estaba socavando su autoridad frente a sus colegas en la oficina. "Mira, *GQ* te puede mandar a entrevistar a 50 Cent porque te vistes casual", le expliqué. "Pero seguro que mandan al tipo que usa trajes a entrevistar a George Clooney".

El reportero admitió que creía que estaba en lo correcto. Para comprobarlo, realizó un experimento en el que un día fue al trabajo de traje en vez de usar sus habituales camisetas, zapatos deportivos y jeans. El cambio en la percepción de los demás fue inmediato. Varios de sus colegas se acercaron para hacerle cumplidos por su apariencia, y uno de sus editores incluso le tomó una fotografía y la publicó en el Instagram de *GQ*. Viniendo de *GQ*, ése es un enorme gesto de aprobación. No sé si alguna vez lo enviaron a entrevistar a George Clooney, pero no hay duda de que cambiar la forma en que vestía transformó también la forma en que lo percibían en el trabajo. Como le dije: si te arreglas, la gente lo nota.

Si veo que alguien hizo un esfuerzo consciente al decidir qué ponerse, entiendo que esa persona valora nuestra relación. No es relevante si me gusta o no su estilo. Sólo quiero ver el esfuerzo. El otro día me reuní con un guionista de televisión para discutir un proyecto. Traía puestos unos jeans, pero se veían limpios y frescos. Traía zapatos deportivos, pero parecían recién salidos de la caja. Llevaba un blazer de corte relajado y anteojos de pasta negra. Todo en su atuendo sugería "elegante, *sport* e inteligente". Proyectaba la energía correcta para el proyecto que queríamos emprender.

Después de conversar un rato y decidir que me caía bien, le dije que me daba curiosidad saber cuáles eran sus intenciones al escoger ese atuendo. Tal vez no era la pregunta que esperaba escuchar en una reunión sobre libretos, pero no le molestó.

—Ah, quería que me tomaras en serio —me dijo, y añadió—: Pero tampoco quería que creyeras que soy demasiado formal, sino que soy una persona flexible para trabajar —me dijo también que los anteojos eran una adición reciente a su *look*—. Durante mucho tiempo no los usé porque creía que me hacían ver viejo. Pero hace unos años decidí ponérmelos porque supuse que me harían ver inteligente, algo que es bueno si quieres que la gente te pague por tus servicios.

—Pues le diste al clavo. Para mí, no proyectas más que inteligencia —le dije—. Te veo y pienso: "Ése es un tipo astuto. ¡Se pone los lentes para poder ver!".

Que quede claro que no es un atuendo que yo me pondría. Los zapatos deportivos eran muy simples y nunca me habría sentido cómodo con el blazer. Pero no necesitaba que él se vistiera como yo. Sólo necesitaba registrar que su estética era adecuada para el trabajo.

Quizá no estés en posición de comprar ropa a la moda o de traer unos zapatos deportivos nuevos cada vez que vas a una reunión. Pero eso no es pretexto. Sea cual sea tu situación, puedes comprar una plancha. Aun si no tienes la ropa más genial, si me percato de que la lavaste y la planchaste la noche anterior, me daré cuenta de tus intenciones. Eso transmite que, aunque no cuentes con un gran presupuesto, tienes la energía correcta. Y eso es algo con lo que puedo trabajar.

Por el contrario, cuando veo a alguien que siempre está desaliñado y a quien no parece importarle traer puesta ropa arrugada, lo que entiendo es que no se valora. Eso dice que no está dispuesto a hacer un mínimo esfuerzo adicional a diario para mostrar la mejor versión de sí mismo. No necesitas mucho para planchar tu camisa o limpiar tus zapatos un poco. Si no valoras tu tiempo y tu apariencia lo suficiente como para hacer esas pequeñas cosas por la mañana, ¿por qué habría de esperar que me valores a mí?

CÓMO CONTROLAR LA CONVERSACIÓN

Sé cómo me ve la mayor parte de la gente en el mundo corporativo.

Un gángster. Un pandillero. Un *bully*.

Si tienen una reunión agendada conmigo, es probable que su prioridad no sea cerrar el trato, sino salir ilesos del lugar.

Entiendo por qué, y en parte es culpa mía. No me atrevería a decir que cultivé la imagen de gángster de forma intencional, porque eso suena demasiado calculador. Pero siempre fui muy honesto con el estilo de vida que llevaba en Queens. Y la gente que no proviene de esos contextos suele sentirse atraído hacia esos detalles.

Cuando empecé a tener reuniones frecuentes con ejecutivos, me sorprendió que todo el mundo en las salas de juntas estaba un tanto nervioso a mi alrededor. ¿A qué le tenían tanto miedo? Estaba ahí para hablar de negocios, no para balear el lugar.

Con el tiempo, me di cuenta de que podía manipular esa energía nerviosa. Si en verdad quería controlar la sala, lo mejor que podía hacer era proyectar la menor cantidad de energía gangsteril posible.

Si la gente esperaba que irradiara agresividad y arrogancia, les daba en cambio humildad. Sonreía mucho. Incluso aparentaba ser un poco tímido.

Esos ejecutivos se preparaban mentalmente para enfrentar una ráfaga ártica, pero lo que recibían era más bien una fresca brisa de verano. La diferencia entre su percepción y mi realidad los desarmaba.

Al controlar la energía en la sala, aprendí que sería mucho más fácil establecer mis objetivos. Los ejecutivos se sorprendían tanto con mi amabilidad que, a nivel inconsciente, se volvían más dóciles y receptivos a mis propuestas.

Aun cuando estoy sonriendo y siendo gentil, encuentro formas de comunicarles a los demás que soy yo quien está a cargo. Una de las técnicas que utilizo es tocar el brazo de la persona con quien estoy hablando. Nunca es de forma pesada o invasiva; sólo es un toque ligero sobre el antebrazo. No parecería importar, pero es una forma súper efectiva de dejar una impresión memorable en la gente.

Y no lo digo a la ligera; las investigaciones científicas demuestran que el contacto ligero hace que la gente sea mucho más abierta a tus sugerencias o peticiones. Un estudio de la Sociedad para la Personalidad y la Psicología Social observó que los meseros y meseras que tocaban con sutileza a las personas a quienes les servían recibían mejores propinas que los que no lo hacían. En otro estudio, publicado en el *Journal of Nonverbal Behavior*, se demuestra que un toque ligero hace que las personas estén más dispuestas a ayudar a buscar un objeto perdido o a firmar una petición. En resumen, el contacto físico pertinente ayuda a que la gente haga lo que quieres que haga.

¿Por qué? Los científicos creen que es porque, cuando alguien te toca de la forma correcta (o sea, sin agresividad), el cuerpo secreta sustancias como dopamina, oxitocina y serotonina que hacen que el cerebro se sienta feliz. Al mismo tiempo, favorece que sustancias químicas estresoras, como el cortisol (que se dispararía con un contacto agresivo), se reduzcan. El resultado es que un simple contacto puede hacer que la otra persona se relaje y que sea más probable que concuerde con lo que se le propone.

La clave está en hacerlo de forma correcta. En primer lugar, no debes tocar a la gente *en ningún lugar* que no sea entre el codo y la muñeca, en especial si eres un hombre interactuando con una mujer. No le toques a nadie los hombros, el bíceps o la cara, y mucho menos toques a alguien por debajo de la cintura. No vayas a hacer alguna estupidez y luego te justifiques diciendo: "¡50 me dijo que lo hiciera!". El contacto físico es sólo en el antebrazo. Sin excepciones.

En segundo lugar, sólo hazlo si estás al lado de la persona o cerca de ella, para que no sea un gesto torpe. Si tienes que estirarte al otro lado de la mesa o pasar por encima de otra persona, no va a funcionar. Tiene que parecer natural, una extensión normal de la conversación. Si te estás estirando, en realidad vas a poner incómoda a la otra persona y será menos receptiva a tus palabras. Lo mismo pasa si le aprietas el brazo o intentas ejercer cualquier control físico sobre ella.

Intenta usar esta técnica la próxima vez que quieras convencer a alguien de que te ayude con algo. En vez de pedirle a tu mamá que te lleve al centro comercial, pregúntaselo mientras le tocas el antebrazo discretamente. Sin importar de qué humor estuviera antes, te prometo que su energía mejorará y vas a conseguir ese paseo.

Si estás en el trabajo, intentando convencer a tu jefe de que eres la persona ideal para encargarse de un proyecto, tócale levemente el antebrazo mientras expones tus argumentos. De nuevo, *sólo* puede ser en el brazo y *nunca* debe parecer sugerente ni coqueto. Tu energía debe ser relajada y controlada. Si logras hacerlo, no importará qué tan difícil o renuente haya sido tu jefe en el pasado, verás que su energía cambiará para bien. Te van a dar esa responsabilidad.

Otra forma de controlar sutilmente la energía de una habitación es hablando con suavidad. Puede que no sea el consejo que estabas esperando de un rapero, pero es un truco que he comprobado que funciona.

La persona que me lo enseñó fue el legendario actor Bruce Willis. Bruce y yo nos conocimos en la filmación de la película *The Setup*. Una noche, durante la filmación, todo el equipo de producción y el elenco salimos a cenar. Yo estaba sentado en la misma mesa que Bruce, y a lo largo de la noche, la gente fue a la mesa a rendirle respeto. Noté que cada vez que alguien iniciaba una conversación con él, tenían que acercarse mucho para entender lo que les estaba diciendo. De igual forma, cuando toda la mesa estaba metida en la misma conversación, si alguien le pedía a Bruce su opinión, respondía casi susurrando. Toda la mesa tenía que inclinarse y acercarse para escuchar.

Después de cenar, Bruce me invitó al lobby de su hotel para compartir un puro. Mientras fumábamos, le pregunté sobre lo que había observado.

—Dime algo, amigo —le dije—. ¿Por qué cada vez que alguien te preguntaba algo respondías con un maldito susurro? No hablas así siempre.

Bruce se echó a reír.

—Te diste cuenta, ¿eh? —dijo—. Muy observador. Es algo que aprendí hace años. Siempre que estés rodeado de mucha gente y todos quieren hacerse escuchar, el secreto es hablar en voz tan baja como puedas. Cuando alguien habla así, nuestra reacción natural es acercarnos tanto a esa persona como sea posible. No lo sabemos en ese momento, pero les estamos cediendo todo el poder.

—Caray —dije—. Nunca se me había ocurrido. Estoy acostumbrado a que la gente quiera apoderarse de la habitación hablando como si trajeran un megáfono.

—Inténtalo —me dijo Bruce—. Entenderás a qué me refiero.

Así que le di una oportunidad a su estrategia, y descubrí que Bruce tenía toda la razón. Cuanto más suave hablaba, más atención me prestaban las personas. Al probar la técnica, descubrí que darle a la gente menos de lo que espera es una estrategia eficaz, no sólo en la comunicación verbal, sino también con el lenguaje corporal.

Por ejemplo, noté que los ejecutivos siempre responden a señales no verbales cuando hablan con la gente en una habitación. Si dan una pauta, esperan algo a cambio. Puede ser una risa, asentir levemente, arquear una ceja o incluso moverte discretamente en tu asiento, algo que les comunique: "Sí, persona importante, estoy recibiendo la información". Incluso si no estamos conscientes de ello, por lo general les estamos dando la validación que están buscando.

Decidí hacer un experimento durante una ronda de reuniones con ejecutivos de televisión. Por alguna razón, parecen ser un poco más arrogantes que otros ejecutivos, y verdaderamente les gusta controlar la habitación. Quería averiguar si podía quitarles ese control de las manos sin que se dieran cuenta. Cada vez que un ejecutivo de cierta importancia pontificaba sobre sus planes y volteaba a verme en busca de confirmación, yo me quedaba sentado, incólume, sin risas, sin asentir. No le daba nada.

Los desconcertaba por completo. Se frustraban. Una vez que los descolocaba, era mucho más sencillo establecer mis objetivos y mover la conversación en una dirección que me favoreciera. Estaba esforzándome más fuerte sin siquiera mover un músculo.

Inténtalo. Si estás en una junta y tu jefe te mira en busca de confirmación, no se la des. Eso no quiere decir que mires tu teléfono o a la nada mientras te hablan. Por supuesto que debes mantener el contacto visual y demostrar que estás escuchando. Sólo no ofrezcas retroalimentación no verbal.

Te prometo que, si lo haces, la persona que está hablando se fijará en ti. A nivel inconsciente, pensará lo siguiente: "Todos los demás están validando lo que digo. Pero esta persona no me da nada. ¿Qué pasa?".

Aunque seas la persona de menor rango en la junta, después de esa reunión vas a estar presente en la mente de tu jefe. Pensará: "Es una persona inteligente. Tengo que prestarle más atención".

De ese modo, habrás dejado una impresión positiva y duradera. Ahora dependerá de ti capitalizar esa oportunidad que ya creaste. Si después de esa reunión no aportas ideas sobresalientes ni demuestras tener una buena ética laboral, esa impresión no valdrá de mucho. Por el contrario, si aprovechas el flamante interés de tu jefe para demostrarle el buen trabajo que has estado haciendo, eso podría impulsar tu trayectoria profesional.

FINGE HASTA QUE DEJE DE SER MERA APARIENCIA

Bill Gates y Paul Allen eran dos nerds de las computadoras que se conocieron en la preparatoria en Seattle, donde compartieron el interés y el gusto por los primeros sistemas computacionales. Varios años después de graduarse, Allen estaba en Boston trabajando en Honeywell, mientras que Gates estaba muy cerca, estudiando en Harvard.

Un día, Allen se reunió con Gates para mostrarle el último ejemplar de la revista *Popular Electronics*. El reportaje principal era sobre algo de lo que ninguno de los dos había oído hablar: una "computadora personal". En el pasado, las computadoras eran sólo para las grandes empresas o el gobierno. El artículo presentaba algo que pondría al mundo de cabeza: la Altair 8800, una computadora personal inventada por una empresa de Nuevo México llamada Micro Instrumentation and Telemetry Systems (MITS).

Hoy en día, ni siquiera creeríamos que la Altair es una computadora. No tenía pantalla ni teclado. Se "comunicaba" con unas lucecitas rojas que parpadeaban en su cuerpo rectangular. Pero, para Allen y Gates, era una cosa futurista.

También vieron en su lanzamiento una potencial oportunidad. La Altair corría con un sistema operativo muy lento y poco confiable. Allen y Gates habían estado trabajando en un programa al que llamaban BASIC, y estaban convencidos de que convertiría la Altair en una computadora mucho más fácil de usar.

Decidieron contactar a MITS y venderles su programa. Se comunicaron con el CEO y le explicaron que habían estado trabajando con la Altair y que habían desarrollado un programa para ella. El CEO de la empresa, Ed Roberts, estaba intrigado y los invitó a Nuevo México para que le hicieran una demostración.

Allen y Gates estaban eufóricos, pero tenían un problema: en realidad nunca compraron una Altair ni habían terminado de diseñar BASIC. En cuanto colgaron con Roberts, salieron corriendo a comprar una Altair. Luego, pasaron los siguientes meses escribiendo y codificando BASIC como locos.

Por supuesto, a Roberts le encantó el programa e incluso contrató a Allen para que trabajara en MITS. Esa experiencia impulsó que Allen y Gates lanzaran su propia empresa, Microsoft, la cual terminaría convirtiéndolos en dos de los hombres más ricos del mundo.

Pero Bill Gates y Paul Allen nunca habrían empezado a recorrer ese camino si no hubieran estado dispuestos a mentirle a Ed Roberts en aquella primera llamada. No estaban mintiendo sobre su talento como programadores ni en la confianza que tenían sobre poder mejorar la Altair. Sin embargo, sí exageraron al hablar de lo que ya habían *hecho* antes de la llamada para proyectar la mejor imagen posible. Una de las principales razones por las que ambos llegaron a tener esas legendarias carreras fue que entendieron la importancia de construir una narrativa, de presentarse como si ya hubieran alcanzado cierto éxito que en realidad no habían obtenido. Con el tiempo, no tendrían que seguir aparentando. Pero, si no se hubieran arriesgado un poco cuando comenzaban, jamás habrían logrado hacer que su propia compañía despegara.

Una de las expresiones favoritas del hip-hop es "Aparenta hasta que ya no sea apariencia", que es justo lo que Bill Gates y Paul Allen hicieron. La idea es que, aun si tus circunstancias son poco ventajosas o te falta experiencia, siempre y cuando proyectes la seguridad y la energía de alguien exitoso, es sólo cuestión de tiempo para que el verdadero éxito te alcance.

Es una expresión tan utilizada que se ha convertido en un cliché. Pero no te dejes engañar por el lugar común. Te prometo que el principio es válido, incluso después de que lo "logras".

Un muy buen ejemplo es cuando lancé el *mixtape 50 Cent Is the Future*. Fue el primer proyecto que hice después de que Columbia me soltara. Estaba en uno de los momentos más vulnerables de mi vida y sabía que tenía que hacer algo para captar la atención de la industria.

En aquel entonces, la piratería era un gran problema para el mundo del hip-hop. Gente dentro de la industria robaba los discos antes de su lanzamiento oficial y se los vendía a los piratas. Esos piratas vendían el disco con una portada falsa por cinco o diez dólares, en vez de los veinte que costaría un CD en Best Buy o en Virgin Megastore. Eso provocaba que el artista perdiera ganancias desde el principio.

Los piratas querían vender lo que tuviera más empuje dentro de las disqueras, discos como *Country Grammar*, de Nelly, o *Stillmatic*, de Nas. Esos artistas —Nas en especial— hacían entonces todo lo posible para evitar que su música llegara a manos de los piratas. Y, si se encontraban con un pobre inmigrante vendiendo su disco de forma ilegal, el resultado solía ser una golpiza.

Yo veía la situación de forma muy distinta a esos artistas de grandes disqueras. Ya que necesitaba hacer ruido, *era preciso* que piratearan mi música. Para lograrlo, armé un plan.

Nadie quería darme un contrato, pero decidí lanzar *The Future* por mi cuenta de todos modos. La clave era hacer hasta lo imposible para que pareciera un lanzamiento de una disquera importante. Contraté a un fotógrafo para la imagen de portada y a un diseñador para que creara un empaque que hiciera que el disco pareciera un lanzamiento genuino. Le puse incluso un código de barras falso a la contraportada para que se viera oficial. Luego hice que mi gente le "filtrara" el disco a cualquier pirata que lo quisiera.

El plan funcionó a la perfección. Los piratas comenzaron de inmediato a promocionar mi "álbum" sin darse cuenta de que se habían "robado" algo que en realidad yo estaba regalándoles. Por toda la ciudad, en distintos barrios y esquinas, comenzó a correrse la voz sobre un nuevo disco de 50 Cent que no estaba disponible en las tiendas. Debías conocer al pirata correcto para conseguirlo. Ya que era tan difícil de encontrar, se convirtió en un objeto muy deseado. Esa percepción de exclusividad sólo hizo que el interés aumentara.

De repente, esa sensación cobró demasiada fuerza. Uno de mis muchachos estaba caminando por Jamaica Avenue y vio a un tipo africano vendiendo *The Future* en una mesa. Al no saber de mi plan, mi amigo pensó que el tipo me estaba robando. Corrió hasta donde estaba el pirata, volteó su mesa y lo golpeó en la cara. Terminó tirándole los dientes.

Luego, mi amigo me reportó lo sucedido, creyendo que yo estaría complacido.

—¿Por qué hiciste eso? —lo regañé—. Tonto. Necesitamos que venda los CD porque no tenemos contrato con nadie. Estamos intentando hacer ruido. ¡No vuelvas a pegarle a nadie! ¡Estás arruinando el plan!

Mi amigo se mostró arrepentido.

—Ay, perdón, 50. Pensé que estaba intentando robarte.

—Nah, todo es parte de mi estrategia —le dije—. De hecho, regresa ahí y cómprale unos cuantos para que él y su gente sepan que las calles lo quieren.

Mi estrategia con los piratas era mucho más relajada. Una vez, iba caminando hacia la oficina de Chris Lighty en Manhattan cuando vi a un tipo con un montón de CD extendidos en la acera.

—¿Qué tienes? —le pregunté.

—Ah, sí. Tengo lo nuevo de 50 Cent, amigo. ¡La bomba! —me dijo, sin darse cuenta de con quién estaba hablando.

—¿En serio? Déjame verlo —le dije.

Y, sí, tenía *50 Cent Is The Future*. Me encantó saber que mi CD era el primero que promocionaba. Le sonreí y le compré dos copias. ¡Hay que mantener esa demanda!

Una de las grandes ventajas que las disqueras les ofrecían a los artistas era las redes de distribución. Las disqueras controlaban qué discos iban a las mejores tiendas, además de cómo se exhibían y promocionaban. Al filtrar mi propia música, logré sacarle la vuelta a ese proceso. Esos piratas se convirtieron en mi red personal de distribuidores. Siempre y cuando hubiera demanda, ellos seguirían haciendo copias y promocionando mi música (y mi nombre, sin duda).

Estoy seguro de que el éxito de mi álbum "pirata" es lo que me ayudó a entrar en el radar de Eminem e Interscope. No me conformé con quedarme quieto y esperar a que alguien más decidiera que mi música debía causar conmoción; decidí prender la flama por mi cuenta. Al crear esa percepción de que estaba tan en llamas como los artistas de las grandes disqueras, abrí la puerta para convertirme en uno de ellos.

HAZ COMO SI NO LO NECESITARAS

Otra técnica útil para conseguir lo que quieres es hacer como si en realidad no lo necesitaras. Es una técnica que requiere delicadeza, sutileza y una seguridad inamovible. Úsala de forma adecuada y te dará resultados incomparables.

Supongamos que vas a una entrevista para el trabajo de tus sueños. Es el campo ideal para ti y paga mucho más que tu empleo actual. Si lo consigues, no sólo avanzarás en tu carrera, sino que también podrás saldar la deuda de tarjetas de crédito que te ha estado ahogando, por no hablar de que el traslado al trabajo disminuirá de cuarenta y cinco a quince minutos. Es todo lo que has estado buscando.

Cuando vayas a la entrevista (con tu atuendo recién planchado, evidentemente), tu instinto será demostrar lo emocionado que estás por el puesto. Llevas semanas fantaseando cómo será tu vida cuando tengas ese empleo. Ahora, lo único que quieres es derramar toda esa energía frente a la persona capaz de lograr que aquello que has imaginado se vuelva realidad.

No cedas ante tu instinto.

Sin embargo, sí es importante que dejes en claro que te interesa el puesto. Haz evidente que, en caso de aceptarlo, tienes la seguridad de no sólo cumplir con las expectativas del puesto, sino superarlas.

Pero nunca des la impresión de que *necesitas* ese trabajo, ni de que te *mueres* por él, aun si eso es justo lo que sientes.

La necesidad de suprimir ese instinto se basa en una verdad fundamental: mostrarte necesitado es repelente para todos, menos para los miembros más compasivos de nuestra sociedad. La mayoría de la gente se siente atraída por las cosas que *no* puede tener. No importa el contexto; lo inalcanzable es un gran afrodisiaco.

Si estás buscando que alguien invierta tiempo, dinero o esfuerzo en ti, no debes hacerle pensar que te está haciendo un favor. Tienes que hacer que crea que el favor viene de ti; que, al estar en tu órbita, es él quien se está posicionando para el éxito.

Tomé conciencia de ese fenómeno cuando alcancé el éxito. Cuando tuve dificultades, nadie quería darme una oportunidad. Cuando por fin llegué a la cima, todo el mundo quería hablarme de grandes negocios y oportunidades extraordinarias. Si voy a una ceremonia de premiación, recibo una bolsa de regalos que vale decenas de miles de dólares. Los billonarios me invitan a volar en sus aviones privados y a hospedarme en sus villas de lujo. Los directores de fondos de inversión me dan consejos sobre cómo administrar mi dinero. Resulta que todo el mundo te quiere hacer favores cuando menos los necesitas.

Si escuchas que la gente exitosa, a la que de por sí le va bastante bien, recibe bolsas de regalos de treinta mil dólares o vuelos gratis en aviones privados, es fácil quejarse. "Carajo, los ricos siempre se hacen más ricos." Pero quejarte no transformará tu realidad. Lo que *sí* lo hará es encontrar la forma de proyectar la energía y seguridad que hará que la gente te trate de esa manera.

Uno de los grandes magos de la estrategia de "haz como si no lo necesitaras" fue el financiero Bernie Madoff. Él fue el cerebro detrás de la estafa piramidal que le sacó más de sesenta y cuatro mil millones de dólares a la gente. Lo leíste bien: sesenta y cuatro mil millones de dólares.

No estoy celebrando lo que hizo. Arruinó a muchas personas y empresas vulnerables, e incluso contribuyó al suicidio de su propio hijo. Pero, cuando leí su historia, no pude evitar notar la maestría con la que empleaba la mentalidad de "no lo necesito" para hacer que la gente le diera dinero.

En términos muy llanos, la estafa de Madoff funcionaba así: animaba a la gente a invertir en su fondo, pero, en vez de poner su dinero en la bolsa, lo ponía en su cuenta personal. Luego inventaba reportes de mercado falsos que mostraban que sus inversionistas estaban recibiendo utilidades extraordinarias. Supuso acertadamente que, siempre y cuando la gente viera que su dinero crecía por encima de las tasas del mercado, le permitirían quedárselo por más tiempo.

El problema surgía cuando la gente pedía que le devolviera el dinero. Ya que Madoff nunca invirtió ese dinero, le sería imposible liquidar esas inversiones. Ese dinero ya no estaba en su cuenta; se lo había gastado en casas, autos, aviones y demás cosas buenas. Para mantener el esquema a flote, tenía que lograr que inversionistas nuevos entraran todo el tiempo para que el flujo de efectivo no terminara.

Ya que necesitaba tantos inversionistas como fuera posible para evitar que todo se derrumbara, pensarías que Madoff era muy agresivo al buscar nuevos blancos, sobre todo para convencer a la gente adinerada que conocía en fiestas y galas en Manhattan, Hollywood y los Hamptons. Supondrías que los llevaba a cenar, les regalaba asientos de primera fila en eventos deportivos, los paseaba en su avión privado, les conseguía mujeres o cualquier cosa que se te ocurra para seducirlos.

Pero no. Él hacía justo lo contrario. Siempre que una de esas personas con carteras grandes y bolsillos profundos se le acercaba para invertir con él, Madoff lo rechazaba. Le decía que el fondo estaba lleno, que era imposible aceptar nuevos inversionistas. Se disculpaba porque no podía hacer negocios con ellos.

Eso volvía locos a los millonarios. Recuerda, eran personas poderosas que no estaban acostumbradas a que les dijeran que no. En vez de alejarlas, las hacía querer trabajar con él aún más. Se convencían de que Madoff tenía una operación mucho más lucrativa de lo que habían creído en un principio.

Digamos que algún ricachón ofrecía invertir cinco millones la primera vez que se acercaba a Madoff, un nivel de inversión que haría que la mayoría de los directores de fondos se abalanzara sobre él de inmediato. Después del rechazo, el tipo volvía con una oferta de diez millones. ¡Nadie le dice que no a una inversión de diez millones de dólares! Pero Madoff seguía fingiendo que no le interesaba. El ricachón estaba a punto de volarse la cabeza. Se volvía insistente. Hacía que sus amigos en común lo llamaran y abogaran por él. Estaba decidido a darle tanto dinero como fuera posible, pues su actitud lo había convencido de que tenía que ser algún tipo de mente maestra. ¿Quién más rechazaría tanto dinero?

Al fin, solamente cuando la cifra era justo lo que necesitaba, Madoff fingía ceder. "Bueno, está bien", decía. "Puedes entrar con quince millones. Pero no se lo digas a nadie. Esto es sólo para ti." Y así, se llevaba al tipo al despeñadero. El ricachón bien podría haberle dicho "¿Quieres robarte mi dinero, Bernie?".

Madoff le hizo eso a gente muy brillante: directores de Hollywood, dueños de equipos profesionales de beisbol y futbol americano, actores y actrices, gente muy inteligente y exitosa en su área. Nada de eso importó. A todos los embaucó alguien que hizo como si no los necesitara.

Él lo hizo en la alta sociedad, pero he visto que este principio funciona también en contextos callejeros. En la calle, la gente está acostumbrada a que todo el tiempo le pidan cosas. "Oye, hazme un favor" o "Amigo, préstame para terminar la semana". La gente siempre está en guardia para asegurarse de que nadie los engañe o los estafe.

Si entiendes ese instinto, puedes usarlo a tu favor. Digamos que un estafador se encuentra a uno de sus viejos amigos en el bar y ve la oportunidad de poner en práctica su magia. Primero, le compraría a su amigo unas cuantas rondas. Licor *premium*, no cerveza ni porquerías. Tiene que dar la impresión de que el dinero no es problema. Después de algunos tragos, mencionaría de forma casual el Benz que tiene estacionado afuera o el viaje a Aruba que hizo con su novia. Toda esa energía y esas palabras proyectarían la imagen de que está operando desde la opulencia. El extremo opuesto de alguien que está buscando dádivas.

Después de un tiempo, el amigo querrá saber cómo está financiando ese estilo de vida. El estafador responderá, con mucha humildad, que le va bien en el negocio de los bienes raíces. No dirá mucho más; en cambio, intentará llevar la conversación de vuelta a las anécdotas graciosas, como aquella vez que llevaron a unas chicas a Coney Island o la vez que se desató una pelea en el parque.

Pero el amigo mantendrá su fijación en el dinero.

—Oye, ¿qué tipo de negocios estás haciendo con los bienes raíces? —preguntará.

Entonces el estafador hará su movida.

—Ah, es complicado. Pero, básicamente, revendo propiedades que eran del gobierno —dirá—. Sí, esto que hago va muy bien. Tengo un par de contactos en el gobierno de la ciudad y ellos me avisan cuando hay buenas oportunidades. Sobre todo con un nuevo desarrollo para el que estoy reuniendo fondos. Creo que va a ser un jonrón.

La trampa está puesta. Y, la mayoría de las veces, la persona necesitada caerá en ella.

—Oye, amigo, ¿qué pasa? ¡Tienes que dejarme entrar!

El estafador le dará otro trago a su bebida y fingirá considerarlo.

—Mira, sólo porque hemos sido amigos mucho tiempo, si quieres entrar, te puedo ayudar. Pero lo *máximo* que puedo dejarte poner son diez mil dólares. Lo siento, pero el resto del negocio ya está repartido.

—¡Hecho! —dirá su amigo y comenzará a hacer los arreglos necesarios para conseguir el dinero.

Y, así sin más, lo estafaron. La razón por la que cayó con tanta facilidad es porque el estafador actuó como si no quisiera nada. Si hubiera dicho: "Oye, dame todo el dinero que puedas conseguir" o si hubiera presionado a su amigo para que le diera una cierta cantidad, eso habría encendido la alarma. Al no ejercer presión, fue capaz de sacarle la vuelta a todos los sistemas de seguridad de su amigo. El tipo estaba tan condicionado a que la gente le pidiera cosas y lo presionara que nunca se le ocurrió cuidarse de quien *no* le pedía nada.

Te dejaré una pequeña prueba para saber si has entendido cómo utilizar el poder de la percepción. Digamos que te doy un millón de dólares, pero luego te digo que, para quedártelo, tienes un mes para convertirlo en dos millones. De otro modo, tendrás que regresarme el dinero.

¿Cuál sería tu estrategia para duplicar ese dinero?

¿Intentarías comenzar un negocio con la esperanza de que creciera deprisa?

¿Se lo darías a un inversionista con la esperanza de que no fuera el siguiente Bernie Madoff?

¿Comprarías diez kilos de coca para revenderlos?

Espero que no, porque ninguna de ésas es la forma más fácil de conseguir esos dos millones.

Lo único que tienes que hacer es poner ese dinero en tu cuenta bancaria y luego ir a tu sucursal. En esta situación, incluso te doy permiso de vestirte casual. Cuando llegues ahí, pídele al gerente que abra tu cuenta.

Los ojos se le pondrán como platos cuando vea todos esos ceros en la pantalla. Se volverá súper amigable y estará más que dispuesto a ayudarte de cualquier forma que pueda.

Debes mantenerte tranquilo y confiado. Después de que te pregunte qué pueden hacer por ti, con toda calma contestarás: "Necesito un préstamo por un millón de dólares".

Parecería una locura pedirlo, pero en realidad te dan ese millón tan rápido que te dará vértigo. Llenas un par de formularios, hablas de trivialidades y, en una hora o dos, todo será oficial. Y... *bam*, lo lograste.

¿Por qué estaría tan ansioso el gerente por darte el dinero? Porque ya *tienes* un millón de dólares. No le importa si te lo dio un rapero, lo heredaste o lo conseguiste vendiendo drogas. Sólo sabe que lo tienes. Pudiste haber entrado a la sucursal como cualquier cliente normal, pero esos ceros te hicieron VIP de forma instantánea.

(Si de verdad tienes corazón de buscavidas, no te vas a detener ahí. Una vez que tengas los dos millones, irás a otra sucursal y los convertirás en tres.)

Lo hago parecer sencillo, pero he visto a la gente utilizar esa técnica en otras situaciones. Quizá no tengan un millón de dólares, pero saben moldear la percepción de los demás para hacerse pasar por millonarios. Tal vez se visten como millonarios o hacen viajes de millonarios o logran mencionar tantos nombres de gente rica como para generar la impresión de que ellos también lo son.

¡Diablos, así es como la mitad de Hollywood se hizo de su fortuna! La gente se hace de algo que vale relativamente poco: un compromiso de palabra con un actor, el tratamiento para la idea de una película o los derechos de un libro poco conocido. Pero actúan como si tuvieran una mina de oro. Luego, negocian y multiplican hasta ser productores de una película de verdad.

El rasgo más importante que demuestran es el de la confianza en sí mismos. Cada vez que enfrentan un obstáculo o parecen estar en un callejón sin salida, esa confianza es lo que les permite seguir adelante.

Además, parecen nunca pedir nada. Siempre proyectan ese aire de alguien que ya tiene todo lo que necesita. El actor pudo haberle dicho que estaría en su película cuando estaba ebrio y apenas si recuerda la conversación, pero ese buscavidas hollywoodense actuará como si tuviera un contrato firmado. El tratamiento de la película podría tener sólo tres páginas, pero el buscavidas proyectará la energía de alguien que tiene un libreto terminado.

Para ser franco, alguna vez alguien me la hizo. Hace varios años, decidí hacer negocios con un productor al que acababa de conocer, llamado Randall Emmett. Tenía experiencia produciendo películas, así que, cuando decidí crear mi propia productora, Cheetah Vision, lo contraté para que me ayudara a manejarla. Pagué todo, incluyendo una oficina, personal, gastos, lo que se te ocurra. Incluso actué en películas que produjimos por una tarifa bastante reducida, todo por el bienestar futuro de lo que estábamos construyendo.

Randall era un empleado de Cheetah Vision, pero él se presentaba de forma distinta en público. Dejaba que la gente creyera que era mi nuevo "socio de producción". Era una estrategia muy astuta. Cultivar esa percepción le abrió las puertas para conocer lugares y personas a las que no habría tenido acceso de otra forma. También hizo que le firmaran cheques por cifras que jamás habría visto si hubiera estado operando por su cuenta. Randall terminó independizándose y asociándose con una de las personas que recaudaba fondos para sus proyectos.

A mí al principio no me molestó, pues entendía cómo funcionaban las cosas en Hollywood. Comencé a tener problemas con él cuando Randall quiso atribuirse el crédito de *Power* y mi contrato con Starz. Él era muy bueno para hacer películas, pero nunca había logrado concretar nada en televisión. No estuvo involucrado en el proceso creativo de *Power* ni tuvo nada que ver con mis negociaciones con Starz. De hecho, cuando Randall estuvo ahí, mi primer contrato con Starz resultó ser bastante patético. Me enteré de eso cuando mi abogado contactó a Starz para negociar y establecer mi primer contrato general con ellos.

Randall se extralimitó. Durante años me adeudó un millón de dólares de utilidades de la compañía, pero no me molesté en presionarlo para que me pagara. Sin embargo, después de que llevaba mucho tiempo soltando la lengua, se me agotó la paciencia. Hice que mi abogado le llamara y le pidiera mi dinero, mientras yo escuchaba la conversación a su lado, sin que Randall lo supiera.

Comenzó la conversación muy agresivo.

—¿Es en serio? Vete a la mierda —le dijo a mi abogado—. ¿Después de todo lo que he hecho por 50? ¿Después de que le conseguí ciento cincuenta millones de Starz? ¿Me vas a presionar por un mísero millón? Jódete.

Yo había planeado quedarme callado, pero no podía creer lo que oía.

—¿Qué te pasa, Randall? —intervine con mucha calma. No hubo respuesta—. Tengo curiosidad. ¿Qué hay con esa bravuconería? —continué—. Los dos sabemos que así no eres tú. Ya no voy a tratar contigo después de esto, pero antes de que las cosas empeoren, sugiero que aceptes el plan de pagos que te estamos ofreciendo.

Randall debió haberse quedado sin palabras cuando se dio cuenta de que estaba hablando conmigo, pues colgó el teléfono a toda prisa. Luego comenzó a enviarme mensajes con incontables pretextos de por qué no podía darme el dinero de inmediato. Había planeado manejar la situación en privado, pero su actitud me decepcionó tanto que decidí ventilarlo. Así fue como vio la luz el mensaje "Perdón, Fifty" (más adelante te contaré los detalles). Por supuesto, terminé recibiendo todo mi dinero.

Proyectar una energía de "no lo necesito" siempre es un acto de equilibrismo. Si tu convicción no es lo suficientemente sólida, nadie te creerá. Pero también puedes empezar a creer en tus propias jugadas. Randall fue tan tonto como para hacer eso. Incluso mientras le estás diciendo al mundo que no necesitas nada, no puedes olvidar que habrá personas a las que necesites tener de tu lado. No intentes estafarlas. Debes tener un grupo reducido con el que siempre seas honesto y humilde.

LO QUE ME ATRAE

Desde que era niño, he sido seductor. Y no lo digo por alardear. Sólo es la verdad. No tengo aspecto de novio de Barbie, pero nunca he tenido problemas para conectar con el sexo opuesto. Es probable que así sea porque siempre me he sentido cómodo conmigo mismo, lo cual es un rasgo muy atractivo.

Sin embargo, los hombres nos volvemos genuinamente irresistibles cuando nuestro éxito es de conocimiento público. Así que, cuando me empezó a ir bien, mi atractivo se disparó a un nuevo nivel. Antes era lindo, pero, cuando me hice famoso, me convertí en uno de los hombres más sensuales del planeta. (¡No lo digo yo! ¡Lo dijo *Time*!) A las mujeres les atrae la estabilidad que traen consigo el dinero y la fama. En mí veían a alguien que podía darles todo lo que quisieran o necesitaran.

Y no estoy hablando de las cazafortunas o las *groupies*. Me perseguían algunas de las mujeres más increíbles del mundo. No sólo mujeres físicamente atractivas, sino mujeres muy exitosas por cuenta propia: abogadas, doctoras, actrices y empresarias. Mujeres que eran lo que cualquiera podría soñar.

Recuerdo cuando salí de gira con *Get Rich or Die Tryin'*. Estaba en una habitación de hotel con una mujer extraordinariamente atractiva e inteligente. Justo antes de que las cosas se pusieran serias, me disculpé para ir al baño. En cuanto cerré la puerta, comencé a hacer un bailecito y sonreí de oreja a oreja frente al espejo. Estaba tan emocionado que incluso salté y choqué los talones. Tenía que tomarme un momento para celebrar. No podía creer el calibre de mujer que me estaba esperando ahí afuera.

Hoy en día soy un poco más relajado en ese tipo de situaciones. Pero nunca he perdido de vista el hecho de que, a pesar de lo mucho que disfruto la compañía de las mujeres, mi atractivo siempre estará atado a mi éxito. Incluso si una mujer se presenta de otra forma en un principio, siempre sospecharé que ésa es parte de su motivación. Eso hace que sea muy difícil determinar con quién me gustaría buscar una conexión más profunda. Siempre estoy preguntándome: "¿Quiere a 50 Cent o a Curtis Jackson?".

Por ejemplo, mucha gente siente curiosidad por mi relación con la comediante Chelsea Handler. Supongo que parecíamos una pareja dispareja.

No me importaba qué pensara la gente. Chelsea y yo nos conocimos en su *talk show*, y yo empecé a buscarla de inmediato. Le envié cincuenta rosas blancas. Llamaba a su oficina y pedía hablar con ella. Nunca me respondió, hasta que logré contactarla cuando estaba por ir a Nashville para un evento. Le pregunté si podía volar allá y verla; me dijo que sí. Nos encontramos y la pasamos muy bien juntos. Después de eso, siempre nos reuníamos cuando los dos estábamos en Los Ángeles. Incluso hice planes para ir de vacaciones con ella y su familia. (No te preocupes, no estoy ventilando sus intimidades. Ella ha hablado de todo esto en público.)

Nos divertíamos cuando estábamos juntos, pero lo que en verdad me atraía de ella era la forma en que se manejaba en lo profesional. Además de su *talk show*, tenía un *reality* y escribía *best sellers*. Era una jefa. Con todo lo que trabajaba, debía estar embolsándose unos treinta millones al año. *Eso* sí que es sexy para mí.

Lo más importante de todo es que siempre dejó en claro que no necesitaba *nada* de mí. Chelsea tenía demasiadas cosas en su vida como para esperar que yo hiciera algo por ella. Si acaso, yo estaba intentando absorber un poco de esa energía.

Al final, las cosas no llegaron a ningún lugar serio. Hubo un pequeño malentendido cuando mi exnovia Ciara estaba por aparecer en su programa y dejamos de hablarnos después de eso. Pero sigo creyendo que Chelsea es increíble. Ha logrado muchísimo y lo que la hace más impresionante aún es que lo ha hecho en sus propios términos.

Nunca he sido un gran defensor del matrimonio. Tal vez soy cínico porque he pasado mucho tiempo en Hollywood, donde aprendí que "esposo" es sólo una forma de decir "mi novio un poco más serio". A fin de cuentas, considero que el matrimonio es una transacción de negocios, y no es muy buena si tú eres quien entra a esa relación con más dinero.

Sin embargo, conforme he madurado, he comenzado a abrirme un poco más a la idea de sentar cabeza y construir una vida familiar más estable. Cuando repaso la lista mental de cualidades que busco en una potencial esposa, no comienzo con el físico ni la fama. Esas cualidades ya no son tan importantes para mí. La cualidad más esencial de cualquier mujer que pudiera llegar a interesarme es la autosuficiencia, tanto a nivel financiero como emocional. De otro modo, siempre creeré que sólo está intentando hacerme firmar uno de esos malos contratos. Como le decía a un amigo hace poco: "Cuidar a una mujer no es un mal concepto. Pero cuidar a una mujer que necesita que la cuiden es un concepto *terrible*".

Si sigo repasando los puntos de la lista, debe tener cualidades como compasión, sentido del humor, amor por la familia y ambición (bueno, sí, que sea linda no está de más). Pero es la falta de dependencia la que me hará receptivo a la posibilidad en primer lugar.

Así de poderoso puede ser proyectar un aura de autosuficiencia. Puede incluso hacer que un soltero cínico como yo piense en anillos y en sentar cabeza.

ADUÉÑATE DE TU NARRATIVA

Hemos estado hablado de por qué es importante que forjes tu propia identidad, y ahora quiero darte algunos ejemplos de personas que han sufrido por permitir que otras fuerzas controlen cómo las percibe el público.

Suelo pensar en mi buen amigo, el difunto Prodigy, de Mobb Deep. El dueto, que incluía a su compañero Havoc, era legendario por sus duras representaciones de la vida en los infames proyectos residenciales de Queensbridge, en Queens. Prodigy era un artista increíble y, sin duda, uno de los mejores raperos de su generación. Pero, para mucha gente, el momento definitivo de su carrera llegó en 2001, cuando Jay-Z se burló de él "poniéndolo en la pantalla de Summer Jam".

Si no estás familiarizado con la historia, Jay-Z y Mobb Deep tenían una disputa pública en aquel entonces, lo que llevó a Jay a rapear lo siguiente sobre Prodigy: "When I was pushin' weight, back in '88, you was a ballerina / I got the pictures, I seen ya" (Cuando en '88, yo estaba levantando pesas, tú eras una bailarina / Tengo las fotos, te he visto). Era una referencia al hecho de que Prodigy había sido bailarín en el estudio de danza de su madre, en Queens. Y, sí, Jay había conseguido una fotografía de Prodigy con leotardo, la cual proyectó después en Summer Jam.

La implicación era obvia. Prodigy habla en su música de lo gángster que era, pero en el fondo tenía el corazón blando. Y en el hip-hop no hay nada más blando que ser una bailarina.

Prodigy le respondió a Jay, pero no logró reparar el daño. Esa fotografía suya con mallas de ballet en la pantalla de Summer Jam fue un duro golpe, y nunca logró recuperarse del todo.

Siempre he pensado que no debió haber sido tan dañino. Sí, era cierto que la madre de Prodigy tenía un estudio de danza. También era cierto que él tomó clases ahí. ¿Qué tiene de vergonzoso? Tuvo una mamá que lo crio en las artes. Tenía cultura. Para mí, parece una infancia increíble, no algo de lo cual avergonzarse.

Si acaso, sentía que la historia de Prodigy en las artes lo había preparado como artista más que a todos los demás. Era un huracán en el estudio, donde siempre estaba inventando rimas y conceptos nuevos. Recuerdo incluso haber ido a su casa un día y ver varios libretos tirados en el piso.

—¿Cuándo aprendiste a escribir libretos? —le pregunté.

—Ah, leí un libro sobre cómo hacerlo —respondió en tono casual—. Los he estado escribiendo desde entonces.

Ése era el tipo de talento que tenía. Podía tomar un libro, digerirlo y empezar a producir libretos como si fuera cualquier cosa. La mayoría de los raperos tiene problemas para escribir doce compases, no se diga una película. Carecían de esa tradición artística para echar mano de ella.

Siento que Prodigy debió haber aceptado más su pasado. Era lo que lo hacía especial y lo que le habría permitido crear más arte trascendental. En cambio, sintió que Jay y otros lo presionaron para estar a la altura de la personalidad que había creado con su música.

Tupac se enfrentó a un dilema similar. Como Prodigy, tuvo una madre culta que lo educó para que estuviera siempre bien informado sobre las artes y la política. No creció escribiendo rap; creció escribiendo poemas introspectivos y revolucionarios. Estuvo expuesto a la misma energía que Prodigy.

Siempre he sentido que 'Pac y Prodigy eran estudiantes de arte que adoptaron el pandillerismo como tema. En vez de aceptar la cultura y el orgullo al que habían sido expuestos durante su infancia, intentaron correr en la dirección opuesta. Al hacerlo, cayeron en una trampa. En el caso de Prodigy, se tradujo en una batalla con Jay-Z que no tenía esperanzas de ganar. Una vez que Jay descubrió que sólo estaba representando un tema, supo cómo arruinar su imagen pública.

'Pac pagó un precio mucho mayor. Al ondear la bandera del pandillerismo con tanto ímpetu, envió una señal muy peligrosa que atrajo a los pandilleros de verdad. Una vez que estuvieron ahí, no hubo manera de controlar esa energía. Le habría resultado difícil a un verdadero gángster, pero para un chico artístico como 'Pac, fue imposible. Y esa energía le costó la vida.

Prodigy y yo éramos amigos cercanos y lo extraño mucho. Era un tipo de lo más interesante y muy completo. Cada conversación que tuve con él me enseñó algo nuevo. Si de algo me arrepiento es de no haberlo animado con más fuerza a dejar atrás la pinta de tipo rudo y acercarse más a sus verdaderas raíces. Si lo hubiera hecho, no sólo habría revivido su carrera, sino también todo el panorama del hip-hop. Le habría enseñado a una nueva generación de raperos que estar orgulloso de sus orígenes está bien, sin importar de dónde vengan.

DEJA QUE LAS PERSONAS SEAN HONESTAS ACERCA DE SÍ MISMAS

Hubo una época en la que no entendía la importancia de dejar que las personas fueran ellas mismas. A principios de la década de 2000, el DJ de G-Unit era un tipo llamado Whoo Kid. Además de tocar, uno de los trabajos de Whoo Kid era lanzar *mixtapes*, que eran muy populares en ese entonces y fueron esenciales para que G-Unit hiciera ruido. Un día, Whoo Kid estaba hablando con un tipo del departamento de desarrollo artístico en Atlantic Records y vio que el nuevo sencillo de Terror Squad de Fat Joe estaba sobre el escritorio de esa persona. Whoo Kid sabía que era una exclusiva valiosa; cuando el tipo de Atlantic se distrajo, ¡se lo robó!

Por supuesto, Fat Joe, Big Pun y el resto de Terror Squad se enfadaron cuando la canción se filtró en el siguiente *mixtape* de Whoo Kid. ¡Querían sangre! Así que, cuando lo vieron en un club semanas después, de inmediato intentaron agarrarlo y patearlo sin piedad.

Whoo Kid era de Queens, pero de Queens Village, que no es tan rudo como Southside. Alguien de Southside habría recibido la paliza con tal de asegurarse de conectar unos cuantos golpes propios. Pero no Whoo Kid. Cuando vio que Terror Squad iba por él, se echó a correr tan rápido como pudo. Terror Squad no le puso siquiera un dedo encima. (Whoo Kid no podría huir por siempre. Big Pun terminó encontrándolo y metiéndolo en la parte trasera de una camioneta. Pero Whoo Kid logró convencerlo de que lo dejara ir.)

Por lo general, oír que alguien de tu banda evitó una paliza sería motivo de celebración. Pero no en G-Unit. En vez de eso, me enfureció enterarme de lo que Whoo Kid había hecho.

—Oye, hermano, me dicen que huiste de Terror Squad —le dije.

—Sí, eso hice —respondió.

—¿*Qué*? —pregunté, incrédulo—. ¿Eres un maricón?

—¡Sí! —contestó de inmediato—. ¡Eso es justo lo que soy!

Me quedé estupefacto. No supe cómo responderle. De donde yo venía, nunca jamás podías aceptar que tenías miedo. Una vez que lo hacías, te convertías en presa fácil; todos tomarían un bocado de ti hasta que no quedara nada.

Ser cobarde iba en contra de lo que me enseñaron en mi infancia. Era como decirle a un niño al que le inculcan la religión que Dios no existe, o decirle a un niño que creció en Chicago en los noventa que Jordan era pésimo en la duela. Blasfemia.

Evidentemente, la experiencia de Whoo Kid fue un poco distinta a la mía. No le importaba que lo vieran así. La diferencia de perspectivas me dejó perplejo. ¿Cómo era posible que alguien a quien no le importaba que le dijeran maricón representara a G-Unit? Mi reacción inicial fue despedirlo en ese instante, darle el proverbial boleto de autobús.

A veces puedo parecer imprudente, pero la verdad es que no me gusta tomar decisiones apresuradas a menos que el ambiente me obligue a hacerlo. Nadie me estaba presionando, así que me di tiempo para reflexionar si no estaría exagerando. ¿Cuál era el trabajo de Whoo Kid dentro de G-Unit? ¿Pelear? No.

Su trabajo era tocar música, alborotar al público. Y era muy bueno para hacerlo. Whoo Kid era un profesional en subir la temperatura y la energía hasta el límite.

Su trabajo era también lanzar *mixtapes* que hicieran ruido para G-Unit en las calles. Era obvio que se tomaba ese trabajo *muy* en serio. ¿Qué importaba que le diera miedo pelear?

No mucho, para ser franco.

Whoo Kid nunca recibió ese boleto para volver a casa. De hecho, llegué incluso a respetarlo por su honestidad. Le habría sido muy fácil decir algo como: "No, amigo, no soy ningún maricón. Sólo dicen que corrí. Estaba a punto de tronarlos, pero se escaparon antes de que pudiera golpearlos".

A lo largo de los años, mucha gente me ha mentido así, jurando que estaban a punto de encargarse de cosas que no tenían intención de llevar a cabo. Se hacían los rudos porque creían que eso era lo que 50 Cent quería oír, no porque eso fuera lo que estaba en sus corazones.

Es cierto que 50 Cent quiere rodearse de tipos que no se dejan intimidar. Ese tipo de personas siempre ha estado a mi alrededor y siempre lo estará.

Curtis Jackson, por su parte, ha llegado a entender que necesita distintos tipos de energía en su equipo, gente que no siempre busca conflictos, pero que puede conseguir las cosas por otros medios. Quiero ambos tipos de personas en mi equipo. Lo único que necesito saber es quién es quién.

Esa experiencia con Whoo Kid me enseñó que, como líder, tenía que empoderar a la gente para que fueran ellos mismos. Si la gente siente que sólo respeto un tipo de energía, eso limita lo que pueden lograr en conjunto. Whoo Kid me dijo su verdad, y gracias a su honestidad hemos tenido una relación muy productiva durante casi veinte años.

Otra persona que fue muy honesta conmigo fue Jimmy Iovine, quien estaba a cargo de Interscope cuando yo vendía millones de discos. Él se sentía cómodo trabajando con gángsters y haciendo música que reflejara su estilo de vida, pero tenía claro que él no era uno de ellos. Si Jimmy escuchaba una conversación que devenía en asuntos serios de la calle, se apresuraba a decirles a todos: "Hey, cuidado con lo que dicen cuando están cerca de mí. Soy una rata. No me digan nada, porque los voy a delatar si tengo que hacerlo".

Mucha gente se reía cuando decía eso, pues les sonaba ridículo a quienes habían crecido en las calles. Nos habían enseñado que ser rata era lo peor que podías ser, ni se diga aceptar que lo eres.

Pero yo aprecié la honestidad de Jimmy, incluso si a algunos les parecía algo hipócrita. "Hey, sé un gángster en las canciones, pero no conmigo en la vida real." Prefiero saber dónde está parado alguien y hacer los ajustes necesarios que pensar que estoy operando bajo una serie de normas cuando no es así.

Algunas personas dijeron: "Que Jimmy se vaya a la mierda si no le molesta ser una rata". Mi reacción fue: "Mejor no discutas tus negocios si Jimmy está ahí". Me parece sensato. Jimmy y yo estábamos vendiendo millones de discos juntos. ¿Por qué me alejaría de eso o del dinero sólo porque dijo algo que sería inaceptable en otro contexto? Habría sido una tontería.

En cambio, me hice consciente de ello y seguí haciendo negocios con él. Cuando llegó a tomar decisiones que eran buenas para él, pero no necesariamente para mí, estaba preparado.

Seas un jefe, un socio o sólo un empleado, tienes que crear un ambiente en el que la gente pueda ser honesta sobre su carácter. De otro modo, darás pie a situaciones insostenibles.

Eso fue lo que arruinó la carrera de Ja Rule.

Ja creció siendo testigo de Jehová en una mejor zona de Queens que en la que crecí. Las únicas veces en las que cruzaba hacia mi parte de la ciudad era cuando iba de puerta en puerta intentando vender copias de *La atalaya*. Un buen niño religioso. Y eso no tiene nada de malo.

Pero la gente que lo rodeaba, como Irv, intentaron que negara su naturaleza sensible y convertirlo en un gángster. En vez de aceptar sus bendiciones —su talento para hacer música divertida y destinada a las mujeres—, estaban decididos a convertirlo en algo negativo.

Cuando consiguieron un contrato con Def Jam, ¿cómo lo nombraron? Murder Inc. Records. Tenían un camino abierto frente a ellos, pero decidieron arrinconarse en un lugar muy peligroso. Ya que ninguno de ellos era un asesino de verdad, comenzaron a buscar gente que sí tuviera esa energía. Terminaron por encontrar lo que estaban buscando y casi arrasaron con toda la empresa.

Si observas de cerca a tipos como Ja Rule, verás que caminaban apoyados en una muleta. En este caso, era la imagen de gángster. Tomó la vibra de DMX, se vestía como Tupac e intentó rapear sobre el estilo de vida de otras personas. Le funcionó un rato, pero, como ya dije, si caminas con una muleta, tus horizontes tienen un límite.

Si la gente que rodeaba a Ja lo hubiera entendido y le hubiera dado la confianza para aceptar su verdadera naturaleza, las cosas habrían salido mucho mejor para todos. Podrían haber seguido haciendo música divertida para mujeres durante años. Esos discos nunca pasan de moda. En cambio, Murder Inc. tiene más de diez años sin lanzar un disco, y Ja Rule es conocido como el idiota que se burla de sí mismo en los documentales sobre el Fyre Festival.

Siempre es mejor empoderar a la gente que te rodea para que viva su verdad. Cuando los obligas a perpetuar un papel, la gente se dará cuenta de la verdad.

Una de las razones por las que siempre seré relevante es porque nadie puede ser un mejor 50 Cent que yo. Podrán ser más jóvenes, vestirse mejor y tener mejor oído para rapear. Pero no pueden ser un mejor 50 Cent que yo (aunque eso no ha evitado que muchos lo intenten). Siempre y cuando sea yo mismo, nadie puede ganarme en eso.

Siempre que estés cómodo viviendo tu verdad, nadie te ganará en ser quien eres.

7

SI NO PODEMOS SER AMIGOS...

Los desacuerdos son normales.

—Dalái Lama

Durante años, Oprah Winfrey no me cayó bien.

No es el tipo de persona (fuerte, inteligente y poderosa) con quien quisieras tener problemas, pero algo me provocaba la forma en que se había referido al hip-hop.

Parecía que cada vez que Oprah comenzaba a hablar sobre cómo el hip-hop era misógino y estaba arruinando a la juventud de Estados Unidos, estaba hablando de las cosas que venían en mi álbum.

Lo que en realidad me molestaba es que me tenían vetado de su programa. Quería aparecer en él.

Oprah era donde la gente importante iba a promocionar sus proyectos, vender libros, mover discos, anunciar películas. Yo me consideraba una persona importante, ¿cómo se vería si no estaba ahí también?

Sentí que debía explicarle esta ausencia a mi público. Así que, como suelo hacer, fui honesto y directo con la situación. Di un par de entrevistas en las que dije que la razón por la que Oprah no me invitaba a su programa era porque ella es un reflejo de su audiencia, que está conformada en su mayoría por mujeres blancas de mediana edad. A ese grupo le resulto aterrador, así que suponía que Oprah también me tendría un poco de miedo. (También bauticé a una de mis perras como ella, pero debo admitir que eso quizá fue demasiado.)

Después de hacer esos comentarios, no pasé mucho tiempo preocupándome por cómo los recibiría Oprah. Ella ya había dejado en claro que no iba a invitarme al programa, ¿qué más me daba hacerla enojar? Ella tenía negocios que atender (por cierto, me parece que debió haber conservado su programa de las tardes cuando lanzó OWN), y yo también.

Entonces, una noche estaba en Nueva York en un evento para recaudar fondos para NYRP, una organización sin fines de lucro fundada por Bette Middler. Es una organización fantástica que apoya proyectos de renovación para parques y zonas descuidadas en Nueva York.

No era mi escena habitual —mucha gente blanca de cierta edad con esmoquin—, pero adoro a Bette y respeto la causa, así que compré una mesa. En algún momento de la noche me encontré con Gayle King, la mejor amiga de Oprah. Gayle no es ningún chiste; es una mujer sofisticada, confiada e inteligente. No le teme a ninguna situación (como demostró en su entrevista con R. Kelly), así que caminó hasta donde estaba yo y me dijo: "¿Por qué estás hablando estupideces de mi amiga?". Tuve que explicarle a Gayle que no tenía un verdadero problema con Oprah.

—Mira, me encantaría ser su amigo —continué—. Pero, si no podemos ser amigos, ¿podemos al menos ser enemigos?

Cuando dije eso, vi que Gayle arqueó las cejas y me miró de forma un poco distinta. Entendió que, aunque pudiera haber estado diciendo cosas sobre su amiga, había una estrategia detrás de mis acciones.

—Okey. Eres diferente a lo que había pensado —me dijo—. Le voy a decir a Oprah que necesita conocerte. Ustedes dos tienen que hablar.

Fiel a su palabra, Gayle hizo los arreglos para que apareciera en el programa de Oprah. Fue un gran episodio. Oprah visitó mi vieja casa en Queens, conoció a mi abuela y recorrió el barrio conmigo. Al fin, llegamos al tema de nuestra relación.

—¿Dijiste cosas para ser proactivo? —me preguntó—. ¿O sólo yo no te agradaba?

—Veía los momentos en los que discutías sobre lo que pensabas de la cultura, la cultura del rap, y todo lo que está mal con la cultura aparece en mi disco —le dije con una sonrisa—. Y fue como: "Ah, no le agrado".

—¿Te refieres a la palabra con N? —preguntó Oprah—. ¿A la misoginia?

—Todas esas cosas.

—Las afrentas contra las mujeres. Violencia... Ya sabes, cosas así —respondió Oprah, sin dar un paso atrás.

—Sólo esas pequeñas cosas —dije, riéndome—. En ese momento pensé "No le agrado", porque hay muchas sensaciones distintas... y no que esas cosas estuvieran mal, pero me hicieron decir: "Si no vamos a ser amigos, deja que seamos enemigos"... para poder coexistir contigo —dije, antes de añadir—: Sólo lo uso como estrategia.

—¡Ah! Eso es interesante —dijo Oprah, mirando a uno de sus productores fuera de cámara.

La razón por la que Gayle y Oprah estaba tan intrigadas con esa frase es porque contradecía todas sus preconcepciones sobre mí. Antes de conocerme, se habían creído el acto de 50 Cent, alguien que entraba en peleas y disputas porque no podía evitarlo.

Pero, cuando dije "deja que seamos enemigos", entendieron que cuando yo comenzaba una disputa, jamás me motivaba la emoción. En cambio, me movía siempre la estrategia.

Mi estrategia era bastante sencilla: siempre voy a preferir ser amigo de alguien, pero si a esa persona no le interesa, entonces la segunda mejor opción es que seamos enemigos. ¿Por qué? Porque, si me odias, es más probable que hables de mí.

Si tienes fuertes sentimientos negativos hacia mí, en algún momento le vas a decir a tu amigo: "Carajo, no soporto a 50 Cent". Tu amigo te preguntará por qué y, así, me he convertido en un tema de conversación. Es todo lo que pido.

Ya tengo un pie en la puerta. Tal vez, después de escuchar sobre mí, tu amigo no tendrá una opinión tan mala. Quizá piense: "Este tipo suena interesante. Voy a escuchar su música o puedo ver *Power*". Tal vez así fue como llegaste a este libro, por medio de un amigo.

Esa conversación jamás habría ocurrido si fueras neutral respecto a mí. Nadie les pregunta a sus amigos si han escuchado una canción de un artista por el que no siente nada. Nadie menciona a un escritor y diseñador que no le provoca una reacción fuerte.

Sólo mencionamos las cosas que amamos... y las que odiamos.

Siempre voy a preferir el amor. Pero si no lo consigo, aceptaré el odio.

Siempre existe la posibilidad de que logre convertir ese odio en algo positivo.

Los antiguos griegos creían en el concepto de *agón*, que puede traducirse en la idea de que las personas se reúnen con el propósito de competir.

Para los griegos, la energía más básica del mundo era una batalla entre dos fuerzas. Un debate era una pelea entre dos partes por una idea. El ejercicio es una pelea entre la energía y la fatiga. El estudio es una batalla entre el material y tú. Cada día es una lucha entre la luz y la oscuridad.

Los griegos no les rehuían a esas batallas. Creían que la competencia, en la forma que fuera, siempre era provechosa. El ejemplo más famoso de poner en práctica esa idea es la competencia atlética que crearon, que hoy conocemos como los Juegos Olímpicos. Los griegos le daban tanto valor a los Juegos Olímpicos que llegaban a detener batallas para que los competidores pudieran llegar ilesos a la justa.

Hoy en día, los Juegos Olímpicos premian al segundo y tercer lugar con medallas de plata y bronce. Los griegos antiguos no creían en los premios por participar. Cada competencia tenía sólo un ganador. El vencedor regresaba a su aldea como un héroe; los demás volvían a casa como perdedores.

Esa actitud frente a la competencia me recuerda a la cultura del hip-hop en el presente. Desde el primer día, cualquier rapero que toma el micrófono quiere ser reconocido como el mejor de todos. Ningún rapero compite por el bronce o la plata. Cada uno de nosotros entró al juego buscando el oro.

Esa mentalidad nació en las raíces callejeras del hip-hop. Esa dinámica, para bien o para mal, preserva la juventud de la cultura. A menos de que puedas aferrarte al trono, lo nuevo siempre desplazará a lo viejo.

Dada mi crianza, me siento muy cómodo con la idea de competir. No importa si es en la música, la televisión, la ropa, el licor o los zapatos deportivos: si estoy buscando entrar a un espacio que alguien más está ocupando, puedes ver lo poco que me tardaré en convertirlo en una competencia.

Algunas personas le temen o le huyen a los retos, pero yo siempre camino con confianza hacia ellos.

Es una sensibilidad que me ha valido la reputación de *bully* en la cabeza de muchas personas. No suelo objetar el título, pero es una simplificación de la realidad. No despierto en las mañanas buscando pelear con alguien. No celebro el conflicto. Repito: preferiría que fuéramos amigos. Pero si alguien dice que quiere problemas conmigo, no tengo inconveniente.

Para mí, competir nunca es problema.

LA COMPETENCIA SACA LO MEJOR DE TI

Desde que era un adolescente en Italia, Enzo Ferrari tenía una gran pasión por las carreras de autos. En 1922, a los veinte años, comenzó a trabajar como piloto de pruebas en Milán y después se sumó a Alfa Romeo como piloto. Pasó unos años en el circuito de carreras, pero se retiró después del nacimiento de su primer hijo. Las carreras de autos eran un asunto peligroso en aquel entonces, por lo que decidió que, en vez de arriesgar su vida todas las semanas, se enfocaría en el aspecto del desarrollo automotriz del negocio. En 1940 fundó su propia compañía de manufactura, Ferrari, que se convertiría en una de las marcas más conocidas y respetadas del mundo.

Casi al mismo tiempo, otro fanático de los autos italiano, Ferruccio Lamborghini, estaba formando su propio negocio de manufactura. Pero, contrario a Ferrari, Lamborghini fabricaba tractores, no autos de carreras. Disfrutaba del automovilismo, pero su pasión se encontraba en el funcionamiento interno de la maquinaria.

Tras comprar un Ferrari para sí mismo, Lamborghini encontró unos cuantos defectos en el diseño. Los autos eran demasiado ruidosos y tenían un clutch demasiado frágil, que tenía que repararse con frecuencia. Cuando llevó su auto a que los mecánicos de Ferrari lo arreglaran, no le permitieron observar las reparaciones, lo que lo enfureció.

Ya que los Ferrari eran considerados los mejores autos deportivos de lujo en el mercado, esos defectos le parecían imperdonables a Lamborghini. Decidió llevarle sus críticas a Enzo Ferrari mismo. Ferrari se sintió insultado de que un "mecánico de tractores" creyera que podía decirle algo sobre autos de carreras y rechazó las sugerencias.

En ese momento se creó una profunda división y rivalidad entre ambos. Agraviado por la condescendencia de Ferrari, Lamborghini decidió que haría de su interés en los autos su profesión. No se anduvo con juegos; cuatro meses después, el Lamborghini 350 GTV debutó en el Autoshow de Turín.

Enzo Ferrari le llevaba ventaja a Ferruccio Lamborghini en la naciente rivalidad. Llevaba años en el negocio y tenía muchos más kilómetros de carreras bajo el brazo. Sin mencionar que ya había hecho una montaña de dinero.

Lamborghini, por su parte, tenía el conocimiento técnico sobre el funcionamiento interno de los autos que a Ferrari le faltaba. Se decía que el edificio de oficinas de Lamborghini fue construido junto a la fábrica de forma intencional, pues así él podía hacer visitas rápidas al área de manufactura y trabajar de primera mano con los autos si surgía algún problema. Tenía disposición a ensuciarse las manos (literalmente) para cumplir sus sueños.

Al ser rivales competitivos, Ferrari y Lamborghini sacaron lo mejor el uno del otro. A Ferrari nunca le interesó demasiado fabricar autos de calle, pues su pasión eran las carreras. Lamborghini estaba más enfocado en la practicidad y el uso diario. Si él no hubiera empujado al mercado en esa dirección, Ferrari quizá nunca habría salido de las pistas hacia las calles. Ese sentido de la competencia los forzó a convertirse en versiones más fuertes y versátiles de sí mismos. Como dicen, el hierro con hierro se afila.

Los resultados de esa competencia fueron la innovación y la creación de dos dinastías. Ferrari y Lamborghini pudieron haber sido amigos, pero un primer encuentro amable y tranquilo jamás habría desembocado en la creación de algunos de los mejores autos de la historia.

En lo personal, he apoyado a ambas marcas a lo largo de los años. He tenido unos cuantos Ferrari y otros tantos Lamborghini. Y aunque las dos son marcas increíbles, en esta competencia particular, tengo que darle la corona a Lambo. Hace un par de años, compré un espectacular Ferrari 488. El vendedor me dijo que el auto tenía que estar conectado a la corriente en mi garaje cuando no estuviera encendido para poder cargar la batería. Seguí las instrucciones, pero cada vez que intentaba encenderlo, nada ocurría. El auto se veía increíble, pero ¿qué hago con un auto que no puedo llevar a ningún lugar? La cosa resultó ser una porquería, así que tuve que devolverlo. Ferruccio Lamborghini tenía razón, ¡esos Ferrari no siempre andan bien!

Ferruccio Lamborghini y Enzo Ferrari utilizaron esa competencia para impulsarse hacia alturas que ni siquiera se habían imaginado cuando comenzaron. Olvídate de construir empresas exitosas: casi cien años después, ambos apellidos son sinónimo de calidad y lujo. ¡Eso es tener impacto!

Estoy convencido de que cuanto mejor es tu oponente, mejor serás tú. Así ha sido en la industria de los autos de lujo y en casi cualquier otro campo. Sin duda está siempre en mi cabeza cuando comienzo un nuevo proyecto.

La música, por ejemplo. Siempre que estoy por entrar al estudio, intento pensar en todos los grandes momentos musicales que he vivido con diferentes artistas. Digo "grandes momentos" porque no necesariamente tengo un artista favorito, pero sí tengo momentos favoritos. Por lo general, es una canción que me llama la atención y captura un sentimiento que encuentro inspirador. "Whoa", de Black Rob, fue eso para mí. No puedo decir que Rob sea uno de mis artistas favoritos en el mundo, pero durante los cuatro minutos y siete segundos en que sonaba esa canción, no había nadie mejor para mí. Lo mismo ocurría con "The Bridge Is Over" de Boogie Down Productions. A pesar de que KRS-One estaba insultando a Queens, su agresividad era tan contagiosa que me encantaba la canción. Escucharla, aun treinta y cinco años después, siempre me pone en un estado de agresividad y confianza.

Cuando intento entrar en un espacio creativo, catalogo diez de esos momentos en mi cabeza. Ni siquiera tiene que ser una canción completa; puede ser un gran verso o un coro pegajoso. Recolecto todos esos momentos y los defino como mi competencia creativa.

Tengo esos momentos como referencia todo el tiempo que estoy grabando. Si escucho una rima que acabo de grabar, me pregunto: "¿Estuvo tan en llamas como 'Whoa'?". Si la respuesta es no, entonces necesito volver a la cabina e intentarlo de nuevo. Lo mismo ocurre con todas las frases y coros que compongo. Los comparo con los grandes momentos que he catalogado como tales. Si siento que se quedan cortos, regreso y lo hago una vez más. No dejo de poner lo que hago frente a esos momentos que elegí y preguntarme: "¿Es lo suficientemente bueno?".

Pero para poder impulsarte hacia la grandeza de esa forma, lo primero que necesitas hacer es apreciar la grandeza de otros. No puedes ir por la vida creyendo que nadie es tan bueno como tú y, por lo tanto, no tienes que compararte con nadie. Eso es una estupidez. No importa qué es lo que hagas, cuál sea tu campo, siempre habrá alguien además de ti que ha alcanzado la grandeza. Así que, en lugar de marearte con tus propios humos, encuentra a ese individuo y conviértelo en tu competencia.

La gente dice que soy un *hater*, pero nada está más alejado de la verdad. Lo que soy es un apreciador. Siempre aprecio lo que otros están haciendo. Competir no es odiar; de hecho, es poner en acción la apreciación.

Tienes que ser un apreciador, hagas lo que hagas. Digamos que eres novelista. Encuentra a quien consideres que es el o la mejor y compárate con la obra de esa persona. Si eres arquitecto, camina por tu ciudad y compara tus diseños con los edificios más hermosos que encuentres. Necesitas mirar esos edificios y decir: "¿Sabes qué? Esa escalera está jodidamente bien hecha", y almacenarla en tu cabeza. Y si en verdad crees que tu trabajo es mejor que todo lo que ves, compárate con la Torre Eiffel y el Taj Mahal. No importa cuánto confíes en tus habilidades, siempre habrá alguien con quien puedas competir.

Nunca pienses que estás por encima de la competencia. Una forma en la que veo que la gente cae en esa trampa es escuchando a quienes los rodean. Esto les sucede a los raperos todo el tiempo. Alguien entra a la cabina, tira un par de rimas, y uno de sus chicos le dice: "¡Hey! Eso estuvo genial". *¡Bam!* Eso es todo lo que hace falta. Ahora, en su cabeza, ese rapero es el mejor de todos los tiempos.

Sus amigos le dirán que es mejor que cualquier chico de SoundCloud que esté en rimas en ese momento. El rapero se tragará el cuento completo y se volverá todavía más arrogante. Pero piensa en lo que su gente *no* le está diciendo: que es mejor que Jay, que es mejor que Kendrick, que es mejor que yo. Ése es el estándar con el que tienes que medirte antes de empezar a pensar que eres el mejor de todos los tiempos.

Si sólo te comparas con oponentes inferiores, sentirás que estás logrando algo, cuando en realidad no estás logrando mucho que digamos.

Por eso muchos raperos me retan antes de tiempo. Sus amigos les hacen creer que están listos cuando en realidad no han conseguido ni una fracción de lo que yo he logrado. Por mí está bien. Sólo tengo que ponerlos en su lugar.

No importa qué tanto hayas logrado, nunca terminas de competir. He vendido más de treinta millones de discos, pero cada vez que entro a la cabina sé que voy a ser comparado. No con nadie más, sino conmigo mismo. Siempre que lanzo una canción nueva, la gente dirá: "No está mal, pero nada como cuando empezabas". Esa respuesta solía frustrarme, pero ahora la acepto. No voy a tener otra oportunidad para dejar una primera impresión. Hasta que deje el micrófono por última vez, estaré enfrascado en una rivalidad conmigo mismo. Eso ya no me frustra. Soy increíble. ¿Por qué me molestaría la comparación? Ahora tengo que salir y vencerme.

EL CAMPAMENTO BEARSVILLE

A unas dos horas de Nueva York, a las afueras del pueblo de Woodstock (cerca del hogar del famoso festival del mismo nombre) encontrarás los estudios Bearsville. El estudio de grabación, que me recuerda un poco a un granero, fue fundado en 1969 por Albert Grossman, un legendario promotor de la industria musical. Grossman es mejor conocido por haber sido el manager de Bob Dylan, además de ser quien guio las carreras de Janis Joplin y de estrellas del folk como Peter, Paul and Mary. El sueño de Grossman era construir un estudio en un ambiente rústico cerca de Nueva York en el que los artistas de rock pudieran escapar del ruido y las distracciones de la ciudad. Durante años, el estudio fue considerado uno de los mejores espacios para grabar rock and roll en todo el país.

Para el año 2000, Grossman tenía mucho tiempo de haber fallecido (aunque su esposa, Sandy, seguía operando el estudio), pero a él y a Dylan los habían reemplazado otro tipo de artistas: los raperos de Nueva York. Como respuesta al mismo impulso que había motivado a Grossman treinta años antes, el equipo de producción de hip-hop Trackmasters decidió rentar Bearsville durante tres meses. El dueto, conformado por los productores Tone y Poke, se adueñó del estudio e invitó a una mezcla de raperos establecidos y desconocidos a ir a Woodstock a grabar con ellos. No habría clubes para salir ni séquitos estorbando. Era un campamento de entrenamiento de hip-hop cuya única agenda sería música, música y más música. Así fue como terminé ahí con ellos.

Un día vi a Cory Rooney, productor y compositor de Sony, y a Markie Dee de los Fat Boys en la barbería de mi barrio. Yo acababa de terminar un demo, y le pregunté a Cory si podía ponérselos. Cory aceptó y nos llevó a su Mercedes 500 SL convertible que estaba estacionado enfrente. Nos apretujamos en el auto para escuchar. Un par de segundos después de iniciada la primera canción, el teléfono de Cory sonó y él contestó. Eso no me gustó nada. Siguió hablando durante la segunda canción. Mientras tanto, Markie parecía desinteresado.

Después de escuchar unas canciones más, Cory miró a Markie y dijo:

—No lo sé. ¿Tú qué piensas, amigo?

—No está mal —respondió Markie.

Pero yo ya había visto suficiente. Sabía que yo no era nadie para ellos, pero no iba a quedarme ahí sentado mientras me faltaban al respeto.

—Devuélvanme mi demo —gruñí mientras sacaba el casete del estéreo—. Están anticuados —tomé mi demo y bajé del auto.

Fue una forma impetuosa —y algunos dirían que tonta— de tratar a dos veteranos de la industria. Supuse que nunca volvería a saber de ellos. Pero, unos días después, me enteré de que me estaban buscando. Resulta que Cory sí había estado escuchando (supongo que podía hacer más de una cosa a la vez) y le había dado mi demo a Tone y Poke. Cory me dijo por teléfono que les gustó lo que habían oído y querían que fuera a Woodstock a trabajar con ellos para crear música nueva.

Me emocionaba que les hubiera gustado mi música, pero también me sonó a que era una trampa. Yo acababa de insultarlos ¿y ahora querían que saliera de viaje con ellos? Parecía un viaje del que podría no regresar.

Estaba indeciso. Mis instintos callejeros estaban en alerta máxima, pero Tone y Poke eran productores respetados que habían tenido una serie de éxitos con Nas, Will Smith y R. Kelly. De verdad quería trabajar con ellos. Invité a Cory y a Markie a que volvieran a la barbería para tomarles el pulso antes de aceptar hacer cualquier cosa. Cuando llegaron, no parecían molestos. De hecho, parecían ansiosos por que fuera con ellos. Mis instintos me dijeron que estaría a salvo. Empaqué una maleta pequeña y nos fuimos esa misma tarde.

Terminé quedándome dieciocho días en Bearsville. Albert Grossman pudo haber concebido el estudio como un retiro, pero el tiempo que pasé ahí fue uno de los periodos más competitivos y creativos de mi vida. Llegué a Bearsville como un MC cuya reputación difícilmente llegaba más allá de su propio barrio. De pronto, me vi rodeado de algunos pesos pesados de la industria. No eran sólo Tone y Poke, sino también productores bien establecidos como L.E.S., Al West y Kurt Gowdy, profesionales que sabían lo que hacían en el estudio y que creaban *beats* de la más alta calidad. También había raperos como N.O.R.E., Slick Rick y, luego, Nas, quienes ya tenían un lugar dentro de la cultura.

Habría sido muy fácil —comprensible incluso— que el ambiente en Bearsville me intimidara. Estaba lejos de casa, en un estudio en medio del bosque. Casi todos los demás estaban muy por delante de mí en términos de éxito. Muchos raperos en esa situación habrían mirado a su alrededor, se habrían desconcertado y luego habrían tomado el primer autobús de vuelta a casa, huyendo de vuelta a la seguridad de su barrio en vez de someterse a la intensidad de estar encerrados con su competencia durante dos semanas.

Yo no iba a ir a ningún lado. Bearsville era como el paraíso para mí. Me encantaba estar en medio de la nada y que no hubiera otra cosa en que enfocarse más que en la música. Estaba concentrado. No era el rapero más pulido ni el mejor letrista de quienes estaban ahí, pero estaba decidido a trabajar más duro que todos los demás.

Otros podían empezar sus días con resacas o sentados en su habitación fumando hierba, pero yo no quería saber nada de ese tipo de distracciones. Cuando despertaba, lo único que hacía era salir a correr al bosque. Luego, era hora de ir al estudio. Por lo general era el primero en llegar.

Una vez que me presentaba, iba de habitación en habitación, preguntándole a cada productor si podía escuchar lo último en lo que estaban trabajando. Una vez que lo había escuchado un par de veces, iba a sentarme en un rincón para intentar escribir un verso para esos ritmos.

Cuando terminaba, volvía al estudio y le preguntaba al productor si podía grabar lo que acababa de escribir. Era un grupo muy difícil de impresionar, pero estaba decidido a destacar. Quería oír que alguien dijera: "El chico sabe lo que hace", cada vez que terminaba de soltar una rima.

Fui una bestia absoluta, día tras día. Llegó el punto en el que había grabado versos sobre todas las pistas que Tone y Poke habían hecho y aún quería más. Terminé rimando sobre pistas sin terminar —puros tambores—, pues mis jugos creativos estaban fluyendo con tanta fuerza que desbordaba material.

Grabé más de treinta y seis canciones en Bearsville, muchas de las cuales terminarían apareciendo en *Power of the Dollar*. Llegué al campamento como un virtual desconocido, seguro de mis habilidades, pero también inseguro de dónde estaba parado como MC. Tras esos dieciocho días, estaba más seguro de que pertenecía a ese grupo.

Es muy poderoso medirte de frente con la competencia y alejarte de la confrontación sabiendo que estás a la altura. Esa confianza se queda contigo un largo tiempo.

El tiempo que pasé en Bearsville me dejó con material más que suficiente para lo que se suponía sería mi debut con Columbia. Enviamos la música y la disquera me dio una fecha de lanzamiento. Comencé a prepararme para lo que sabía iba a ser un lanzamiento enorme. Pero, conforme la fecha se acercaba, se volvió evidente que yo era el único que se preparaba.

Columbia nunca me entendió del todo como artista. Pude ver que iban a tirar el álbum al mundo con la esperanza de que algo hiciera clic. Si sucedía, bien; si no, me iría.

Tal vez así se hacían las cosas, pero a mí no me parecía un método aceptable. Di todo lo que tenía en esos días en Bearsville y sabía que el material era el correcto. Toda mi vida dependía de que ese disco fuera un éxito. Si me iban a lanzar contra la pared con la esperanza de que me pegara, entonces me iba a convertir en el Hombre Araña.

No tenía un Plan B por si el álbum no funcionaba. Así que comencé a buscar formas de convertirme en una prioridad; iba a crear mi propio pegamento.

En ese entonces, la gente del hip-hop era cautelosa después de las muertes de Biggie y Tupac. Todos estaban temerosos de que se desatara una nueva guerra y mencionar a otro rapero en tus canciones se volvió tabú. Si la gente se lanzaba dardos, era de forma tan sutil que sólo un verdadero fanático entendería. Por ejemplo, cuando Nas quiso insultar a Jay-Z, no lo hizo usando su nombre. En cambio, rimó algo como: "20 G bets I'm winning them / threats I'm sending them / Lex with TV sets, the minimum / Ill sex adrenaline" (Las apuestas de veinte mil las gano / las amenazas las envío / un Lex con tele, lo mínimo / adrenalina sexual enferma). Para el mundo exterior, eso no sonaba a nada, pero quienes conocíamos la cultura sabíamos que Jay-Z andaba en un Lexus con televisión. Así que era un golpe velado a Jay.

Nas podía haber sido sutil con sus ataques, pero en el vacío creado por esa tregua tácita entre los raperos, vi una oportunidad. Yo no había firmado ninguna tregua. No había raperos que tuvieran valor para mí como amigos. Pero como enemigos... ésa era otra historia.

Sabía que si alguien tenía la confianza como para salir de entre las sombras y recuperar la tradición de tirar golpes directos en el hip-hop, el ruido sería ensordecedor. Decidí convertirme en esa persona.

"How to Rob" no estaba pensada como un insulto a una persona, sino a toda la industria. Fue como si dijera: "Si ninguno de ustedes quiere ser mi amigo, todos serán mis enemigos". Le tiré a casi todo el mundo: Jay-Z, Wu-Tang, Big Pun, Missy Elliott, Will Smith, Jada Pinkett, Slick Rick. DMX, Bobby Brown y Whitney Houston, todos oyeron su nombre en mi voz.

Para mostrar que sólo me interesaba la competencia y no la hostilidad, incluimos una frase ("He estado engañado a Tone y Poke desde que me encontraron") dirigida a los Trackmasters también. Fue sólo para mostrar que ni siquiera mi gente se salvaba de los insultos. Luego pusimos a Mad Rapper en el coro diciendo "This ain't serious / Being broke can make you delirious" (No va en serio / estar quebrado trae consigo delirio), para darle un poco de ligereza a la situación.

Aun con esos descargos de responsabilidad, la canción creó un revuelo desde que sonó en Hot 97, la estación de radio más importante en Nueva York en ese entonces. La mayoría de esos artistas no estaba preparada para que alguien dijera sus nombres en una canción. Todos en la cultura se preguntaban: "¿Quién es ese tipo nuevo? ¡Dice los nombres de todos y no le importa nada!". Algunos de los nombres más grandes, incluidos Jay-Z, Big Pun y Wu-Tang, me respondieron, que era justo lo que quería.

Necesitaba algo que atrajera atención hacia mí, y "How to Rob" me lo consiguió de inmediato. Columbia tomó la canción y la puso en el *soundtrack* de *Juego de confidencias*, lo que me expuso a una audiencia mucho mayor. Todo estaba saliendo acorde al plan... pero entonces me dispararon, lo que descarriló todo lo que había puesto en marcha.

Pasarían unos cuantos años más antes de que tuviera el exitoso debut por el que tanto había trabajado. Pero aprendí una valiosa lección con "How to Rob": la gente siempre responde a un competidor. Cuando te ven como alguien que entrará al ruedo en vez de huir de él, siempre habrá ojos sobre ti. Sea en el rap, los deportes, la política o los negocios, siempre habrá público para alguien que no teme enfrentarse a sus rivales.

Todo lo que tienes que hacer para capitalizar esa sed de acción es mantener tus emociones fuera del proceso. Yo no tenía problemas con la mayoría de los artistas que mencioné en esa canción; respetaba muchísimo a tipos como Jay, Pun y Raekwon. Pero ser respetuoso no me iba a poner en la posición en la que necesitaba estar para materializar mis sueños. Tenía que demostrar mi competitividad para que la industria me notara. Y eso fue justo lo que hice.

No han dejado de ponerme atención desde entonces.

CURTIS VS. GRADUATION

Si "How to Rob" le anunció mi naturaleza competitiva a la cultura del hiphop, mi competencia con Kanye West se la presentó a todo el país.

Nuestra batalla ocurrió en 2007, cuando el tercer álbum de Kanye, *Graduation*, estaba programado para aparecer una semana después de mi tercer álbum, *Curtis*. Cuando vi que las fechas eran tan cercanas, me di cuenta de que teníamos una oportunidad de hacer algo especial al convertir los lanzamientos en una competencia mano a mano.

Le presenté a Kanye el concepto: los dos lanzaríamos los discos el mismo día. Al ser también un pensador independiente, Kanye vio el valor de mi visión y aceptó adelantar su lanzamiento. Comprendió que juntos podíamos hacer mucho más ruido si promocionábamos la batalla en vez de hacer nuestras giras promocionales de forma individual.

A los medios les encanta el espectáculo, y pocas cosas prometían un show más grande que Kanye y yo frente a frente. Los dos llevamos a cabo todo lo que debíamos hacer: nos presentamos juntos y adoptamos el papel de dos boxeadores antes de una gran pelea. Para ser claro, no había ningún problema entre nosotros. Kanye nunca expresó molestia alguna con mi éxito y yo lo respetaba como artista. Fue en verdad un caso de dos personas sintiéndose cómodas con la idea de competir la una contra la otra.

En lo personal, sabía que la competencia era lo que necesitaba en ese punto de mi carrera. Me encontraba en uno de los estados más vulnerables que puede experimentar un artista: confundido. Había ocurrido tanto en tan poco tiempo que había perdido el contacto conmigo mismo. La competencia me ayudaría a volver a mis raíces. Para recuperar esa chispa, incluso me mudé de vuelta a la casa de mi abuela en Queens un tiempo para absorber un poco de esa vieja energía.

Kanye estaba en un punto distinto en su carrera, pero se tomó la competencia con la misma seriedad que yo. En las semanas previas al lanzamiento, se encerró en su estudio para rehacer las mezclas y hacer que su disco sonara tan bien como fuera posible. Se dice que mezcló "Stronger" más de cincuenta veces antes de quedar satisfecho. Para ninguno de los dos era sólo un ardid publicitario; estábamos jugando para ganar.

Al final, Kanye se llevó el oro. *Graduation* vendió 957,000 unidades en su primera semana, mientras que *Curtis* vendió 691,000 unidades. Fue la primera vez desde 1991 que dos artistas vendieron más de 600,000 unidades en la misma semana.

Hoy, vender 691,000 copias en tu primera semana sería considerado un éxito gigantesco, pero en ese momento la narrativa era que Kanye me había derrotado sin problemas. Por supuesto que me venció, pero lo que el público no pudo ver fue que yo también me llevé una victoria enorme.

La verdad es que, para cuando *Curtis* estaba por salir al mercado, Interscope ya comenzaba a alejarse de mí. Estábamos en números negros, pues mis primeros dos discos habían vendido veinte millones de copias. Pero, a pesar de ese éxito, quedaba a discreción de la disquera si querían seguir gastando dinero de marketing en mí. Sin importar mis éxitos anteriores, decidieron reducir el flujo de efectivo.

Peor que haber reducido mi presupuesto de marketing fue que estaban socavando mi estrategia promocional para el álbum. Mi plan era comenzar a hacer ruido con la canción "Straight to the Bank", que le hablaba a mi audiencia más devota. Una vez que esa canción tuviera un poco de empuje, mi idea era lanzar "Amusement Park", que tenía una sensibilidad más pop. Era la misma estrategia que usé cuando lancé "Wanksta" antes de "In Da Club". Atrapa primero a tu audiencia existente y luego produce algo para un público más amplio.

Interscope debió haber apoyado mi plan —había funcionado en el pasado— pero cuando "Amusement Park" no llegó al primer lugar tan pronto como habían esperado, comenzaron a dudar de la estrategia. Para empeorar aún más las cosas, cuando el disco se iba a imprimir, el álbum completo se filtró antes de tiempo. Esas canciones debieron haber salido antes de que *Curtis* llegara al mercado, no en las semanas previas.

Cuando ocurrió la filtración, estuve en un lugar complicado. El público no sabía nada, pero yo tenía claro que Interscope había dañado mi lanzamiento. Por fortuna, sabía a la perfección qué tenía que hacer. En vez de quedarme sentado y quejarme por mi disquera, tomé cartas en el asunto. Así como hice siete años antes, cuando Columbia estaba metiendo la pata, creé una competencia que generaría la electricidad que la disquera no había querido darme.

Lo que es más, estaba compitiendo contra un artista cuya disquera estaba haciendo todo —y en verdad quiero decir todo— para asegurarse de que me venciera. A Jimmy Iovine podía no importarle que yo le ganara a Kanye, pero a Jay-Z, que estaba a la cabeza de Def Jam en ese entonces, sí que le interesaba ganarme. Jay tenía años sintiéndose incómodo con mi éxito en Nueva York, así que hizo todo lo posible, y un poco más, para asegurarse de vencerme por medio de Kanye.

Entendí a qué me estaba enfrentando en las semanas previas al lanzamiento, cuando Kanye y yo aceptamos aparecer juntos en BET. Yo había planeado llevar a Eminem conmigo, pero BET le dijo a Interscope que no podíamos invitar a nadie. Interscope aceptó las reglas y le dijo a Em que no fuera conmigo. Entonces, el día del programa, llegué para encontrarme con que Jay iba a presentarse con Kanye. Era obvio que Jay se había esforzado en darle la vuelta a la regla de no invitados, mientras que Interscope no hizo nada. No estaban tan motivados como Jay.

Jay se enorgulleció mucho del triunfo de Kanye. Creo que es una de las razones por las que está tan decepcionado con Kanye hoy en día. Jay sabe cuánto apoyó a Ye en ese entonces, pero no fue suficiente para Ye. Eso debió de haber lastimado a Jay.

Jay incluso mencionó mi batalla con Kanye en su libro *Decoded*, tirándome un pequeño dardo al escribir: "Los raperos que usan las disputas como estrategia promocional pueden conseguir algo de prensa en el momento, pero no entienden nada".

Felicito a Jay por apoyar a su artista en esa situación, pero creo que es él quien no entendió. En primer lugar, como ya dije, no hubo disputa real en esa competencia. En segundo lugar, sin esa competencia, no tengo duda que mis ventas habrían sido mucho menores, debido a los errores de Interscope. Nuestra competencia convirtió lo que habría sido una semana muy complicada para mí en una semana bastante respetable. Si hubiera dejado que Interscope hiciera lo que pudiera, tal vez habría vendido 400,000 copias en esa semana. En cambio, logré tomar una situación complicada y convertirla en un momento histórico. Como le dije después a un reportero: "Kanye se lleva el trofeo. ¡50 Cent se lleva el cheque!". Eso no es un insulto para Kanye (quien también hizo mucho dinero), pero es un intercambio que aceptaría siempre.

CURTIS LANNISTER

A veces, como en el caso de *Curtis* vs. *Graduation*, puedes crear tu propia competencia. En otras ocasiones, el mundo intentará escoger a tu oponente por ti. Cuando eso sucede, tienes que esforzarte de forma más inteligente que nunca. Si bien jamás debes huir de la competencia, sí tienes que dictar quién será tu oponente siempre que puedas. No puedes permitirte entrar en una batalla con alguien sólo porque eso es lo que quieren ver los medios o los fans. Tienes que colocarte frente a un oponente que no sólo te dé una buena oportunidad de ganar, sino que también te deje en una posición favorable aun si terminas perdiendo.

Cuando *Power* debutó en Starz en 2014, no parecía tener competencia directa. Luego, *Empire* apareció en FOX en 2015 y de pronto todo el mundo quería enfrentar a una serie con la otra. En la superficie, las comparaciones parecían razonables. Ambos programas se centraban en personajes femeninos fuertes; ambos tenían bandas sonoras que eran esenciales para la energía del show; ambos tenían productores ejecutivos afroamericanos. Entendí por qué la gente quería enfrentarnos.

Al principio estaba feliz de jugar con esa percepción. FOX estaba gastando mucho más dinero en *Empire* de lo que Starz estaba destinando para *Power*, por lo que era beneficioso para nosotros hacer uso de esa publicidad. También noté que FOX intentaba cooptar algo de nuestra narrativa cuando lanzaron una campaña que decía "Los imperios se fundan en el poder". Incluso hicieron una sesión fotográfica casi idéntica a una que yo había hecho con G-Unit. Eso resultó en que Taraji P. Henson y yo nos divirtiéramos un poco intercambiando palabras en las redes sociales.

Si bien estaba cómodo manipulando la potencia de *Empire* a mi favor, no quería que me asociaran demasiado con ellos en el largo plazo. Para empezar, me preocupaba que nos enfrentaran con otra serie sólo porque ambas tenían elencos afroamericanos. En segundo lugar, a pesar de las similitudes culturales, yo entendía a *Empire* y a *Power* como series con diferencias fundamentales. *Empire* estaba en FOX, lo que significaba que era programación gratuita en la televisión abierta. El contenido que podía mostrar estaba limitado. *Power* estaba en Starz, un canal de cable *premium*. Y gracias a eso, podíamos presentar un paquete mucho más arriesgado y gráfico. Como escribí en Instagram, "EMPIRE es mi***a que puedes conseguir gratis. Vale la pena pagar por POWER, Starz, cable *premium*".

¿Por qué competiría contra un programa gratuito en FOX cuando yo tenía un programa en cable *premium*? Si iba a competir con otra serie, debía ser una que estuviera en el mismo espacio que yo ocupaba. Así que miré a mi alrededor y decidí atacar al rival más grande que encontré.

Si vas a competir, hazlo contra los mejores. Y no había nadie mejor en cable *premium* que *Juego de tronos* de HBO. Así que me di a la tarea de ir tras ellos una y otra vez.

No dejaba pasar una oportunidad para poner a *Power* en la misma conversación que GOT. Después de que alguien tuviera la idea de superponer mi cara en el cuerpo de Tyrion Lannister, me fui a la ofensiva en Instagram. "Esta mierda no es más que algo de un estúpido fan de GOT con demasiado tiempo en las manos, enojado porque POWER es #1. Vete a la mierda con todo y tus dragones voladores. Aquí hablamos de la vida real, perra."

La gente se lo tragó completo. Lo que no mencioné fue que el ingenioso bromista era en realidad un artista en mi nómina al que le pagaba para crear momentos virales como ése.

A la gente le gusta decir que soy un *bully*, pero no tengo problemas para burlarme de mí mismo si va a hacer algo de ruido. Un *bully* de verdad no tiene ese nivel de consciencia. Son demasiado sensibles como para publicar una foto así de sí mismos. Pero a mí no me mueven las emociones; tengo la piel lo suficientemente gruesa como para hacer lo que sea necesario para mantener mi marca en la cima.

Todo lo que publiqué respecto a GOT fue un ejercicio bien pensado para asegurarme de que mis fans, rivales y medios supieran que nuestra intención con *Power* no tenía que ver con triunfar en silencio. Los críticos pudieron no haber colocado a *Power* al mismo nivel que *Juego de tronos*, pero yo logré dirigir la conversación a un lugar que sí nos puso codo a codo.

El impacto fue considerable. HBO tenía una base de suscriptores mucho más grande y un presupuesto mucho, mucho mayor, pero *Power* logró derrotar al dragón un par de veces en los ratings. Aun mejor, desde que la serie de fantasía llegó a su fin en 2019, la audiencia de *Power* ha superado con frecuencia a cualquier otra cosa que HBO ha puesto frente a nosotros. Tengo confianza en la promoción de boca en boca de nuestra serie gracias a la pasión que muestro y al apoyo de nuestros fans.

Al recordarlo, es poco probable que los recursos limitados y el menor impacto de *Power* fueran a derrotar al canal de cable por suscripción más antiguo del país, pero así funciona la competencia. Puedes entrar a una pelea que perderás y de todas maneras salir de ella con algo de valor.

Mencioné que no quería que *Power* fuera catalogado como un "programa negro". Hay una buena razón para ello. La competencia más larga y celebrada en Estados Unidos es la de blanco contra negro. Es también la única en la que escojo no participar. Es la única que sé que está arreglada en mi contra.

Eso no significa que no estoy orgulloso de mi raza ni que no apoye a artistas afroamericanos. Para nada. *Power* es, sin duda, en el fondo, un programa negro. Soy el productor ejecutivo. Courtney Kemp, una mujer afroamericana, es la *showrunner* y escribe los guiones. Todas las estrellas, con excepción de Joseph Sikora, son personas de color. La serie les ha dado trabajo a muchas personas afroamericanas muy talentosas, al igual que todos mis demás programas de televisión.

De todos modos, no quiero que *Power* sea conocido como un "programa negro".

Si así fuera, el programa quedaría dentro de una caja, una caja de la que es casi imposible salir.

Fue lo que me ocurrió con *Get Rich or Die Tryin'*. Recuerda esa película. Estaba estelarizada por mí, un hombre de color, y trataba de un rapero luchando por llegar a la cima. Fue dirigida por Jim Sheridan, un pequeño irlandés con gran espíritu combativo que había estado al frente de películas galardonadas como *Mi pie izquierdo* y *En el nombre del padre*. La música corrió a cargo de Quincy Jones, alguien que ha logrado conectar con el público estadunidense en todos los niveles. El guion fue obra de Terence Winter, escritor y productor ejecutivo de *Los Soprano* y *Boardwalk Empire*. La fotografía estuvo a cargo de Declan Quinn, un cinematógrafo irlandés que ha ganado varios premios.

En sus cimientos, *Get Rich or Die Tryin'* era una película comercial... pero Hollywood no la vio así. La vio como una película negra. Y las películas negras no se proyectan en la misma cantidad de pantallas que las comerciales. Por eso, cuando *Get Rich* estrenó, lo hizo en unos mil setecientos cines.

Ahora, compara eso con otra película sobre otro rapero que lucha por llegar a la cima, *8 Mile*. Esa película tenía todos los mismos elementos que *Get Rich*. La gran diferencia fue que Eminem era blanco. *8 Mile* estrenó en más de tres mil pantallas.

Eso significa que *8 Mile* tuvo el doble de oportunidad en su primera semana en las taquillas de la que tuvo *Get Rich*.

No tengo ningún problema con Em por esa situación; tengo un problema muy grande con el sistema que decidió que mi película sólo era atractiva para un público de color. La razón por la que me ofrecieron un contrato para hacer la película no fue porque era negro, sino porque era una superestrella.

Y era una superestrella porque decenas de millones de chicos blancos habían comprado mi álbum. Y la razón por la que compraron mi álbum fue porque estaban fascinados con mi vida. ¿Cómo entonces una película sobre mi vida no iba a atraer a los mismos chicos blancos? No hay razón para ello. Es un sistema ilógico que evita que los artistas compitan en un terreno parejo.

Así que es un terreno que intento evitar.

Siempre voy a contratar a actores, directores y *showrunners* de color. Pero no estoy ciego ante las realidades que persisten en este mundo. Cuando hicieron el póster de *Power* me aseguré de que el personaje de Joe Sikora, Tommy, apareciera en él, así como Russell Crowe estaba en el póster de *Gángster americano*, a pesar de que el protagonista de la película era Denzel Washington. Mi meta nunca ha sido ser el mejor en una categoría o nicho. Mi único objetivo con *Power*, como con todo lo que hago, es hacerlo más y más grande y atraer a la audiencia más amplia posible.

NO DEJES VIVIR A LA COMPETENCIA

Uno de mis defectos es que puedo disfrutar demasiado de la competencia. A veces termino ayudando a mi competencia, manteniéndola en mi órbita durante más tiempo del que merece.

He tenido disputas públicas con varios artistas que se han beneficiado más de esos encuentros que yo. Me recuerdan a esos organismos parásitos que se alimentan de un animal más grande. Siempre y cuando estén atados al organismo huésped, están bien. Pero en cuanto el organismo más grande se aleja o el parásito pierde el agarre, mueren.

Así es como veo mi relación con artistas como Ja Rule, Rick Ross, Jim Jones, French Montana y los Lox. Ninguno de ellos logró encontrar una estrategia a largo plazo para generar interés en lo que hacían, más allá de enfrascarse en guerras de palabras conmigo.

Todos han intentado diversificarse en otros negocios, pero su función principal es vender discos. Y saben que decirme algo mantiene a la audiencia que compra discos pendiente de ellos. Así que me atacan.

Entiendo por qué lo hacen —todos quieren mantenerse vigentes—, pero a la larga es un plan defectuoso. Si todo tu brillo viene del sol de alguien más, ¿qué pasa cuando esa persona se aleja? Una vez que los dejas, es como si esas personas dejaran de existir. La gente dirá: "¿Dónde están los Lox? ¿Desaparecieron del planeta?".

Eso fue lo que les ocurrió a todos ellos. Una vez que mi enfoque se dirigió al cine y la televisión, fue como si sus carreras se hubieran estrellado con el iceberg que hundió al *Titanic*. Sin mí como rival manteniéndolos a flote, se hundieron.

Gianni Versace dijo alguna vez: "Es bueno tener competencia válida; te lleva a ser mejor". Estoy de acuerdo con él. El problema es cuando te enfrascas en una competencia intrascendente. En una batalla así no hay victorias para la parte más establecida.

Necesito trabajar en ser más disciplinado para no morder el anzuelo. Hace unos días, Rick Ross intentó atraerme de vuelta al ruedo diciendo que yo ya no era relevante en la cultura. Fue fácil ver qué era lo que estaba intentando hacer. Es *él* quien es irrelevante, así que necesitaba de mí para devolverle un poco de esa relevancia.

A pesar de que identifiqué su estrategia, le tiré un par de golpes. Nada emocional. No hubo tensión real. Sólo apunté que los artistas como él necesitan posicionarse junto a quienes tienen la fuerza e intentar sobrevivir de ello. No hice más que señalar lo que debía ser obvio.

Pero no debí siquiera darles tanta consideración a sus comentarios. Tengo que ser mejor para alejarme de competencias como ésa. Cuanto más tiempo me mantengan enganchado, más tiempo se mantendrán relevantes. ¿Por qué me permitiría enfrascarme en una competencia con Rick Ross? Él está intentando vender discos. Yo estoy intentando vender programas de televisión y construir redes y canales. Él quiere competir, pero estamos participando en dos juegos muy distintos.

A veces, la jugada correcta es desentenderte de la competencia intrascendente. En otras situaciones, debes de ser muy firme al establecer tu dominancia.

Mucha gente se pregunta por qué ataqué con tanta fuerza a Teairra Marí en las redes sociales, cuando parecía que ella era una oponente de poco peso. Bueno, déjame explicarte qué ocurrió y por qué ocurrió así.

Teairra, alguna vez cantante y estrella de *reality shows*, me demandó alegando que había conspirado con su exnovio para publicar un video sexual en las redes sociales. No lo hice. Un juez vio sus intenciones y no sólo desechó el caso, sino que le ordenó pagarme treinta mil dólares por los gastos legales que derogué para defenderme. De hecho, al día de hoy, esa suma no ha hecho más que crecer.

Teairra dijo estar quebrada. En todas las redes sociales la gente me pedía que perdonara su deuda. "Diablos, 50. No los tiene", decía una persona. "Ya déjalo, hermano", escribía otra. "No necesitas esos treinta mil."

Esas personas no entendían el punto. O varios puntos. En primer lugar, yo no le dije que me pagara treinta mil dólares; la ley le dijo que lo hiciera. No me corresponde condonar esa deuda. Como la gente podía entender qué significa no tener esa cantidad de dinero, la compasión se dirigió hacia ella, a pesar de que ella fue quien había hecho algo incorrecto. Tampoco estaría "dándome" nada; tan sólo le habían ordenado devolverme lo que me había hecho gastar por sus caprichos.

En segundo lugar, tenía que mandar un mensaje contundente con mi forma de manejar la situación. No tengo dudas en mi corazón de que la única razón por la que me demandó fue porque yo tenía una diana enorme en la espalda. Ésa es la realidad de este país. Si tienes dinero, alguien va a intentar alguna maniobra legal con la esperanza de tener algo de suerte.

Así que, sí, lamento que estuviera quebrada, pero yo tenía planeado cobrar hasta el último centavo de esos treinta mil dólares. No porque los necesitara, sino porque quería que el público entendiera que, si vas a intentar conectarme con un golpe frívolo, lo vas a pagar. No me limitaré a ignorar una acción así; voy a ganar y voy a cobrar.

Hablando de cobrar, estaba intentando mandar un mensaje parecido con mi campaña en Instagram "Págame antes del lunes". Si la forma en que manejé la situación con Teairra Marí fue una advertencia para el público, la campaña fue una advertencia para personas que conocía de frente: no quieras pedirme prestado y luego hacerte el loco.

El mensaje fue recibido. Créeme, por tantas personas que ventilé como deudoras, hubo muchas más a las que no exhibí. Pero después de que me vieron hacerlo con Randall Emmett y el comediante Jackie Long, se aseguraron de establecer un plan de pago privado.

Lo interesante es que la gente no respondió de la misma forma cuando fui tras Randall que cuando fui tras Teairra. No, les encantó que él estuviera tan asustado que me llamó "Fofty" en sus mensajes. Les encantó que me rogara que le quitara el pie del cuello. ¿Por qué? Porque todos comprendemos la situación en la que alguien irrespetuoso nos debe dinero, en especial alguien que sí lo tiene, pero decide no pagarte. Eso es algo con lo que todos podemos relacionarnos. No importa quién seas, siempre habrá alguien que te deba dinero y no parezca muy apresurado por pagártelo. Pueden sonreírte y abrazarte siempre que te ven y nunca mencionar el tema. Coño, pueden incluso sentarse en la sala de tu casa, con los pies sobre la mesa de centro, y hacer como si no tuvieran una sola deuda en el mundo. Mientras tanto, tu cabeza está a punto de estallar por la falta de respeto.

Así que, cuando me pongo firme y digo: "¡Al diablo con eso! ¡Quiero mi dinero de vuelta, por favor!", ése es un sentimiento que casi todos pueden entender.

LLEVA UN LIBRO

En algún momento de tu vida quizá tuviste una camiseta de Lacoste. Ya sabes, las que tienen el cocodrilo bordado. Pero tal vez no conozcas la historia de la empresa. Lacoste fue fundada en los años treinta por un tenista francés llamado René Lacoste. Su apodo cuando jugaba era Cocodrilo por su tenacidad en la cancha. De ahí el distintivo en las camisetas.

Lacoste ya era una estrella internacional cuando lanzó su marca, pero una década antes, más o menos, no era considerado uno de los mejores jugadores. La mayoría de los jugadores a los que se enfrentaba lo despachaban sin problemas. Decidió que necesitaba una nueva estrategia para competir.

Se dio cuenta de que su mejor oportunidad para tener una ventaja era crear un "libro" sobre sus oponentes. Cada vez que se enfrentaba a un jugador, o que lo observaba como espectador, hacía una entrada sobre esa persona en su libro. Enumeraba sus fortalezas y debilidades. Estudiaba su temperamento y cómo reaccionaban en distintas situaciones.

El libro de Lacoste se convirtió en su arma secreta. En una era anterior a la televisión y resúmenes de los partidos, la mayoría de los tenistas operaban a ciegas cuando se enfrentaban a un nuevo oponente. No había forma de conocer las tácticas o los hábitos de alguien, de sus fortalezas y vulnerabilidades.

Gracias a su libro, Lacoste tenía una ventaja particular durante sus partidos. Con su combinación de conocimiento y tenacidad, se convirtió en uno de los mejores jugadores de su generación, ganando veinticuatro títulos, incluyendo Wimbledon y Roland Garros.

Hoy, la técnica de Lacoste de crear un "libro" sobre sus oponentes es una regla en los deportes. Casi todos los equipos, desde las ligas infantiles hasta las Grandes Ligas, tienen un "libro" sobre sus oponentes. Hoy les llamamos "reportes de scouting", pero el principio fundamental es el mismo: tener un registro de las fortalezas y debilidades de tus oponentes para poner ese conocimiento en práctica cuando compitas contra ellos.

Los libros o reportes de scouting ahora son omnipresentes en los deportes, pero no son muy utilizados en otras situaciones competitivas. Lo que ha resultado ser eficaz en el beisbol o el futbol americano podría funcionar en el cine, la televisión, la moda, el marketing, etcétera, si se aplica de la misma forma.

Yo sin duda llevo un libro mental de los individuos a quienes considero mi competencia. Sigo con mucha atención todos sus movimientos. Si alguien hace algo que me parece inteligente, hago una nota mental de ello e intento pensar en cómo podría hacer algo similar. Si veo que mi competencia hace algo que considero tonto, también tomo nota de ello. Y luego busco la forma de explotar esa vulnerabilidad más adelante.

La clave es eliminar las emociones de la ecuación al hacer mis notas mentales. No me pongo celoso cuando alguien hace una jugada inteligente, así como no me emociono cuando veo a alguien tropezar. Sólo tomo nota de lo que ocurre y lo almaceno para después.

Lo hago con mi competencia en el hip-hop, como Puffy o Jay, pero también en el cine y la televisión. Siempre veo a los productores ejecutivos exitosos como Shonda Rhimes, Dick Wolf, Tyler Perry y Ryan Murphy. Anoto a los escritores con los que les gusta trabajar y en qué tipo de material se enfocan. Observo cómo presentan sus nuevos programas y cómo identifican los mensajes efectivos y los que no parecen conectar con el público. Estudio cómo navegan sus relaciones con las cadenas y cómo crean ventajas para ellos mismos.

Cuando me siento en las noches a ver televisión, no la veo como un fan casual. Estoy estudiando cada programa como René Lacoste estudiaba a los demás tenistas, como un scout de la NFL observa a los oponentes de su equipo para el siguiente domingo. Ése es el nivel de compromiso necesario para separarte de tu competencia. Si quieres ser escritor, tienes que hacer notas de todos los autores que leas. Si quieres ser chef, cada vez que comas en un restaurante, tienes que estar pensando en cómo usa tu competencia los sabores, las texturas, la presentación y los ingredientes. Si quieres ser un ejecutivo en el mundo de la publicidad, no puedes pasar junto a un anuncio en el andén del metro sin prestarle atención; tienes que estudiar cada póster, cada aparador en el supermercado y todas las paradas de autobús que veas y tomar nota de qué llama tu atención y qué no.

No te quejes de que eso le quita toda la diversión a comer en un restaurante o a ver un tonto programa de televisión al final de un largo día. Si en verdad te apasiona tu sueño, querrás analizar tantos programas de televisión como sea posible, o ir a tantos restaurantes de vanguardia como puedas. Cuando te esfuerzas tanto como puedes, vas a interactuar y observar cualquier cosa que te dé siquiera la más mínima ventaja.

Yo guardo mis notas en mi cabeza, pero literalmente escribir un libro sobre tu competencia es un ejercicio poderoso. Si alguien en tu empresa tiene un puesto importante que a ti te gustaría ocupar, escribe un libro sobre esa persona. Intenta identificar las cosas constructivas que hace todos los días y que la tienen en esa posición. ¿Llega más temprano que tú? ¿Tiene una mejor relación con el jefe? ¿Es más extrovertida? ¿Tiene una tendencia a adelantarse a los problemas? ¿Hace sus presentaciones con confianza? Anota cualquier cosa que haga bien.

Luego, toma nota de sus debilidades. ¿Tiende a prometer más de lo que puede cumplir? ¿Le gusta salir temprano? ¿Les delega demasiadas cosas a sus subordinados? ¿Es un poco descuidada con la tarjeta de crédito de la empresa? ¿Se involucra en relaciones en la oficina en las que quizá no debería?

Anótalo todo también. Y estudia esa lista. Ahí tienes la información que necesitas para mejorar tu desempeño. Tienes también la información que te revelará los momentos más adecuados para atacar cuando estés listo para tomar ese puesto.

Siempre que escribes algo, fomentas una manera de pensar más centrada. Cuando las ideas viven sólo en tu mente, es fácil perder el hilo. Incluso si son ideas muy poderosas, pueden perderse en el caudal de información que está entrando en tu cabeza todo el tiempo. Puedes tener una idea increíble sobre cómo conseguir un ascenso, pero podría desaparecer para cuando empieces a pensar en qué vas a cenar. Entonces, esa idea con tanto potencial quedará arrumbada junto a las montañas de ideas que todos tenemos abarrotando nuestras consciencias. Quizá vuelvas a la idea increíble; quizá no.

Escribir esas ideas te protege de la posibilidad de que se pierdan. Una vez que están en papel o en un archivo en tu computadora, estarán ahí por siempre, mirándote de vuelta cada que las leas. Que hagas o no algo al respecto dependerá de ti, pero al menos no las olvidarás. Una vez que las tengas sobre papel, estarás preparándote para lograr algo de valor.

8

APRENDER DE TUS DERROTAS

Los errores son parte de la vida. Lo que cuenta es cómo respondemos al error.

—NIKKI GIOVANNI

Desde que era muy pequeño, Soichiro Honda estuvo obsesionado con los autos. (Y lo entiendo a la perfección.) Honda creció en el campo japonés, donde aprendió a fabricar partes de bicicleta y de motores en la herrería de su padre. Honda no era muy buen estudiante y nunca logró terminar la primaria. Pasaba casi todo su tiempo jugueteando con los repuestos e intentando construir cosas en el taller de su padre.

En 1922, cuando tenía apenas quince años, Honda se fue de casa para trabajar en Art Shokai, uno de los primeros talleres automotores de Tokio. Al no tener una educación formal, Honda tuvo que comenzar barriendo pisos, pero, con el paso de los años, se forjó una reputación como un trabajador serio y creativo. Una de las formas en las que se probó fue ayudando a diseñar uno de los primeros autos de carreras hecho en Japón, llamado —y no estoy bromeado— ¡el Curtis!

Tras unos cuantos años. Honda fue puesto a cargo de una nueva sucursal de Art Shokai en la ciudad de Hamamatsu. A la sucursal de Honda le fue muy bien y, cuando sintió que al fin se había ganado el respeto de sus jefes, decidió presentarles una idea que había estado cocinando en su cabeza. A partir de sus experiencias en la herrería de su padre y de haber trabajado en el Curtis, Honda les presentó a sus jefes una nueva forma de diseñar pistones. La retroalimentación no fue positiva; le dijeron que su idea no funcionaría y se negaron a apoyarlo.

Honda estaba convencido de que tenía una buena idea, así que renunció a su empleo y creó su propia empresa, Tokai Seiki, para producir sus pistones. Le puso todo lo que tenía a la nueva compañía, incluso llegó a empeñar las joyas de su esposa. Pasó varias noches en su taller hasta que sintió que los pistones estuvieron listos. Empacó treinta mil de ellos en varios camiones y viajó a Tokio, donde se los presentó a un potencial comprador en una nueva empresa automotriz llamada Toyota. El comprador examinó los pistones y le dio malas noticias: el diseño de Honda era poco óptimo. Tras revisar los pistones, Toyota decidió que sólo *tres* de todo el lote estaban a la altura de sus estándares. Rechazaron el cargamento.

Honda estaba en una posición muy complicada. Había puesto todo su dinero en la fabricación de esos pistones, y le acababan de decir que no valían un centavo. La mayoría de las personas en su situación habrían buscado controlar el daño y bajado el telón de su negocio. Pero no Honda. En vez de alejarse, decidió examinar muy a fondo qué había salido mal. Si sus pistones habían sido declarados muertos, él iba a hacerles una autopsia antes de abandonar su sueño.

Cuando Honda revisó su diseño, logró identificar dónde se había equivocado. Se había apoyado demasiado en sus experiencias de primera mano en el taller de su padre y en Art Shokai. No había pasado suficiente tiempo estudiando la teoría ingenieril detrás de sus diseños. La pasión no iba a ser suficiente; necesitaba educación también.

En vez de cerrar su empresa, Honda se comprometió a aprender más sobre diseño y manufactura. Pasó los siguientes años viajando por todo Japón, tomando clases de ingeniería y visitando acererías, intentando absorber tanta información como pudiera.

Tras años de estudio y observación, Honda se sintió listo para volver al pizarrón. Esta vez fue capaz de superar los problemas de diseño y manufactura que lo hicieron tropezar la primera vez y produjo un lote de pistones funcionales que le valió un nuevo contrato con Toyota.

Pero las épocas complicadas para Honda no habían terminado. En 1944, hacia el final de la Segunda Guerra Mundial, una de sus fábricas de pistones quedó destruida tras un bombardeo estadunidense. Luego, menos de un año después, un enorme terremoto destruyó otra de sus fábricas.

Perder dos fábricas en dos años habría sido la gota que derramara el vaso para muchas personas. Hasta el buscavidas más recio podría no haberse recuperado, pero Honda se negó a quedarse tirado. Le vendió a Toyota lo que quedaba de su compañía por sólo 450,000 yenes. Con lo que obtuvo de esa venta, fundó una nueva empresa, a la que llamó el Instituto de Investigaciones Técnicas Honda.

Conocida como "Honda", para abreviar, la empresa se convertiría en una de las productoras automotrices más redituables de la historia. Honda llegaría a ser juzgado como el "Henry Ford japonés" y sería reconocido como uno de los hombres de negocios más innovadores del siglo XXI.

Cuando, hacia el final de su vida, le preguntaron cuál fue la lección más importante que aprendió en el camino, Honda nombró el momento en que le entregó los pistones defectuosos a Toyota. Había fracasado, pero su decisión de aprender de su descalabro lo transformó en un mejor emprendedor. "Mucha gente sueña con el éxito. Para mí, el éxito sólo puede alcanzarse a través de los fracasos constantes y la introspección", dijo Honda. "De hecho, el éxito representa uno por ciento de tu trabajo y es resultado del otro noventa y nueve por ciento que se llama fracaso."

La historia de Soichiro Honda en verdad conecta conmigo; sé lo difícil que es lograr lo que hizo.

Mucha gente tiene grandes ideas. Sólo un pequeño porcentaje de esa gente tiene la pasión y la disciplina para seguir adelante y hacerlas realidad.

De ese selecto grupo, todos cometerán errores o vivirán algún tipo de fracaso durante la lucha por consolidar su idea. Lo que determina el resultado de su historia es cómo esa persona responde a él.

¿Van a permitir que mate su pasión? ¿Ese fracaso los hará conformarse con algo menos arriesgado, como trabajar en una oficina para alguien más?

¿O tendrán una reacción aún más severa que el obstáculo? Quizá la persona se deprima tanto que se derrumbe y empiece a beber y fumar hierba todos los días. O podría estresarse tanto que encuentre a Dios y lo deje todo atrás.

Ésas son las reacciones que la mayoría de la gente —incluso las personas más motivadas— tiene cuando fracasan. No dejes que ésa sea tu reacción. Afronta el fracaso de la misma forma en que lo hizo Honda: tómalo como una herramienta que te ayude a hacerlo bien la próxima vez.

Lo tratamos como si fuera lo más aterrador el mundo. Freddy Krueger, Pennywise y Michael Myers todos en un solo cuerpo. Menciona su nombre y la gente se echa a correr.

No veas al fracaso como algo de lo que tienes que distanciarte. Intenta abrirle la puerta. Envuélvelo en tus brazos y examínalo. Confía en que puedes usarlo para reconstruir tu idea y llevarla a un nivel más elevado de lo que imaginaste en un principio.

Ése es el enfoque de los verdaderos ganadores. Fue la actitud de Honda cuando dijo: "Nada me emociona más que planear algo y que falle. Mi mente se llena entonces de ideas sobre cómo puedo mejorarlo."

Piénsalo. Honda no veía sus fracasos como tropiezos o derrotas; le emocionaban. Imagina si pudieras ver tu vida así. Nada podría descarrilarte.

Tal vez haya una infinidad de razones por las que tu plan no se hizo realidad. Pudo haber sido el momento equivocado; quizá no ejecutaste el plan de forma correcta. Alguien con quien contabas pudo haberte fallado. El mercado pudo haber cambiado. Demonios, pudieron haber bombardeado tu fábrica.

El punto es que, sea que empezaste en el basurero o naciste en cuna de oro, vas a encontrar obstáculos. Todas las personas exitosas tienen cicatrices de esos encuentros; sólo que no puedes ver la mayoría. Yo sin duda las tengo. Hay algunas que apenas comienzo a mostrarle al mundo.

Durante muchos años, en el barrio les llamábamos "D" a los fracasos, como abreviación de "derrotas". El término se ha convertido en sinónimo de algo que no quieres que se asocie contigo. "Caray, se llevó una D."

Lo que necesitamos hacer es poner el concepto de cabeza. En vez preocuparte por "llevarte una D", enfócate en aprender de la D, pues las D son las mejores maestras que encontrarás.

En el momento no se siente así, pero vivir contratiempos, fracasos y decepciones sin duda te hará mucho más fuerte a la larga. Lo sé gracias a mis experiencias y observaciones; incluso la ciencia ha comenzado a darme la razón. Un estudio reciente publicado en *Nature Communications* muestra que las personas que se encuentran con fracasos al inicio de sus carreras en realidad tienen más éxito a largo plazo que quienes no experimentan fracasos en un principio.

"Nos dimos cuenta de que habíamos logrado entender el éxito, pero habíamos fracasado al entender el fracaso", le dijo el doctor Dashun Wang, uno de los autores del estudio y profesor en la Kellogg School of Management, a *The New York Times*. "Sabemos que el éxito produce éxito. Pero quizá no hemos observado lo suficiente a la gente que fracasa."

ACEPTA CUANDO TE EQUIVOCAS

El primer paso —y el más importante— al aprender de tus D es identificar que cometiste un error. Tal vez parezca demasiado obvio, pero en realidad es un paso que mucha gente no está dispuesta a dar.

Digamos que tú y yo salimos a dar un paseo en auto. Si doy una vuelta equivocada y terminamos en un vecindario que no conozco, voltearé a verte y diré: "Oye, me equivoqué. No sé qué hice, pero estamos perdidos. Déjame poner la dirección en Google Maps para saber a dónde tenemos que ir".

No me avergüenza aceptar que di una vuelta equivocada. No me preocupa quedar como tonto. Identifiqué que estoy en un área desconocida y quiero que lleguemos a nuestro destino. Haré lo que sea necesario para corregir mi error.

Mucha gente no tiene esa respuesta. Conducirán en círculos durante horas y nunca aceptarán que están perdidos. Puedes estar mirando por la ventana y pensar: "*Sé* que éste no es el camino", pero esa persona no dejará de decirte que lo tiene todo bajo control. Ese individuo seguirá conduciendo en la dirección equivocada, pasando todo tipo de puntos de referencia y señalizaciones, hasta quedarse sin gasolina. Los dos estarán varados y llamando a una grúa sólo porque esa persona no quiso aceptar sus errores.

Conozco gente así. He estado con personas que conducen una hora en la dirección equivocada sólo por no querer admitir que están perdidas. Si intentas decírselo, se empeñarán aún más en no dar la vuelta.

Es muy difícil aprender de tus errores si tienes a un montón de lameculos a tu alrededor. Por eso es muy importante que tus amigos y socios sientan que tienen la libertad de darte críticas constructivas y de mostrarte un poco de ti mismo.

Por eso es importante que no seas un jefe o líder que les grite o intimide a sus subordinados. Quizá te sientas poderoso por unos momentos, pero tendrá un alto costo en el largo plazo.

Una persona a la que he observado haciendo esto es Floyd Mayweather. Tiene a un tipo que trabaja para él —llamémosle Bobby, por respeto— a quien siempre sobaja frente a todo el mundo. Floyd por lo general es respetuoso con la gente que trabaja con él, pero le dice todo tipo de locuras a Bobby. Si un problema menor se presenta, Floyd bombardea a Bobby con insultos. "¿Qué coños, Bobby?", grita para que todos lo escuchen. "¿Qué carajos te pasa? ¡Arregla esa mierda!" Bobby sólo masculla: "Perdón, campeón", y se va a "arreglar" lo que se supone está mal. Ambos están enfrascados en una relación disfuncional. Floyd no despide a Bobby, Bobby no renuncia. Se quedan atorados en un ciclo en el que Floyd avergüenza a Bobby y Bobby lo acepta.

El problema es que, aunque Floyd sólo se dirige a Bobby, todos los demás pueden oírlo. Registran que, aunque Floyd dice estar molesto, nunca hace nada al respecto. Eso les dice a los demás empleados que a Floyd no le interesan ni el desempeño ni la productividad, sólo quiere tener a un niño de los azotes. "Mejor agacho la cabeza y me concentro en la tarea que tengo enfrente. No quiero que me traten como a Bobby", comenzarán a pensar. "Ni loco le diría a Floyd que está cometiendo un error."

Ésa es la peor mentalidad que tus empleados podrían tener: andar de puntitas con la esperanza de no ser tu siguiente víctima. Quieres que se sientan respetados y que tengan la libertad de dar sus opiniones y percepciones. Tienes que recordar que están junto a ti todos los días y que podrían ver cosas que tú no notaste, lo que significa que podrían identificar algunos errores antes que tú. Empodéralos para que puedan externarte esas opiniones. Si puedes promover el diálogo e incentivar la retroalimentación, podrías obtener información valiosa que podría ayudarte a evitar obstáculos antes de chocar con ellos.

En la otra cara de la moneda, si eres el empleado al que le gritan todo el tiempo, necesitas evaluar tu situación. Mírate en el espejo y pregúntate: "¿Por qué terminé en esta situación?". No te entrevistaste para el trabajo de niño de los azotes, pero es el lugar en el que estás.

(Una nota breve sobre el término "niño de los azotes". Podría pensarse que viene de la esclavitud, pero en realidad se refiere a una práctica común entre los jóvenes príncipes de la Europa renacentista. Si el príncipe reprobaba un examen, su maestro no podía azotarlo, que era el castigo habitual en esas épocas. No podía ponerle las manos encima a un príncipe, así que debía azotar a su sirviente, que era el niño de los azotes. ¡Ése sí que es un trabajo de mierda!)

Tienes que preguntarte cómo llegaste ahí. ¿Qué clase de energía proyectaste que tu jefe tradujo como que *tú* eres la persona a quien debía gritarle? ¿Te presentaste como alguien tímido y que no opondría resistencia? ¿O diste la imagen de alguien que buscaría confrontaciones? (Recuerda, muchas personas, aunque no lo hagan de forma consciente, buscan personas con las que puedan tener conflictos.)

Sea cual sea la energía que logres identificar, tienes que cambiarla. Intenta proyectar la energía de una voluntad más firme o menos servil, dependiendo de la situación. Si no notas un cambio en la actitud de tu jefe en treinta días, es momento de buscar otro trabajo.

Una vez que se te asigna el papel de niño o niña de los azotes, es muy difícil asumir otra posición después. Con seguridad Floyd no empezará a tratar a Bobby de otra forma o lo ascenderá a otro puesto. Bobby satisface una extraña necesidad emocional para Floyd, y él lo va a mantener justo donde está.

No te conviertas en el Bobby de tu lugar de trabajo. Acepta que cometiste un error con la energía que presentaste en un inicio y busca la forma de seguir adelante. Pero, de cualquier modo, asegúrate de aprender de la situación. La próxima vez que vayas a una entrevista, tienes que dejar claro que estás ahí para producir, no para ser el tiradero de los desechos emocionales de alguien más.

Ahora, la promoción de boxeo es una de las industrias más despiadadas que existen. Yo estuve involucrado en ella un tiempo y puedo dar fe de que es tan salvaje como el hip-hop o el narcotráfico.

Mira a Mike Tyson. No es el tipo de persona al que querrías robarle dinero. Mike es todo menos tonto. Pero hasta a él lo estafó Don King. Como peleador, es muy difícil eludirlo.

El box no es como los otros deportes profesionales, en los que existe una liga o federación que supervisa el lado financiero de las cosas. Si eres un novato en la NBA y tienes un pésimo agente, te van a pagar de todos modos. Lo mismo ocurre en la NFL. La liga tiene todo tipo de medidas de seguridad —escalas para los contratos de los novatos, salarios mínimos, etcétera— para, en pocas palabras, protegerte de ti mismo. No te dejan nada de la planeación y la estrategia. Sólo tienes que presentarte a entrenar y jugar.

El boxeo no provee ese tipo de infraestructura. Eres, en esencia, un contratista independiente y depende de ti hacer los acuerdos necesarios, decidir contra quién pelear, cuándo pelear y por cuánto pelear.

Para las personas con poca experiencia en los negocios, eso es demasiado en que pensar. No es que los boxeadores sean tontos; pelear requiere de una enorme energía mental. En el basquetbol puedes descansar durante un par de jugadas; en el futbol americano puedes correr un par de rutas a media velocidad. Pero si te tomas unos segundos en el boxeo, es posible que te noqueen. Los boxeadores tienen que darlo todo en el ring, todo el tiempo. No tienen el ancho de banda para concentrarse de la misma forma en los detalles fuera del cuadrilátero. Sienten la necesidad de tener a alguien que se haga cargo de los negocios por ellos.

Por eso a gente como Don King y Bob Arum le es tan fácil llenar ese hueco. El box es el único deporte en el que los leones les temen a los ratones. Los peleadores hacen el dinero, pero no confían en sí mismos para cerrar los tratos, aun si así es como se presentan frente al público. Dependen casi de forma total de alguien más que se haga cargo de los billetes.

Una vez Floyd me pidió que lo acompañara a una reunión con una compañía que quería comenzar una línea de equipo de boxeo con él. Iban a poner su nombre en guantes, botellas, pantaloncillos y otros artículos y venderlos en tiendas como Walmart. Fue una presentación muy profesional, y Floyd se mostró interesado todo el tiempo. Asintió frente a los ejecutivos cuando se dirigieron a él e incluso hizo un par de preguntas aquí y allá.

Sin embargo, cuando volvimos a su auto después de la reunión, me miró y dijo: “Oye, 50… ¿de qué estaban hablando?”. Me pareció que, aunque parecía concentrado y siguió la conversación, no estaba seguro de haber entendido lo que escuchó. Necesitaba que alguien en quien confiaba le confirmara la información.

Se sentía seguro preguntándomelo a mí porque éramos amigos en ese momento. Podía confiar en que yo no lo llevaría por el camino equivocado ni querría quedarme con una rebanada demasiado grande de su pastel. Yo tenía mi propio dinero y no tenía necesidad de ser un parásito de mi amigo. La mayoría de la gente no está en mi situación… y la mayoría de la gente no es amiga de Floyd. Eso significa que, casi siempre que Floyd entra a una reunión, depende de alguien que le confirme lo que escuchó. Es una posición demasiado riesgosa.

Podrás estarte preguntando cómo es que alguien en la posición de Floyd no tiene a una persona dedicada a cuidar su dinero. La respuesta es que ese alguien *sí* existe. El asunto es que a esa persona le conviene que el dinero desaparezca. ¿Por qué? Porque, si de Floyd dependiera, no volvería a pelear. Tiene un récord invicto, algo de lo que está más que orgulloso. Así que, si lo ves aceptando una pelea que parece no tener sentido —como contra la estrella de la UFC Conor McGregor o el *kickboxer* japonés Tenshin Nasukawa— significa una cosa: el dinero ya desapareció.

Por eso es conveniente para su manager, promotor y contador que Floyd siga quebrado. De otro modo, nunca volverá a ponerse los guantes para producir otro cheque gigantesco.

9

LA TRAMPA DEL LADRILLO

El trabajo trae consigo felicidad. Lo único que nos alegra es saber que hemos logrado algo.

—HENRY FORD

Nunca tuve muchas expectativas respecto a la mediana edad.

Cuando era adolescente, suponía que a los cuarenta estaría muerto o en la cárcel.

A pesar de haber tenido éxito como rapero, suponía que a los cuarenta estaría acabado. Creía que me la pasaría relajado en una isla tropical, comiendo galletas y con una panza enorme sobresaliendo del traje de baño.

Es verdad que la isla tropical sonaba mejor que una tumba o una celda, pero no puedo decir que me entusiasmaba la idea de envejecer. Daba por sentado que todas las cosas emocionantes de la vida me ocurrirían entre los veinte y los treinta y cinco.

Aun así, sigo aquí, y ahora miro la mediana edad de frente con el mismo entusiasmo con el que he enfrentado las otras etapas de mi vida.

Siento que otra vez voy camino hacia la cima. Y esta vez llegaré más alto que antes.

Por eso me *niego* a seguir cargando con pesos muertos.

Quizás en público parezco brusco e insensible, pero detrás de cámaras siempre he sido bastante sensible. Por eso desarrollé el mal hábito de tolerar las cualidades improductivas de la gente, porque me sentía mal por los demás. Es casi como si me echara la culpa de su incapacidad para cumplir sus sueños. Por eso ahora digo que sentir lástima te empuja a hacer concesiones estúpidas.

No obstante, conforme envejezco, me queda cada vez más claro que no le debo nada a nadie.

Y tú deberías darte cuenta de lo mismo.

Algunas personas no están hechas para triunfar.

Sonará cruel, pero la experiencia me ha demostrado que así es.

No importa cuánto las apoyes ni cuánto amor les profeses, sus hábitos más nocivos las van a arrastrar de nuevo a la mierda de la que salieron.

Por eso una de las claves para trabajar con más astucia es aprender a identificar a estas personas antes de que te lleven consigo al fondo del barril de cangrejos.

Una de las primeras reglas para salvaguardar tu vida es jamás acercarte demasiado a alguien que se está ahogando. ¿Por qué? Porque si la alcanzas en el instante mismo en el que está por sumergirse, esa persona se te abalanzará y provocará que ambos se hundan. Siempre querrás que haya algo entre la persona que estás intentando rescatar y tú, ya sea una tabla de flotación o un trozo de madera. Si la otra persona se te acerca demasiado, noquéala de un golpe y quítatela de encima. De otro modo, ambos morirán.

Lo mismo ocurre en otros aspectos de la vida. Querrás salvar a otros, pero para lograrlo sin que ambos se hundan necesitas mantener cierta distancia.

Eso no significa que no deberías ayudar a otros, porque es muy satisfactorio ayudar a alguien a aprovechar una nueva oportunidad. Es lo que llevo toda mi carrera intentando hacer. Cuando jugaba básquet, me daba más satisfacción una asistencia que anotar.

Sin embargo, si la otra persona siempre falla las anotaciones cuando le das pases, no es tu responsabilidad seguirle dando el balón. Hay muchos otros jugadores, y la idea es ganar los partidos, no pasar la vida entera corriendo por la cancha con los payasos de siempre que son incapaces de anotar. Es hora de sustituirlos.

Es un hecho que a la mayoría de la gente no le gusta que la sustituyan y cree que debería seguir jugando sin importar cuántos tiros falle o cuántas veces meta la pata. Siente que tiene derecho a estar en la cancha.

He visto a mucha gente desperdiciar su potencial después de probar las mieles de la victoria. Al menos eso le ha pasado a muchas personas con las que me he relacionado a lo largo de los años.

Incluso le ocurrió a mi hijo.

Lo que tienen que entender, y quiero que te quede bien claro en este capítulo, es que jamás deben sentir que el mundo les debe algo.

Porque no es así.

No hay un mundo en donde esforzarse más duro y mejor implique creer que los demás harán las cosas por ti. Tienes que reconocer que todo depende de ti.

Quizá parezca una mentalidad muy cínica, pero estoy convencido de que es muy liberadora.

Sólo te sientes traicionado si crees que alguien te debe algo.

Únicamente albergas resentimientos si tenías la expectativa de que alguien te echara la mano.

Cuando aceptas que *todo* depende de ti, entonces tienes la libertad de concentrarte cien por ciento en convertirte en la mejor versión de ti mismo.

VEINTE AÑOS DE VACACIONES

Cuando me junté con Shaniqua, ninguno de los dos tenía gran cosa. Ambos vivíamos en lo más bajo de lo bajo, y nuestras metas consistían en tener un lugar decente donde dormir y ropa limpia.

Pero luego las cosas cambiaron, y entonces tuve recursos al alcance de la mano. *Muchos* recursos. Quise compartirlos con Shaniqua, porque, aunque ya no éramos pareja, seguía siendo la madre de mi hijo. Ella me acompañó antes de que me hiciera famoso, y eso es algo que reconozco y respeto. Me vio ascender a la fama, y yo quería ayudarla a que ella también alcanzara el éxito.

Con esa idea en mente, le pregunté: "¿Qué quieres hacer de tu vida?". ¿Querría estudiar? ¿Querría aprender sobre diseño de interiores? ¿O sobre moda? Insistí en que encontrara una ocupación que le diera sentido a su vida y que le permitiera tanto hacer dinero como sentirse satisfecha a nivel personal.

Era algo que no sólo la beneficiaría a nivel individual, sino que mi intención era que a mi hijo lo criara una mujer que tuviera una carrera propia. Sin embargo, sin importar cuántas veces se lo preguntara, Shaniqua nunca sabía qué responder. Le presentaba distintos escenarios y posibilidades, pero nada le entusiasmaba.

Era sumamente frustrante. Me enfurecía tener que enviarle cada mes un cheque a alguien que no tenía el menor interés en trabajar. Bien podría haber vuelto al barrio y depender de los programas de asistencia del gobierno. La única diferencia es que el cheque que yo le daba tenía más ceros que el que le habría dado el Tío Sam.

Finalmente, cuando fui a visitarlos a Marquise y a ella un fin de semana, me topé con la cruda realidad.

—¿Qué quieres hacer entonces? —le pregunté de nuevo.

Volteó a verme, puso los ojos en blanco y contestó:

—Nadie trabaja por gusto, ¿eh?

—¡No jodas! —exclamé. Sospechaba que había gente que pensaba así, pero nunca nadie había tenido los cojones para decirlo en voz alta en mi presencia.

—Tú ya la armaste —dijo con voz firme—. ¿Para qué quiero armarla yo también? Así estamos bien.

Aunque parezca exageración, ha sido una de las conversaciones más traumáticas que he tenido en la vida. Y eso que he tenido conversaciones que para mucha gente serían sumamente traumáticas.

Me tomo con absoluta seriedad el valor del trabajo arduo, pues creo que no sólo genera éxito, sino también felicidad. Jamás podrás sentirte satisfecho si no estás haciendo algo que te apasione.

Cuando Shaniqua me dijo que "nadie trabaja por gusto", fue como si mandara al carajo todas mis creencias. En ese instante, supe que las cosas jamás volverían a estar del todo bien entre nosotros. Veíamos el mundo de distinta forma. Me repugnaba que ella no quisiera trabajar, mientras que a ella le repugnaba que yo quisiera que lo hiciera.

Estaba consciente de que la responsabilidad de la crianza de nuestro hijo había recaído principalmente en ella, y por eso, cuando él era más pequeño, la presionaba menos. Sin embargo, cuando entró a la adolescencia y ya no necesitó que lo llevaran de la mano, esperé que Shaniqua por fin mostrara alguna ambición.

Durante una época habló un poco de dedicarse a los bienes raíces. Pensé que sería una gran idea, pues el mercado en Atlanta estaba creciendo, e incluso ofrecí pagarle cursos para que obtuviera su licencia. Sin embargo, después de unos cuantos meses, me quedó claro que tampoco le apasionaba. No le emocionaba conocer las propiedades por primera vez ni visualizar todo su potencial, como tampoco le interesaba renovar propiedades antiguas para revenderlas por mucho más. Simplemente le gustaba el hecho de que ser agente de bienes raíces es algo que se puede hacer desde la comodidad de la casa. Como era de esperarse, aquello no prosperó.

Al verlo en retrospectiva, tengo claro que cuando Shaniqua dijo "nadie trabaja por gusto" nuestra relación se fue al carajo. Hasta ese entonces, albergaba la creencia de que podíamos armar algún tipo de alianza; quizá no romántica, pero al menos sí parental con objetivos en común. Creía que podríamos emprender algún negocio que beneficiara a nuestro hijo.

Una vez que fue evidente que ella no sólo no compartía mi punto de vista sino que le *ofendía*, mi actitud hacia ella dio un giro de ciento ochenta grados. Me volví mezquino. Era como si yo fuera un fisicoculturista y ella fuera una mujer con obesidad mórbida. Cada vez que tomaba una galleta, de inmediato me le iba encima: "¿En serio quieres esa galleta? Se te va a ir directo a los muslos".

En ese entonces no estaba consciente de ello, pero era hostil con ella con la esperanza de que la vergüenza la obligara a moverse de alguna forma. Sin embargo, tuvo el efecto opuesto. Cuanto más le recriminaba su falta de empuje, ella se resentía más conmigo. Ese resentimiento se fue acumulando hasta convertirse en odio, un odio que sigue vivo hasta la fecha.

Lo más molesto no es que nuestra relación se haya vuelto tóxica, sino que ella le heredó ese resentimiento y engreimiento a nuestro hijo. Él ha tenido todo lo que ha querido en la vida, así como muchísimas más ventajas que casi cualquier muchacho del gueto, pero sigue sintiendo que yo lo engañé y le robé algo.

Nunca creí estar en esa posición con mi primogénito, pero así son las cosas.

LOS PRIVILEGIOS ENGENDRAN RESENTIMIENTO

En los últimos años, ha habido muchos momentos decepcionantes en mi relación con Marquise. El peor de todos fue cuando vi una foto suya con Kyle

McGriff, el hijo de Kenneth "Supreme" McGriff. Sin ahondar mucho en su pasado oscuro, basta con decir que Kenneth McGriff fue uno de los mayores capos de la droga en Queens, además de ser el tipo que las autoridades creen que orquestó el atentado contra mi vida. Al posar con su hijo, Marquise básicamente validó al individuo que al parecer mandó matar a su padre.

Sé que Marquise me guardaba cierto rencor, pero jamás imaginé que podría odiarme tanto como para permitir que mi enemigo lo usara como títere. Hace poco alguien me envió una frase célebre de Benjamin Franklin que me resonó de inmediato. El hijo de Franklin se alió con los británicos durante la guerra de independencia estadunidense, a pesar de que su padre era uno de los líderes de la resistencia. Eso jodió a Franklin por el resto de sus días:

> Nunca nada me ha dolido tanto ni afectado con sensaciones tan agudas algo como encontrarme abandonado en la vejez por mi único hijo; y no sólo verme abandonado, sino verlo tomar las armas en mi contra, en una causa en la que mi buena fama, fortuna y vida estaban en juego.

Quizá Marquise no se levantó literalmente en armas en mi contra, pero estaba parado junto al hijo de quien presuntamente sí lo hizo. Compartí entonces con Franklin ese dolor tan intenso.

He pasado muchas horas rebuscando en mi alma, intentando entender qué podría provocar que un hijo apuñale a su propio padre de esa manera. Intenté ponerme en los zapatos de Marquise. Así como él no sabe lo que fue crecer en las circunstancias en las que yo me crie, yo no sé qué se siente crecer siendo hijo de 50 Cent. Es un hecho que por fuera tiene todo lo que quiere, pero debe haber experimentado presiones e inseguridades con las que no logro empatizar. Y tengo que aceptarlo.

Aun así, sigo sin entender por qué esas presiones e inseguridades obligarían a un hijo a volcarse así contra su propio padre, sobre todo si es un padre que le ha dado todo. Al repasar mentalmente nuestra relación, la única respuesta que puedo dar es que quizás hice *demasiado* por Marquise.

¿Cómo haces que un niño privilegiado se sienta vacío y furioso? Supongo que dándole absolutamente todo lo que quiere.

Como muchos otros chicos de su generación, a Marquise siempre le han gustado los zapatos deportivos. Dado que es mi hijo, tampoco podía salir a la calle con cualquier par de zapatos. Si salía un nuevo par de Air Jordans, era de los primeros en tenerlos. Si Marquise los pedía el lunes, su mamá se aseguraba de que los estuviera calzando el martes.

Pero ni eso lo hacía feliz. En lugar de emocionarse por presumir su nuevo par de Jordans, lo único en lo que podía pensar era en el par de Jordans retro que *no* tenía. Sólo pensaba en los modelos y colores que *no* tenía en su clóset. En lugar de sentirse agradecido, sólo se sentía decepcionado.

Yo no lo entendía. No tenía que trabajar, pero ¿igual quería traer zapatos deportivos de trescientos dólares? ¿Y no lo hacía feliz *recibirlos*? Su mentalidad me era completamente ajena.

No me queda más que suponer que su madre es la fuente de aquella decepción. Le hizo creer que podía hacerse de cualquier par de zapatos deportivos que quisiera, aunque no se los hubiera ganado. "No es un chico cualquiera", me decía ella si le preguntaba por qué necesitaba un par nuevo. "Es tu hijo". Con eso estableció el patrón de que no es necesario trabajar para obtener las cosas, y Marquise no hacía más que seguir su ejemplo.

No quería que ese engreimiento se volviera parte central de su personalidad y estaba decidido a ayudarlo a aprender que sería más feliz si se esforzaba por obtener las cosas que quisiera, pues así su valor se incrementaría exponencialmente.

Un día iba conduciendo por Harlem cuando de pronto vi que una pequeña tienda de zapatos deportivos en la calle 125 estaba a punto de quebrar. De inmediato pensé en mi hijo: "A Marquise le encantan", así que me estacioné para ver si podía comprarle uno o dos pares con descuento.

Mi naturaleza inquisitiva me llevó a preguntarle al dueño por qué estaba quebrando su negocio si los zapatos deportivos son tan populares. Me explicó que había elegido el local equivocado y que nunca pasaban suficientes peatones como para que funcionara.

Empecé a hacer cuentas.

—¿Cuánto pagas por un par de Air Force 1? —le pregunté.

—Como cuarenta billetes —me dijo.

—¿Y por cuánto los vendes?

—Como por ochenta.

Parecía un margen de ganancia bastante decente.

—¿Qué vas a hacer ahora con todos estos Air Force? —le pregunté.

—Ni idea —dijo—. Probablemente los guarde en el sótano hasta que se me ocurra qué hacer con ellos.

—Te ofrezco un trago —le dije—. Te compro el resto de tu inventario al costo. Ahorita mismo.

El tipo se sobresaltó al oír mi oferta. De pronto me convertí en dueño de unos doscientos pares de Nike.

Desarrollé un plan. Marquise estaba en Atlanta, donde la renta de almacenes es muy barata. Se los enviaría para que los pusiera en un almacén. En lugar de abrir una tienda física, lo que requeriría una fuerte inversión y dependía del paso de peatones frente a la tienda, podría armar un sitio de internet para venderlos. Es lo que se conoce como venta directa al consumidor. Sólo necesitaría administrar el sitio y quizá contratar a un amigo para que le manejara el almacén. Creí que era una idea ganadora.

Tan pronto salí de la tienda, llamé a mi hijo. "¿Qué hay, Marquise? Recordé que te encantan los zapatos deportivos", dije. "Pensé en una estrategia para que consigas dinero suficiente para comprar los que te gustan y te ganes unos centavos".

Le expliqué el plan de pies a cabeza. Señalé que era una gran oportunidad que no sólo encajaba con su pasión, sino que le permitiría aprender las minucias de los negocios. "Es un empujón. Pocas tiendas empiezan con inventario gratis. Creo que puedes armar algo con esto. Si tanto te gustan los zapatos deportivos, es hora de que lo demuestres."

Por teléfono me dijo todo lo que esperaba escuchar, que le emocionaba mucho y que parecía una gran oportunidad. Mandé entonces los zapatos a Atlanta. Y luego, no supe nada de nada. Pasaron semanas y luego meses. Finalmente, un día su madre me llamó y me dijo que había estado hablando con Marquise.

En vez de una tienda virtual de zapatos deportivos, querían abrir una boutique de ropa en Atlanta. No lo podía creer. Mi plan no la incluía. Quería que nuestro hijo aprendiera a ser responsable por sus propios medios. Al involucrarse, lo único que estaba logrando su madre era impedirle madurar.

Aun así, como quería que Marquise adquiriera un poco de experiencia, le dije que sí. "De acuerdo. Avísame si necesitan algo." Como era de esperarse, nunca armaron la boutique, ni tampoco la tienda por internet.

No me molestaba que Marquise quisiera tener muchos zapatos deportivos. Cuando era niño, a mí también me emocionaban. La diferencia es que yo estaba dispuesto y completamente *decidido* a hacer el esfuerzo necesario para conseguirlos. Jamás querría que Marquise tuviera que recurrir al tipo de trabajo que *yo* hice para conseguir mis zapatos. En ese entonces, consideraba que vender drogas era la única opción viable a mi alrededor, así que eso hice. Marquise tenía incontables oportunidades enfrente, a diferencia de mí. Lo único que quería era que eligiera una y se esforzara.

No hay nada de malo en querer tener cosas. Ese "deseo" puede ser una herramienta sumamente motivadora, y sentir que necesitas más de lo que posees es lo que impide que nos volvamos conformistas.

Yo básicamente lo tengo todo, pero siento que no. Cuando era joven, siempre quería más cosas materiales. Hoy en día, lo que quiero es validación a borbotones. No importa cuántos premios, reconocimientos o encabezados haya... nunca son suficientes. Me sigue obsesionando sentir que tengo el show más hot o que estoy lanzando las rimas más cabronas. Ansiar el respeto de mis pares y su reflejo en las ventas es lo que me impulsa a seguir esforzándome. Necesito sentir que me ven y dicen: "50 Cent la hizo de nuevo". Eso me pone más que cualquier droga.

Lo que me distingue es que nunca he esperado que alguien más me dé esos reconocimientos. Salgo a diario dispuesto a hacer el esfuerzo necesario para ganarme la validación que tanto deseo.

Si se trata de desear obtener cosas, Marquise no parece astilla de este palo ni hijo de este tigre. Aunque cualquiera creería que es poca cosa que nunca le diera seguimiento al negocio de los zapatos deportivos, porque podría decirse que es el tipo de irresponsabilidad y falta de iniciativa de los adolescentes y jóvenes de todo el mundo, para mí fue una enorme decepción.

Más allá de que pudiera comprarse su propia colección de zapatos deportivos, esa tienda virtual podría habernos hecho millones. Fue hace años que tuvimos aquella conversación. Desde entonces, los sitios de venta de zapatos deportivos se han vuelto sumamente lucrativos. GOAT.com vale 550 millones de dólares, mientras que StockX está por el millar de millón. Si Marquise hubiera hecho lo que discutimos, sería parte de esa conversación. Sería rico por mérito propio. Es más, podría mandarme al carajo con todo y mi cartera si es lo que desea.

Estoy seguro de que Marquise sabe lo de GOAT y lo de StockX, y que en el fondo está consciente de que tengo razón. Quizá le ha pasado por la mente la idea de "¿Por qué no le hice caso a mi padre y armé esa maldita tienda?". Pero no creo que se atreva a decirlo en voz alta.

No creo que sea capaz de reconocer que, sin importar los altibajos de nuestra relación, siempre he querido lo mejor para él. Nada me haría más feliz que verlo prosperar. Ningún Grammy, Emmy o portada de *Forbes* me traería tanta satisfacción como ver que mi hijo se convierte en la persona que estoy seguro que puede ser.

EN LA GUARIDA DEL LEÓN

Otro pariente que no se mete conmigo porque es muy engreído es mi primo Michael Junior, un rapero que se hace llamar 25. Su problema es que siempre ha intentado que le arme su carrera, en lugar de armarla por cuenta propia. Cree que no lo he respaldado lo suficiente, así que por eso ya no nos hablamos.

Michael está resentido desde que estudiábamos el bachillerato en Queens. Un día me dijo que unos chicos lo estaban molestando.

—¿En serio? —contesté.

—Sí, bueno... ya sabes... —dijo, y siguió con lo suyo. No volvió a tocar el tema, así que yo tampoco lo hice.

Meses después, alguien me contó que Michael andaba por las calles con una fusca en el bolsillo. Se había unido a una pandilla, los Bloods. Se lo dije a su madre, mi tía Geraldine, y ambos hablamos con él para intentar sacarlo de ese mundo. En lugar de tomarlo a bien, Michael se desquitó conmigo.

—¿Recuerdas cuando te dije que me estaban molestando en la escuela? —preguntó, furioso—. Pues nunca fuiste a ayudarme. Ellos sí.

No podía creerlo.

—Michael, no es mi trabajo ir a tu escuela a arreglar tus pleitos —le dije—. En todo caso, aparecerme ahí te habría vuelto más vulnerable. Podrías haberlo resuelto tú. Si crees que ser parte de Bloods mejorará las cosas, piénsalo dos veces. Pero a ver cómo te va.

Michael no quiso hacernos caso. Incluso se enojó con su madre y le recriminó que me quería más a mí que a él. Según él, ella se había encariñado conmigo cuando me cuidó en mi infancia, y jamás había desarrollado ese mismo afecto hacia él. Era una idiotez. Mientras ella le suplicaba que cambiara de rumbo, él le decía que ella nunca lo había querido. Ése es otro ejemplo de esas ideas descabelladas que se nos meten en la cabeza cuando somos niños y que nos joden la vida adulta si no cambiamos nuestra forma de pensar.

Michael empezó a comportarse como si fuera un gángster y a verter ese personaje en su música. Cuando yo rapeaba, hablaba de cosas de la calle, pero sólo de las que había experimentado o visto en persona. Michael sólo inventaba cosas, y ese juego es muy peligroso.

Me preocupaba que estuviera tomando ese rumbo, así que no lo ayudé de la forma en la que él esperaba. En lugar de aceptar que el rap no era lo suyo, se empeñó en firmar con una disquera. Esa búsqueda lo llevó a la oficina de Jimmy Henchman. Hoy en día, Jimmy está en la cárcel, encerrado de por vida por asesinato doble, pero en ese entonces era un enemigo feroz, y su oficina era el peor lugar al que pudo llegar Michael.

Al no ser genuinamente de la calle, Michael no se percató del peligro en el que se estaba metiendo. Estaba en la boca del león, pero no sentía las fauces que pendían sobre su cabeza.

—Así que eres primo de 50, ¿verdad? —le preguntó Jimmy en tono casual en algún momento—. ¿Cuándo fue la última vez que lo viste?

Por fortuna, Michael fue honesto con él.

—Para ser franco, no me llevo con 50 —contestó—. Nos vemos en las fiestas y así, pero es todo.

No se dio cuenta de que era la única respuesta correcta. Había gente de pocas pulgas en la habitación que le habría hecho daño si les hubiera hecho creer que éramos como uña y mugre.

Michael ha sido incapaz de hacer ruido como rapero, aunque no se atreve a mirarse al espejo y admitir que no es su vocación. A veces dice que no logra armarla porque la gente le recrimina que es mi primo. A veces dice que su falta de éxito es consecuencia de mi falta de apoyo. Sin importar cuál sea la teoría del momento, jamás tiene que ver con su falta de empuje, ambición o talento. La culpa siempre es de alguien más.

¿EN QUÉ MOMENTO ME VOLVÍ RESPONSABLE?

Si le suplicas a Dios que te vuelva exitoso, no le estás pidiendo que también te vuelva receloso y engreído. Sin embargo, si obtienes éxito, el recelo y el engreimiento suelen acompañarlo.

Si acaso alcanzas un nivel como el mío, la gente siempre sentirá que le debes algo. Si les compras un automóvil, aceptarán las llaves, pero también dirán: "Qué buena onda, pero, caray, podrías mejor haberme comprado una casa".

Al oír esas cosas, mi primera reacción es: "A ver, aguanta. ¿En qué momento me volví responsable de tu vida entera? Nunca acepté esa responsabilidad. ¿Por qué esperas eso de mí?".

Alguien dirá cosas como "50 era mi compadre. Yo lo mantuve". Sin embargo, al examinar esa afirmación más de cerca, ¿qué diablos significa? No metiste los puños cuando se me fueron encima. No me trajiste algún negocio redituable. No escribiste mi nueva canción... Entonces, ¿qué es lo que *sí* hiciste? ¿Darme apoyo moral?

Lo pregunto porque no sé cómo compensar a quienes *habrían* hecho algo. Sólo sé cuidar a quienes *sí* hicieron algo.

He observado que una de las principales razones por las cuales la gente se vuelve engreída es porque sus amistades meten cizaña. Lo he visto incontables veces. Digamos que alguien era mi amigo en los viejos tiempos e incluso me acompañó alguna vez en mis primeras giras. No destacaron de ninguna forma; básicamente se dedicaban a mirar e intentar conocer chicas después del concierto.

Quizá no hicieron mucho más que eso, pero cada vez que aparezco en los titulares con un nuevo contrato o proyecto, los amigos de esa persona le hablan de mí. "No jodas, hermano. Tú fuiste compadre de 50 desde el principio. Te debería estar cuidando. ¿No podrá darte un papel en su programa?". Y esa persona contesta: "Sí, sin duda, tengo que hablar con él de eso". Empezará a pensar que puede abordarlo de alguna forma que no se le haya ocurrido antes. Aunque en realidad nunca hubiera sentido que le debía algo, su amigo metiche le hizo creer que sí.

Y entonces termino teniendo conversaciones muy incómodas. Un tipo al que conozco desde hace muchos años me contacta y pide que nos reunamos. Nos vemos y, después de hablar de trivialidades, empieza a musitar cosas: "Hombre, hermano, mira, no sé, ya ves que somos compadres desde siempre, y pensé que, no sé, tú sabes...".

No, no sé.

Al final lo escupe. Quiere que le dé trabajo. O un préstamo. O que le ayude a pagar una deuda. O que le pague una factura. O que le dé un papel en

Power. O que le preste para sacar a su hermano de la cárcel. Puede ser cualquier cosa. Me han pedido de todo.

A veces les doy lo que me piden. Otras veces digo que no puedo ayudarlos y sigo con mi vida.

Pero hay una constante: esas conversaciones siempre me deprimen. Por un lado, sé que no le debo nada a nadie por el simple hecho de que me acompañó en una gira hace veinte años o porque alguna vez vendimos drogas juntos. Pero, por otro lado, también empiezo a pensar: "Es verdad que nos conocemos de toda la vida...". Y entonces a veces titubeo. Y me pregunto si acaso estaré siendo *egoísta*.

Cuando se me meten esas ideas a la cabeza, necesito inhalar profundo y reorganizarme. Si acaso me siento inquieto, intento encontrar una base mental sólida en la cual apoyarme.

Sé que técnicamente la depresión es un lujo que podría darme. Claro que puedo pagarle a un terapeuta para hablar de cómo me siento, pero no me refiero a una depresión clínica. (Si tú, en cambio, sientes que padeces depresión clínica, sugiero que busques de inmediato ayuda médica.) Me refiero a esa sensación de quedar drenado. De perder el entusiasmo. De que me roben la pasión con su falta de empuje.

Lo siento, pero no puedo darme el lujo de sentir ese tipo de confusión. No me importa que tengamos siglos de conocernos. Te sacaré de mi vida para siempre si por un instante siento que me estás impidiendo avanzar.

ACEPTAR LA RESPONSABILIDAD

En palabras de Sigmund Freud: "La mayoría de la gente en realidad no quiere ser libre, porque la libertad implica responsabilidad, y a la mayoría de la gente le aterra la responsabilidad".

Supongo que yo no soy parte de esa mayoría, pues ya sabes lo que pienso de la libertad. Y, definitivamente, también me encanta la responsabilidad. Quiero tener tantas responsabilidades como sea posible. Estoy convencido de que responsabilizarte por completo de tu vida es la mejor forma de asegurarse de nunca caer en la trampa del ladrillo.

Para ser un verdadero buscavidas, hay que buscar la gratificación que trae consigo el hacer que las cosas ocurran por cuenta propia, cuando tienes una visión que nadie más logra comprender y te entregas en cuerpo y alma a materializarla. Quizá pasas de valle en valle y nunca ves la cima de una montaña. Pero sigues adelante, hasta que por fin llega el día en el que alcanzas la cima. ¡Te juro que vas a ver el paisaje más hermoso que has visto en tu perra vida! Absorberás hasta la última bocanada de aire montañoso y disfrutarás cada centímetro del paisaje que tienes delante.

Pero ¿qué crees que pasaría si te llevan en auto a aquella cima? ¿Y si no hicieras más que poner las nalgas en el asiento, prender el aire acondicionado y dejar que te lleven hasta la cima? No sería igual. No hubo sudor de por medio ni sacrificio alguno. El sorbo de agua que tomaras en la cima no sería igual de refrescante. El aire no sería tan delicioso. La vista no sería igual de inspiradora. Sólo se puede alcanzar la satisfacción y la felicidad genuinas cuando disfrutas los logros que obtuviste por tus propios medios.

Déjame presentarte otro escenario. Digamos que acabas de arrancar una empresa de marketing con un amigo cercano. Acuerdan dividir las responsabilidades y las ganancias por igual. Tú te encargarás de los clientes, y tu amigo se hará cargo de las finanzas y el papeleo. Empiezan con muy poco capital, pero trabajan día y noche hasta construir un negocio. Luego empiezan a recibir clientes y a hacerse de una buena reputación. Después de un año de partirse el lomo, otros despachos más grandes empiezan a husmear y a insinuar que quieren comprarlos. Parecieras estar al borde del éxito que tanto te has esmerado por conseguir.

Pero luego, un día tu amigo te confiesa algo. Están quebrados. ¡¿Qué?! Se suponía que las ganancias habían aumentado año con año. Además, tienen varios clientes importantes. ¿Cómo es posible que estén en bancarrota? Tu amigo se quiebra y te lo cuenta todo. Te ha estado ocultado su problema de alcoholismo. Hace rato que dejó de prestarle atención a la contabilidad de la empresa. Y hace años que no paga algunas facturas. Los cobradores quieren que rueden las cabezas de ambos. Lo único que pueden hacer es saldar sus deudas y cerrar el negocio.

¿Cómo reaccionarías en ese caso? Seguramente tu primer instinto sería gritonearle a tu socio. Quizás incluso querrías ahorcarlo, pero ¿de qué serviría? Al principio podrías sentirte mejor, pero no te devolvería tu dinero. Sólo empeoraría las cosas.

¿Empezarías a señalar culpables? ¿Te quejarías con todos tus clientes y conocidos de cómo esta persona te arruinó la vida? Sería una reacción comprensible, pero tampoco resolvería nada.

¿Te dejarías llevar por el resentimiento? ¿Permitirías que tu único pensamiento en la vida sea cómo te jodió esa persona? Arruinó tus sueños. Saboteó todo lo que construyeron juntos. Y nadie te culparía por sentirte así, pero, de igual modo, no resolvería nada.

No. Frente a una situación así, lo que hay que hacer es emprender los siguientes pasos:

Agarra el dinero que tengas y escápate unos días o unas semanas a algún lugar tranquilo para relajarte. Quizá parezca imposible, dadas las circunstancias, pero debes obligarte a hacer una pausa. No recobrarás lo perdido en unas cuantas semanas, así que, ¿qué más da? Es mejor que te regales esas semanas para limpiar tu energía. Saca toda esa ira, ese rencor y esa confusión de tu sistema. Es necesario que hagas espacio para la llegada de una nueva energía.

Una vez que el espacio esté listo, vuelve a casa y comienza a rearmar tu sueño. Si estás quebrado, trabaja en tu nueva empresa de día y conduce un Uber de noche. O entrega pizzas. No creas que son trabajos insignificantes. No te permitas jamás obsesionarte con la idea de que hace un par de meses ibas a vender tu empresa por millones y ahora conduces un Uber. Entiende que no conducirás ese Uber ni entregarás pizzas por el resto de tu vida. Sólo son escalones que necesitas subir para regresar adonde estabas antes.

No dejes que te deprima la idea de tener que volver a empezar. Toma en cuenta que la mayor parte de la gente exitosa persigue el mismo sueño varias veces antes de que se materialice. Piensa también que lo que parecía una tragedia en realidad era un bache temporal que cualquier buscavidas enfrenta. No eres ni mejor ni peor que nadie.

Ahorra y sigue afanándote hasta volver a armar tu negocio. Esta vez, elige a tus socios con más cuidado. Tendrás que prestar más atención a la contabilidad y asegurarte de que todos están haciendo lo que les corresponde. Ese nuevo modelo será más fuerte y tendrá mejor infraestructura. Y, cuando las grandes compañías vuelvan a acercarse, estarás en una mejor posición que antes para vender.

Si eres un poco mezquino, cuando vendas puedes invitar a tu antiguo socio a la celebración. Sin embargo, no te lo recomiendo. Probablemente esté consciente de su error sin que tengas que repetírselo.

La clave está en que el escenario que acabo de plantearte sólo puede ocurrir si te responsabilizas por completo de lo que le ocurrió a la primera empresa. Sí, es cierto que no fuiste *tú* quien metió la pata. Fue tu amigo. Y sí, no fuiste *tú* quien olvidó pagar esas facturas ni fuiste *tú* quien desarrolló malos hábitos y se los ocultó a su socio. Fue tu amigo quien hizo esas cosas.

Sin embargo, resolver los problemas sólo depende de ti. Si no vuelves *de inmediato* al ruedo y te haces responsable de arreglar lo que se rompió, serás *el único* que sufra las consecuencias de ello.

No puedes darte el lujo de caer en la trampa del resentimiento, aunque parezca lo más lógico. La única forma de ser verdaderamente libre, como dijo Freud, es aceptar que la responsabilidad absoluta de crear dicha libertad es tuya.

IMPORTAR EL EMPUJE

Dudo que alguno de mis lectores haya recibido todo en bandeja de plata, como les ocurrió a Marquise y a la G-Unit.

¿Tu padre te compró el inventario de una tienda física para que lanzaras tu propia tienda electrónica?

¿Debutaste frente a ochenta mil fanáticos entusiasmados?

No creo.

Aun así, aunque no hayas tenido esas ventajas, es probable que alguna vez te hayas resentido o hayas sido engreído, igual que ellos.

Es lo más probable si tienes entre veinte y treinta y pocos. Existe la noción generalizada de que los millennials carecen de la ética laboral de generaciones previas. Una encuesta de Reason-Rupe reveló que sesenta y cinco por ciento de los adultos estadunidenses cree que esa generación es muy pretenciosa.

Aunque las encuestan digan misa, no podemos culpar de todo a los hijos del internet. Shaniqua no es millennial, como tampoco lo son los tipos de la G-Unit. Son de mi generación, y a todos nos criaron con las mismas expectativas.

También existe el prejuicio de que la arrogancia es una cualidad de los niños ricos blancos. Tampoco creo que sea cierto. Mi hijo es rico, pero no es blanco. Ninguno de los tipos de Queens con los que crecí eran blancos.

No creo que la arrogancia sea una cosa de juventud o madurez, ni una cosa de blancos o negros. En todo caso, es un problema de los estadunidenses en general.

Parece que en este país nos enfurece tener que esforzarnos para alcanzar el éxito. Nos maravillan los trabajos glamorosos y los puestos de alto perfil, mientras que despreciamos el trabajo pesado de nueve a cinco. Nos parece poca cosa llenar estantes en el supermercado o recoger los boletos en el cine. A menos que nuestro trabajo refleje exactamente lo que creemos merecer (lo cual rara vez ocurre, si somos sinceros), nos comportamos como si fuera una pérdida de tiempo.

No se percibe esa misma energía en otros países. Probablemente he recorrido el mundo entero tres o cuatro veces. He comido en miles de restaurantes en el extranjero, me he hospedado en miles de hoteles y me he subido a miles de autos. Y puedo afirmar sin temor a equivocarme que la actitud frente al trabajo es distinta en otras latitudes. La gente se toma su trabajo en serio, sin importar en qué nivel de la escala esté. Lo he visto en lugares como Japón, Taiwán y Singapur. Desde los barrenderos hasta los emprendedores, todos parecen trabajar igual de *duro*. Nadie se comporta como si detestara su trabajo. Todos intentan salir adelante.

Es igual en los países africanos y de Medio Oriente que he visitado. Así sean los vendedores de agua de las esquinas o las empleadas de las tiendas de los hoteles, nadie pierde el tiempo. Todos se comprometen con la responsabilidad que tienen enfrente.

¿Te acuerdas del puesto de cacahuates imaginario del que hablamos antes? ¿El que pondría si estuviera quebrado? Bueno, cuando sales del país parecería que todo el mundo piensa así. Aceptan que hay que trabajar y lo hacen sin chistar. Y así viven, día tras día, año tras año, con la creencia de que pueden esforzarse lo suficiente como para tener una mejor vida. A pesar de las oportunidades que tenemos en Estados Unidos, no creo que mis compatriotas tengan esa misma confianza.

Aquí hay gente arrogante en todos los estratos de la sociedad. Yo lo veo mucho entre los ricos. Pareciera que la gente que vive en *penthouses* de un millón de dólares siente que tiene derecho a vivir ahí. Su identidad se basa en no perder esa posición, y creen que ese estilo de vida lo obtuvieron por derecho divino.

De igual modo, la gente de los barrios más bajos siente que, sin importar lo que haga, jamás llegará a vivir en uno de esos *penthouses*. Así que, en vez de trabajar más duro, lo mandan todo al carajo. Es uno de los efectos más duraderos que tuvo la esclavitud en la población afroamericana. Si tu gente se partió el lomo durante trescientos años y no subió ni un peldaño en la escalera al éxito, se te queda grabado en el espíritu. Esa sensación de que "no importa cuánto me esfuerce, no servirá de nada" se vuelve parte de la mentalidad de la gente. Por eso mucha gente en el barrio pierde la ambición de seguir esforzándose, y se enfrentan a un tipo de arrogancia diferente: sienten que jamás triunfarán y que alguien más tendrá que darles las cosas en la boca.

Los inmigrantes, por ejemplo, no se identifican con ninguna de esas dos mentalidades. Desde su punto de vista, no hay diferencia entre los ladrillos del rascacielos y los del edificio de interés social. El país entero les parece el lugar más hermoso del mundo en comparación con los lugares de donde provienen muchos de ellos.

Eso ocurre mucho en Nueva York. Por eso hay decenas de miles de personas que tratan de instalarse aquí a diario. Viajan medio mundo para buscar las oportunidades resplandecientes que nosotros pasamos por alto. Tienen claro que es una "Ciudad de Gran Riqueza" y quieren una rebanada del pastel.

Considero que los inmigrantes son la columna vertebral de la ciudad de Nueva York y son quienes mantienen vivo el espíritu de buscavidas. Por lo regular admiramos a los hombres de Wall Street y a los CEO de empresas de tecnología, pero quienes realmente lo sostienen todo son los inmigrantes. Según un estudio del Centro de Emprendimiento Estadunidense, cincuenta y seis por ciento de las compañías de la lista de Fortune 500 que están en el área metropolitana de Nueva York fueron fundadas por inmigrantes. ¿Qué hay del tipo africano a quien mi amigo le tiró los dientes por andar vendiendo mi disco pirata hace unos años? Estoy seguro de que al día siguiente regresó a seguir vendiendo CD. Y siguió haciéndolo día tras días hasta que pudo abrir su propia cadena de tiendas. Seguramente hoy tiene una de esas grandes empresas. O tal vez volvió a su lugar de origen y abrió la cadena de tiendas allá.

Hemos exportado con mucho éxito nuestra cultura a todo el mundo. Pero, al final del día, Estados Unidos no es otra cosa que sus ciudadanos. Lo que exportamos es un estilo de vida. Un sueño. Ya no creamos cosas de verdad.

Por eso es hora de que importemos algo del empuje que parece ser tan abundante en el resto del mundo. Y así dejaremos de sentir que la gente nos debe algo y nos daremos cuenta de que el impulso propio nos llevará hasta donde queramos.

¿ESTÁN HACIENDO UN DEPÓSITO?

La principal pregunta que debes hacerte respecto a todas las personas que forman parte de tu vida es la siguiente, sin importar cuánto tiempo tengas de conocerlas: ¿hacen depósitos en tu vida, o sólo retiros?

Si la respuesta es "retiros", entonces debes distanciarte de esas personas de inmediato. Recuerda que nadie hace un único retiro y se va. ¿Irías tú sólo una vez a un cajero que se la pasa arrojando dinero gratis? ¡Obvio que no! Irías a diario hasta que el banco se diera cuenta. La gente funciona igual. Si no les retiras la bandeja, siguen tomando y tomando hasta que se acaba.

Procuro deshacerme de la gente que sólo hace retiros. He perdido ya a las personas que lo eran todo para mí (es decir, mi madre y mi abuela), y estoy bien. Por lo tanto, no hay razón alguna para conservar a gente que intenta drenarme en lugar de contribuir a mi vida con algo.

Por eso no tengo especial interés en que mi padre aparezca de pronto. En este momento, sólo lo haría para hacer retiros. No hay nada que pudiera depositar.

Ya hay suficiente gente así en mi vida. A diario intentan hacer retiros del banco de 50 Cent. Y ya hablé de la gente que directamente busca que le dé dinero, pero con mucha frecuencia también es gente que busca asociarse con mi imagen: "Mira, tenemos esta idea increíble que va a ser un exitazo y nos dará mucho dinero", dicen, antes de ir al grano. "Sólo *te necesitamos* para que funcione".

Ya no quiero asociarme con ese tipo de gente. Quiero asociarme con conceptos e ideas que puedan funcionar conmigo o sin mí. Quiero rodearme de gente talentosa que me eleve, no gente que quiera enriquecerse a mis costillas.

El día que vi a Mark Wahlberg por primera vez fue en una cena con personas a las que acababa de conocer. Comí lo que tenía enfrente, me quedé ahí un rato y luego fui al baño. Al volver, decidí que ya era hora de irme, así que pagué la cuenta. Cuando regresé a la mesa, les dije a los presentes: "Ya me voy. Luego nos vemos. Un gusto conocerlos. No se preocupen por la cuenta. Ya está pagada". No lo hice por engreído, sino porque me siento cómodo siendo así.

Mark se quedó atónito. "¿Que hiciste qué?", dijo y se puso casi de inmediato de pie. "A ver, a ver, a ver. Por fin encontré a un tipo que trae bien puesta la cartera, ¿y ya se va? No, amigo, tenemos que juntarnos. Hay que armar algo juntos." Se emocionó porque la gente siempre esperaba que fuera *él* quien pagara la cuenta. Y por fin alguien había hecho un depósito en su vida, así que eso le llamó la atención.

Terminamos siendo buenos amigos esa noche, y desde entonces Mark ha hecho muchos depósitos en mi vida. Es alguien que ya atravesó el camino de rapero que se convierte en ejecutivo de televisión con series como *Entourage* y *Boardwalk Empire*, así que me ha dado consejos invaluables.

Jamás habría entablado esa conexión con él si no hubiera sacado la cartera esa noche. Sé que no cualquiera tiene los recursos para pagar una cena costosa en un restaurante de Los Ángeles, pero hasta tú tienes las herramientas necesarias para hacer depósitos en la vida de las personas indicadas.

A nivel profesional, siempre puedes contribuir subiendo el ánimo de la gente, sin importar en dónde estés parado. Si formas parte de un equipo, no te cuesta un centavo ser quien mantenga una actitud positiva. Eso no significa que debas ser un lambiscón ni un hipócrita. Sólo se trata de mantener una buena actitud. Sé la persona que no se la pasa haciendo berrinches o quejándose cuando le asignan un trabajo. Sé la persona que sonríe y está dispuesta a interactuar con sus colegas, en lugar de ponerse los audífonos y esconderse detrás de la pantalla. Sé diplomático e intenta mediar cuando tus compañeros tengan desacuerdos.

El depósito laboral más sencillo de hacer y que te traerá muchas recompensas a largo plazo es llegar siempre a tiempo. No tienes idea de cuán molesto es que los empleados lleguen cuando se les antoja. A veces es tentador pensar: "Bueno, si fuera mi empresa llegaría temprano, pero ¿por qué tengo que apurarme para enriquecer a otros?". Si tienes esa actitud, nunca serás dueño de tu propia empresa.

Es un problema que enfrento con mis propios empleados. Como ya dije, una de mis debilidades es que necesito sentirme cómodo en mi entorno laboral y me gusta rodearme de gente en la que confío. Por desgracia, esa comodidad que busco puede hacer que otros se relajen demasiado. Después de un rato, a la gente se le olvida que le estoy pagando para que cumpla con responsabilidades de verdad.

En ese momento, se ajustan a horarios impuestos por ellos mismos. Tal vez creen que no me doy cuenta, pero te aseguro que sí lo noto. Y no lo señalo mientras las cosas sigan funcionando. Sin embargo, si a diario te apareces entre las 10 u 11 y no estás siendo muy productivo, entonces tendremos problemas. Te di chance de que llegaras a la hora que querías, pero al darte la mano te tomaste el pie.

A menos que contribuyas directamente a las ganancias de tu empresa y lo hagas de forma significativa, no caigas en el engaño de creer que puedes llegar cuando se te antoje. En vez de eso, asegúrate de ser la persona más comprometida en la oficina y llegar a tiempo. Basta con poner la alarma quince minutos antes cada mañana. Si adquieres el hábito de llegar a tiempo, tu jefe valorará ese depósito sin duda alguna.

Siempre y cuando hagas depósitos constantes, se vale que te acerques al jefe y le pidas un aumento. Sin embargo, hagas lo que hagas, no empieces diciéndole cuánto tiempo llevas en la empresa. Si alguien se me acerca y me habla de lo mucho que lleva en la empresa, lo único que hace es confirmar que ha llegado la hora de que se busque la vida en otro lado. Si llevas la vida entera trabajando para mí y no te he aumentado el sueldo por decisión personal, seguramente hay una razón.

Cuando tengas esa conversación, enfócate en tus contribuciones. Claro que las ganancias importan y quizá sean lo más evidente. Pero también puedes incluir las cosas no transaccionales que ya mencionamos, como la energía positiva, la diplomacia, la puntualidad y la creatividad. Si haces esos depósitos de forma constante, es probable que destaques entre los demás. Y recibirás recompensas mucho antes que cualquiera que lleve la vida entera en esa empresa y a quien sólo le interesa cobrar un cheque cada quincena.

Hay que recordar que no todos los depósitos que la gente hará en tu vida serán monetarios. Quizá no te den un centavo, pero te bendicen de otras formas.

Mi tía Geraldine y mi tío Mike depositaron mucha energía afirmativa en mi vida sin pedirme nada a cambio. ¡Cosa rara en mi familia! Los tres debimos haber bebido de un pozo diferente que el resto de la familia. Tenemos claro que, sin importar lo que te ocurra en la vida, jamás se justifica creer que está bien dejar de esforzarse y estirar la mano para pedir caridad.

El tío Michael y la tía Geraldine lo demostraron cuando ganaron un millón de dólares con un raspadito que Michael compró. Recuerdo emocionarme mucho por él cuando me lo contó. "¡Es casi un milagro!", dije. "¡Es increíble!"

Le dio un toque de mayor comodidad a su estilo de vida. Mi tía y él se compraron una casa un poco más grande y cambiaron dos de sus autos por uno más agradable. Pero eso fue todo. Simplemente hicieron algunas mejoras.

No renunciaron a su trabajo ni dijeron: "¡Ya la armamos!", e intentaron tomarse una de esas vacaciones de veinte años. Tuvieron la sensatez suficiente para entender que, aunque ese dinero extra era una bendición, se acabaría en unos años y su vida seguiría adelante.

Es muy fácil acabarse un millón de dólares en este país. De hecho, a ellos les pasó. Por fortuna, nunca dejaron de trabajar, así que están muy bien.

Gracias a su fuerte sentido de autosuficiencia, jamás enfrentaron los problemas que yo he tenido con otros miembros de la familia. Mi tía y mi tío no buscan recibir cosas de mi parte. Sólo me dan.

Así ha sido siempre. Hasta la fecha, mi tía Geraldine me sigue comprando calcetines en navidad e intenta cocinar cosas que me gustan. No necesito los calcetines ni una chef personal, pero no se trata de eso. Es un símbolo del amor que siente por mí. Siempre ha querido cuidarme y proveerme, desde que era pequeño. Fue ella quien me apodó Boo Boo. Parecerá una tontería, pero, para un niño que acaba de perder a su madre, ese apodo afectuoso fue muy importante. Hasta la fecha, la gente más cercana aún me conoce como Boo Boo (¡y son los únicos que pueden decirme así! ¿Entendido?).

Mi hijo Sire también le ha traído vibras positivas a mi vida. Todo está puesto para que tengamos una relación saludable y amorosa. Cada vez que lo veo, es pura felicidad y emoción. No está buscando que le dé cosas. Simplemente quiere mostrarme el diente que se le cayó o un dibujo que hizo en la escuela. No hay nada mejor que sentarse en el sofá a ver tele y que llegue él a acurrucarse conmigo. No me pide nada: ni dinero, ni favores, ni que le eche la mano. Lo único que quiere es estar cerca de su padre. No estoy acostumbrado a ser quien recibe ese tipo de amor incondicional, pero cada vez lo acepto con más entusiasmo.

AYUDAR AL PRÓJIMO

Tengo que reconocer que no siempre he sido el más caritativo. Si voy por la calle y veo a un tipo con un cartel chistoso y una taza para que le den dinero, mi reacción inmediata suele ser: "No me dan ganas de ayudarlo porque ya perdió el espíritu. No importa cuánto dinero ponga en esa taza; no servirá de nada". Si alguien tiene la capacidad de escribir algo tan gracioso que logre que un neoyorquino desalmado saque unos centavos de su bolsillo, esa persona tiene talento. Por desgracia, sólo usa su talento para pedir dinero, en lugar de salir al mundo y aprovecharlo para cosas más productivas o constructivas. No es el tipo de energía que quiero respaldar.

No obstante, con el paso de los años he aprendido que esa actitud no siempre es útil. Si bien hay gente capaz de aprovecharse de la compasión ajena en lugar de esforzarse, eso no significa que no haya muchísima gente en el mundo que sí tenga la ética laboral y el espíritu de buscavidas que promuevo, pero que ha terminado en circunstancias que estuvieron fuera de sus manos. Y necesitan un empujón.

Al estar en una posición de abundancia, cada vez más me concentro en ayudar a ese tipo de gente. Cuando experimentas el éxito y la validación durante mucho tiempo, eres capaz de dejar de pensar todo el tiempo en ti mismo y de volverte más consciente de lo que está ocurriendo en las comunidades que te rodean.

Cuanto más maduro, menos me impresiona la gente que amasa fortunas y más me inspiran quienes están comprometidos con ayudar a los demás. Nunca había sido consciente de ello, pero ahora entiendo que la gente que da de sí misma es la que tendrá una presencia más fuerte cuando esté ausente. Después de su muerte, la gente seguirá hablando de ellos en un tono reverencial. Dentro de cincuenta años, la gente recordará a Bill Gates más por su labor en favor de la agricultura sustentable en el mundo que por lo que hizo con las computadoras. El magnate de la música David Geffen no será recordado por producir los discos más exitosos, sino que se celebrarán los avances médicos que promovió. Aunque Warren Buffet tenga una fortuna obscena, está comprometido a donar noventa y nueve por ciento de su dinero a organizaciones de beneficencia antes de morir. Hasta la fecha ha cumplido su palabra y ha hecho de la filantropía su vocación, además de que ha inspirado a otros millonarios a hacer lo mismo con su Giving Pledge, un compromiso de donación.

Esos ejemplos me obligaron a ser más consciente de mi propio legado. Tuve que preguntarme: "¿Cómo quiero que me recuerden? ¿Como alguien que vendió muchos discos e hizo muchos programas de televisión exitosos?". En algún punto, la respuesta habría sido: "¡Carajo, sí!". Sigo valorando esa experiencia, pero ahora también me importa que me vean como alguien que ha hecho cosas positivas con la fortuna que ha amasado.

No basta con decir "Voy a donar algo para demostrarle a la gente que es posible llegar del fondo del barril a la cima de la montaña". Necesito hacer mucho más que eso. He adquirido el compromiso de aprovechar el dinero, los recursos y las relaciones sociales que he acumulado a lo largo de los años para invertirlos en los más pobres, de modo que quienes viven en el fondo del barril tengan más oportunidades para salir de él.

Una de las primeras veces en las que me interesó el concepto de filantropía fue después de viajar a Nigeria. En ese entonces no sabía mucho sobre ese país, pero Heineken me pagaría cuatro millones para dar cuatro conciertos ahí, así que no dudé en hacer la maleta y subirme al avión.

Durante una de las primeras noches que pasamos en Lagos, decidí pedir servicio a la habitación del hotel y relajarme. El hotel me llevó la comida a la suite, y cuando estaba a punto de meterle el cuchillo al pollo me di cuenta de que no había sido desplumado por completo. Sentí náuseas. Perdí el apetito y me dieron ganas de salir de ahí para tomar aire fresco.

De pronto me vino una idea a la mente. Le dije al encargado de la gira, Barry, que agarrara quince mil dólares del efectivo que llevábamos para entretenimiento, los metiera en una bolsa y preparara el auto. Una vez que Barry tuvo el dinero listo, nos reunimos en el lobby, nos subimos al auto y le dijimos al chofer: "Llévanos a los barrios bajos".

Había visto barrios marginales antes, pero nunca nada tan brutal como lo que vi ese día. Nada comparado con los departamentos de interés social del Bronx donde el elevador apesta a orines. Estas personas vivían en chozas hechas de láminas de metal corrugado. No tenían aire acondicionado, ventanas ni agua corriente. Por si fuera poco, frente a ellas corría un riachuelo de orines y mierda. Los edificios de Baisley en Queens parecen mansiones en comparación con las casas en las que vivían estas personas.

Mientras conducíamos, me di cuenta de que la gente llevaba sobre la cabeza las cosas pesadas que debía trasladar. Si alguien tenía un paquete de quince kilos que necesitaba transportar al otro lado de la ciudad, no llamaba a FedEx. Se lo ponía sobre la cabeza y cruzaba la ciudad de esa forma. Eso me dejó atónito.

De pronto tuvimos que bajar la velocidad porque la calle se convirtió en callejones lodosos. Saqué dinero de la bolsa, bajé las ventanas y empecé a entregarles billetes de cien dólares a quienes se acercaran al auto.

Cuando la gente del barrio se dio cuenta de lo que estaba pasando, la energía fue explosiva. Hubo más potencia que en cualquier concierto en el que me he presentado. Era un país en donde tener cuarenta billetes verdes extra podía cambiarte la vida durante varios meses. Y yo les estaba regalando billetes de cien como si fueran dulces en Halloween.

Se corrió la voz de que estaba regalando dinero, así que, para cuando volvimos al hotel, había unas tres mil o cuatro mil personas esperándonos. Era una locura. Después de que se acabara el dinero, la gente simplemente quería tocarme. No de forma negativa ni amenazante, sino que querían compartir su energía conmigo. Un tipo me quitó la bandana de la cabeza con un movimiento tan veloz que ni siquiera me movió la cachucha que traía debajo. Fue increíble.

Mis acciones causaron tales disturbios que tuvimos que cancelar la última presentación de la gira y volver a casa. Eran ríos de gente los que querían acercarse para ver si regalaría más dinero.

Era muy satisfactorio saber que había ayudado a mucha gente en muy poco tiempo, pero también me di cuenta de que ir por los barrios pobres aventando billetes no era la forma más astuta ni eficaz de usar mi dinero para ayudar a la sociedad. Necesita un mejor plan.

Antes solía pensar que yo venía de los barrios más bajos, pero viajar a África me hizo abrir los ojos. Resulta que no tenía idea de lo que implicaba ser pobre. Mis hermanos y hermanas africanas enfrentaban dificultades que yo ni siquiera creía posibles.

La gente del barrio quizá no pueda entenderlo. Cuando les hablo de lo que vi en África, me contestan: "No jodas, Fif, aquí también tenemos hambre". ¡No! Tú *crees* que tienes hambre. Pero en África cientos de miles de personas mueren cada año de inanición. Ésa es la verdadera hambre.

Entendí aún más lo mal que estaban las cosas cuando colaboré en 2012 con el Programa de Alimentación Mundial y viajé a Kenia y Somalia para atestiguar el impacto de la crisis alimentaria en esos países. Pensé que la experiencia en Nigeria me había preparado, pero al estar en Kenia y Somalia no pude dar crédito de lo que vi.

En Kenia, visité una escuela donde los quinientos niños que asistían eran huérfanos y cuarenta y ocho de ellos eran VIH positivo. Cada uno recibía una comida al día: harina de maíz con proteína en polvo. No había otra cosa en el menú. Era lo único que recibían a diario.

Nunca he sido testigo de tanta carencia. Aun así, esos niños tenían una energía extraordinaria. Les pregunté qué querían ser de grandes, y me contestaron cosas como "Voy a ser doctor" o "Voy a ser abogada". Les había tocado la peor suerte, pero seguían optimistas y les entusiasmaba el futuro.

Esa falta absoluta de resentimiento me hizo recordar los berrinches que yo hacía por tener que usar KangaROO en lugar de Nike. O la tristeza que le daba a Marquise no traer puestos los Jordans correctos. Si todos los chicos estadunidenses pasaran cinco minutos en una escuela como la que visité en Kenia, se avergonzarían de ser tan engreídos. Eso fue justo lo que me pasó a mí.

Después de ese viaje, me comprometí a colaborar con el Programa de Alimentación Mundial para combatir la hambruna en el mundo entero, pero sobre todo en África. En ese entonces, acababa de lanzar al mercado la bebida energética Street King. Mi campaña decía que, por cada bebida que se vendiera, donaría una fracción de las ganancias para alimentar a un niño hambriento. Para arrancar con el pie derecho, hice un cheque que cubría el costo de 2.5 millones de comidas.

Con ese programa, pudimos alimentar a muchos niños hambrientos, pero claro que aún queda mucho por hacer. Tengo la esperanza de que programas como el que armamos con Street King sirvan de base para lo que llamo "capitalismo consciente". El capitalismo consciente consiste en que, en lugar de llegar a la marca del millar de millón de dólares y dormirse en sus laureles, los CEO empiecen a incluir donativos en sus planes de negocio para ayudar a la sociedad. El Banco Mundial afirma que, si las empresas de la lista de Fortune 500 donaran apenas uno por ciento de sus ganancias a organizaciones de beneficencia, se resolvería el problema de la pobreza extrema en el mundo entero. ¡Es sólo uno por ciento! No creo que sea mucho para esas empresas.

Me importan los resultados tanto como a cualquier emprendedor, pero nadie necesita ese uno por ciento tanto como para no usarlo para ayudar a esos niños. Lo que pasa es que muchas de las personas más ricas del mundo no están preparadas para donar lo que tienen. Su mentalidad se asemeja a la que yo tenía cuando pasaba junto a un pordiosero: "*Yo* me lo gané con mi esfuerzo. Estos otros sólo se sentaron a mirar y no se enfocaron en lo que querían. Entonces, ¿por qué tendría que darles yo la solución?".

Mi respuesta es: agarra parte de tu dinero y viaja a África para pasar tiempo en la escuela de esos niños. O conoce niños de Medio Oriente, Asia o Sudamérica que viven en condiciones similares. Si experimentas la energía que transmiten esos niños a pesar de las dificultades, te darás cuenta de que no es una cuestión de ética laboral o falta de ella. Se trata de reconocer que eres muy afortunado de poder poner en práctica tu ética laboral en un país que brinda tantas oportunidades como Estados Unidos.

Cuando pienso en esos niños, cuestiono las motivaciones que impulsaron muchas de mis decisiones cuando empecé mi carrera. Todo lo que hice alguna vez fue para demostrar que tenía más que los demás. Pero ahora que soy más maduro y tengo más experiencia, ese tipo de mentalidad ya no encaja con mi sentido de lo que es correcto.

Tampoco quiero que parezca que sólo me interesa ayudar a los niños de África. Cuando vendí mi mansión en Connecticut, doné esos tres millones de dólares a la G-Unity Foundation. Ese dinero terminó apoyando programas de fortalecimiento académico en zonas pobres de Estados Unidos. También he donado mucho dinero, casi un millón de dólares, a la remodelación de parques públicos en la zona de Queens donde crecí. Quiero que los chicos que vayan ahí ahora tengan espacios verdes en donde se sientan cómodos jugando y que les permitan entrar en contacto con la naturaleza.

Siento que es lo que debo hacer con mi dinero. Una vez que he asegurado mi futuro y el de mis hijos, ¿cuántos juguetes más puedo necesitar? No muchos, la verdad. Lo que necesito es encontrar más formas de contribuir a la sociedad.

Antes no solía hablar del trabajo de beneficencia que hacía porque no quería rodearme de un halo de arrogancia. No quería que la gente creyera que era mi responsabilidad darles dinero, ya fuera a nivel personal u organizacional.

Ya no me preocupan esas presiones. De hecho, las celebro. Quiero que me reconozcan por los cheques que hago a las organizaciones que los necesitan. Quiero que me conozcan como filántropo. En mis tiempos, he logrado poner muchas cosas de moda, como usar sonsonetes en mis raps. Los chalecos antibalas. Pagar tus deudas antes del lunes.

Quiero que la filantropía se ponga de moda. Si lo consigo, *ése* será mi mayor logro en la vida.

RECUERDA:

SÉ TEMERARIO

La mayoría de la gente huye de lo que le da miedo. Yo corro hacia ello. Eso no significa que crea que soy a prueba de balas (aprendí por las malas que no lo soy) o que no estoy consciente del peligro. Siento tanto miedo como cualquier otra persona.

Sin embargo, uno de peores errores que comete la gente es aprender a sentirse cómoda con sus miedos. Sea lo que sea que me esté preocupando, lo enfrento y me involucro en ello hasta que la situación se resuelve. Negarme a sentirme cómodo con mis miedos me da una ventaja en casi cualquier situación.

CULTIVA EL CORAZÓN DE UN BUSCAVIDAS

Afanarse, o ser un buscavidas, puede asociarse con el tráfico y la venta de drogas, pero en realidad es un rasgo que comparten los triunfadores en casi todas las profesiones. Steve Jobs era tan buscavidas en Apple como lo era yo en las calles.

La clave para desarrollar ese rasgo en tu propia personalidad es aceptar que nunca estás dirigiéndote hacia una meta particular. Esforzarse es un motor que tiene que estar encendido dentro de ti todos los días. La pasión es su combustible. Si puedes mantener ese motor encendido, te llevará a donde quieras llegar en la vida.

FORMA UNA BANDA SÓLIDA

Tú serás tan fuerte como la persona más débil de tu banda. Por eso debes ser sumamente consciente de quiénes te rodean. La traición nunca está tan lejos como quisiéramos.

Por eso es imperativo encontrar el equilibrio entre generar confianza y disciplina entre las personas con quienes trabajas y darles la libertad para que sean ellas mismas. Si logras alcanzar ese equilibrio, estarás en la posición ideal para recibir lo mejor de tu equipo.

DEBES SABER CUÁL ES TU VALOR

Uno de los pilares de mi éxito prolongado es que nunca me apresuro a cerrar un trato. Aun cuando mi nombre es sinónimo de "cobrar lo tuyo", nunca persigo el dinero. Evalúo cada proyecto basado en su potencial a largo plazo, no según qué tan grande podría ser el primer cheque.

La razón por la que hago eso es porque tengo una confianza suprema en mi valor y mis capacidades. Estoy seguro de que, siempre y cuando apueste por mí, voy a ganar.

EVOLUCIONA O MUERE

Si hubiera sido incapaz o no hubiera estado dispuesto a evolucionar como persona, hoy estaría muerto o en la cárcel. Una de las claves de mi éxito es que en cada etapa de mi vida he estado dispuesto a evaluar la situación en la que estoy y hacer los ajustes necesarios.

Si bien siempre he tomado cosas de las lecciones que aprendí en la calle, nunca me he limitado a ellas. En cambio, siempre estoy buscando absorber nueva información de tantas fuentes como sea posible. No me importa de dónde vengas ni cómo te veas; si has alcanzado algún tipo de éxito, quiero aprender de ti.

MOLDEA LA PERCEPCIÓN

Todo lo que compartas con el mundo —tus palabras, tu energía y hasta lo que escuchas— cuenta una historia. Debes asegurarte de que tu narrativa siempre te presente como quieres ser visto, aun si la realidad cuenta un relato un tanto distinto.

Uno de los secretos para obtener lo que quieres en la vida es generar la percepción de que no necesitas nada. Quizá sea una energía difícil de proyectar, sobre todo si no la estás pasando muy bien que digamos. Pero comprometerte con esa percepción te hará más atractivo en lo profesional, en lo personal y hasta en lo romántico.

NO TEMAS COMPETIR

A algunas personas les gusta pintarme como un *troll*, pero eso no es lo que soy. Mi primer instinto, siempre, es construir relaciones positivas y mutuamente beneficiosas con la gente. Pero, si a alguien no le interesa ser mi amigo, yo no tengo ningún inconveniente con que seamos enemigos.

Creo que la competencia es saludable para todas las partes involucradas. Ya sea enfrentándome a raperos bien establecidos o a programas de televisión exitosos, siempre he alcanzado mis mayores éxitos cuando me he enfrentado a mis rivales de forma directa y sin vacilar.

APRENDE DE TUS DERROTAS

A pesar de los muchos triunfos que he tenido, las derrotas han sido más numerosas. Eso no me convierte en una excepción entre la gente exitosa; me hace parte de la regla. No conozco a un solo rapero, magnate, ejecutivo o empresario cuyas derrotas no superen a sus victorias.

Lo que distingue a esas personas del resto es que, en vez de quejarse o esconderse de sus derrotas, buscan aprender de ellas de forma activa.

EVITA SUBIRTE AL LADRILLO

A mí nadie me dio nada. He tenido que luchar por todo lo que he conseguido. Por eso, la idea de subirme a un ladrillo y creer que lo merezco todo nunca se ha filtrado en mi mentalidad. Aun así, sin importar a donde mire —ya sean las calles o las salas de juntas—, veo mucha gente que cree que se merece todo.

Nunca lograrás un éxito prolongado si no te haces responsable de todo lo que ocurra en tu vida. Nadie te debe nada, así como tú no le debes nada a nadie. Una vez que aceptes esa verdad fundamental y que tú tienes el control de tu destino, tantas puertas que parecían cerradas se abrirán frente a tus ojos.

AGRADECIMIENTOS

Quiero agradecerle al equipo que me ayudó a armar este proyecto: Marc Gerald, mi agente literario; Chris Morrow, quien me ayudó a materializar mi visión en este libro; y Patrik Henry Bass, editor en jefe de Amistad. También le agradezco a Brian Murray, presidente y CEO de HarperCollins, y a Judith Curr, presidenta y editora de HarperOne Group.

Esta obra se imprimió y encuadernó
en el mes de abril de 2021,
en los talleres de Litográfica Ingramex,
Centeno 195, colonia Valle del Sur, Iztapalapa,
C.P. 09819, Ciudad de México.